COLIN
LORENZEN

wortstark

7

Sprach-Lesebuch Deutsch

Differenzierende Ausgabe

Schroedel

wortstark 7

Sprach-Lesebuch Deutsch

Differenzierende Ausgabe

Herausgegeben von
August Busse, Ingrid Hintz und Peter Kühn

Erarbeitet von
Reinhard Brauer, August Busse, Simone Depner, Irmgard Ehls,
Ingrid Hintz, Irmgard Honnef-Becker, Peter Kühn, Heiderose Lange,
Gerd Ludwig, Christina Meinik, Eleonore Preuß, Andrea Rudel
und Fritz Wiesmann

Fördert individuell – Passt zum Schulbuch

Optimal für den Einsatz im Unterricht mit **wortstark:**
Stärken erkennen, Defizite beheben.
Online-Lernstandsdiagnose und Auswertung
auf Basis der aktuellen Bildungsstandards.
Individuell zusammengestellte Fördermaterialien.

www.schroedel.de/diagnose

© 2010 Bildungshaus Schulbuchverlage
Westermann Schroedel Diesterweg Schöningh Winklers GmbH, Braunschweig
www.schroedel.de

Das Werk und seine Teile sind urheberrechtlich geschützt. Jede Nutzung in anderen als den gesetzlich zugelassenen Fällen bedarf der vorherigen schriftlichen Einwilligung des Verlages. Hinweis zu § 52 a UrhG: Weder das Werk noch seine Teile dürfen ohne eine solche Einwilligung gescannt und in ein Netzwerk eingestellt werden. Dies gilt auch für Intranets von Schulen und sonstigen Bildungseinrichtungen.
Auf verschiedenen Seiten dieses Buches befinden sich Verweise (Links) auf Internet-Adressen. Haftungshinweis: Trotz sorgfältiger inhaltlicher Kontrolle wird die Haftung für die Inhalte der externen Seiten ausgeschlossen. Für den Inhalt dieser externen Seiten sind ausschließlich deren Betreiber verantwortlich. Sollten Sie bei dem angegebenen Inhalt des Anbieters dieser Seite auf kostenpflichtige, illegale oder anstößige Inhalte treffen, so bedauern wir dies ausdrücklich und bitten Sie, uns umgehend per E-Mail davon in Kenntnis zu setzen, damit beim Nachdruck der Verweis gelöscht wird.

Druck A^2/ Jahr 2011
Alle Drucke der Serie A sind im Unterricht parallel verwendbar.

Redaktion: Stefan Bicker
Herstellung: Andreas Losse
Illustrationen: Sabine Lochmann und Yaroslav Schwarzstein
Umschlaggestaltung und Layout: Janssen Kahlert Design & Kommunikation, Hannover
Satz: Jesse Konzept & Text GmbH, Hannover
Druck und Bindung: westermann druck GmbH, Braunschweig

ISBN 978-3-507-**48227**-2

Inhaltsverzeichnis

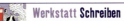
« EXTRA »

10 In der Schule leben und arbeiten
- 12 Gemeinsam den Schultag gestalten
- 14 Wie Schüler und Lehrer den Unterricht erleben
- 14 *Ingrid Hintz: Die dritte Stunde*
- 17 In der Pause
- 17 *Manfred Mai: Große Pause*
- 18 Lernen beobachten und verbessern
- 20 Für ein gutes Schulklima – zu Problemen Stellung nehmen
- 23 Zukunft vorbereiten – Projekttage nutzen
- 24 Eine Stellungnahme überarbeiten
- 26 Lernen ist manchmal gar nicht so einfach
- 26 *Anna Gavalda: Der Teufelskreis*
- 28 Ideen und Anregungen
- 29 Überprüfe dein Wissen und Können

30 Leben im ewigen Eis
- 32 Informationen sammeln, auswerten und nutzen
- 32 *Arktis, Antarktis*
- 34 Eine Reportage lesen
- 34 *Wettlauf zum Südpol*
- 37 Einen Sachtext über Wölfe lesen
- 37 *Sina Löschke: Wer streift da durch die Eiswüste?*
- 38 Einen literarischen Text über Wölfe lesen
- 38 *Jean Craighead George: Amaroq, der Wolf*

 Werkstatt Lesen – Texte und Medien

« EXTRA »
- 42 Sachtexte verstehen
- 43 *Katja Senjor: Leben zwischen den Zeiten*
- 47 Der Klimawandel – ein Problem für die Tierwelt?
- 47 *Die Warmduscher kommen!*
- 49 Ideen und Anregungen
- 50 Überprüfe dein Wissen und Können
- 50 *Meine Reise in die Arktis*

52 Alltägliches – Merkwürdiges – Unglaubliches
- 53 *Franz Hohler: Die Reinigung*
- 54 So was gibt's doch gar nicht!
- 54 *Paul Maar: Eine gemütliche Wohnung*
- 58 Was passiert denn hier?
- 58 *Ralf Thenior: Der Fall*
- 60 *Jürg Schubiger: Ausnahmsweise*
- 61 *Jürg Schubiger: Das weiße Tier*

 Werkstatt Lesen – Texte und Medien

« EXTRA »
- 62 Eine Geschichte untersuchen
- 62 *Peter Hacks: Der Bär auf dem Försterball*
- 67 Ein bekannter Schriftsteller erzählt aus einem berühmten Roman
- 67 *Erich Kästner: Der Kampf mit den Windmühlen*
- 69 Ideen und Anregungen
- 70 Überprüfe dein Wissen und Können
- 70 *Franz Hohler: Die Kleider des Herrn Zogg*

72 Unsere Umwelt

- 73 *Walther Petri: Prüfungsfrage*
- 74 Umwelt geht uns alle an!
- 74 *Walter Hohenesther: Plastiktütengedicht*
- 75 *Der Johannisbrotbaum*
- 75 *Natur – Unart – Unrat*
- 76 Wir werden Umweltexperten
- 77 *Wie ist das mit der Umwelt?*
- 81 Über Umweltthemen diskutieren
- 82 Umweltschutz beginnt in der Schule

- 84 Eine Rollendiskussion führen

« EXTRA »
- 88 Ein Blick in die Zukunft?
- 88 *Saci Lloyd: Euer schönes Leben kotzt mich an!*
- 89 Ideen und Anregungen
- 90 Überprüfe dein Wissen und Können
- 90 *Nahrungskilometer*

92 Gewalt? – Es geht auch anders!

- 94 Gewalt hat viele Gesichter
- 94 *Renate Welsh: Sonst bist du dran!*
- 98 Einmischen oder raushalten?
- 98 *Wolfgang Bittner: Der Überfall*
- 105 Ohne Gewalt auskommen
- 105 *Hans Manz: Lustprinzip*

- 106 Über Ereignisse berichten

« EXTRA »
- 108 Nein sagen braucht Mut
- 108 *Annika Thor: Duschst du eigentlich nie?*
- 110 Ideen und Anregungen
- 111 Überprüfe dein Wissen und Können

112 Gemischte Gefühle

- 113 *Erich Kästner: Wir können lachen und weinen*
- 114 Spiegelgeschichten
- 114 *Achim Bröger: Michael*
- 115 *Mirjam Pressler: Eva*
- 117 Gedanken – Gefühle – Stimmungen
- 120 Darüber sprechen ist nicht leicht
- 120 *Marianne Kreft: Sabine*
- 121 *Anja Tuckermann: Dorita*

- 124 Aus verschiedenen Perspektiven erzählen
- 124 *Susann Allens: Heul doch!*

« EXTRA »
- 128 Wie man andere wahrnimmt
- 128 *Dagmar Chidolue: Flora und Alex*
- 130 Ideen und Anregungen
- 131 Überprüfe dein Wissen und Können

Inhaltsverzeichnis

132 Ran an die Bücher – Lesen und was dann?

- 134 Über das Bücherlesen nachdenken
- 135 *Anders Jacobsson/Sören Olsson: Berts gesammelte Katastrophen*
- 137 Im Unterricht Bücher lesen
- 138 *Andreas Steinhöfel: Paul Vier und die Schröders*
- 140 Ein Lesetagebuch führen
- 142 Eine Lesekiste gestalten

Werkstatt Schreiben
- 144 Den Inhalt von Texten und Büchern wiedergeben
- 144 *Anke de Vries: Es war wieder so weit*

« EXTRA »
- 148 Einen Buchauszug lesen
- 148 *Michael Ende: Die unendliche Geschichte*
- 150 Ideen und Anregungen
- 151 Überprüfe dein Wissen und Können

152 Im Blickpunkt: Stars und Werbung

- 154 Stars und Fans
- 155 *Anika (13 Jahre): Mein Polly-Konzert*
- 157 *Idole*
- 158 Fan-Artikel – Das muss ich haben!
- 159 Produkte anpreisen
- 159 *„Alles so schön bunt hier"*
- 161 Werbewünsche – Werbesprache – Werbespots
- 163 Diskutieren – sich auseinandersetzen

Werkstatt Lesen – Texte und Medien
- 164 Eine Werbeanzeige untersuchen und bewerten

« EXTRA »
- 166 Was Fans und Stars verbindet
- 166 *Michail Krausnick: Der Hauptgewinn*
- 169 Ein Standbild bauen
- 170 Ideen und Anregungen
- 171 Überprüfe dein Wissen und Können

172 Balladen und Moritaten – Dramatische Geschichten in Gedichtform

- 174 Sabinchen – eine Moritat
- 175 *Sabinchen*
- 176 *Bänkelsang und Moritat*
- 177 Eine Ballade untersuchen und verstehen
- 177 *Johann Wolfgang von Goethe: Der Zauberlehrling*
- 180 *Balladen*
- 181 Eine Ballade zum Vortragen vorbereiten

Werkstatt Lesen – Texte und Medien
- 182 Eine Ballade selbstständig erschließen
- 183 *Otto Ernst: Nis Randers*

« EXTRA »
- 186 Ballade und wirkliches Geschehen
- 186 *Theodor Fontane: Die Brück' am Tay*
- 189 *Firth of Tay (Schottland) – Zug stürzt in Fluss*
- 190 Ideen und Anregungen
- 191 Überprüfe dein Wissen und Können
- 191 *Gottfried August Bürger: Die Schatzgräber*

192	**Gedichte – Bilder aus Worten**
192	*Václav Havel: Worte*
193	*William Carlos Williams: Nur damit du Bescheid weißt*
194	Die Textanordnung in Gedichten
194	*Hans Manz: Der Stuhl*
196	Bilder aus Sprache
196	*Claus Bremer: wir*
197	*Gerri Zotter/Mira Lobe: Widerstand*
197	*Ernst Jandl: der kuss*

Werkstatt Lesen – Texte und Medien

198	Zugang zu Gedichten finden
198	*Hans Manz: Fürs Familienalbum*
198	*Ernst Jandl: familienfoto*

« EXTRA »

200	Mit Worten malen: Ein Bild wird zum Textbild
201	*Gisbert Kranz: Breughels Blinde*
201	Ideen und Anregungen
202	Überprüfe dein Wissen und Können
203	*Annemarie Wietig: Zornig*
203	*Arno Holz: Eine Düne*

204	**Theaterspiel kann überraschen und verzaubern**
205	Spiele mit Requisiten
206	Ein Spielstück ausgestalten
206	*Abenteuer im Warenhaus*
209	Eine Geschichte zu einem Spielstück ausgestalten
210	*Oswald Waldner: Der Zauberspiegel*

Werkstatt Sprechen und Zuhören

212	Aus einer Geschichte entsteht ein Theaterstück
212	*Der kreative Handwerker oder Das tägliche Theater*

« EXTRA »

214	Marionettenspiele
214	*Nachts erwachen die Marionetten*
215	Ideen und Anregungen
216	Überprüfe dein Wissen und Können
216	*Der beste Lügner*

Werkstatt Sprache

218	Texte überarbeiten: Erweitern, ersetzen, umstellen
220	Wortarten wiederholen
222	Aus Verben werden Nomen
224	Zusammensetzungen enthalten viele Informationen
225	Fremdwörter gehören zum Wortschatz
226	Aus dem Lexikon der Jugendsprache: Lass uns chillen …
228	Wörter können wehtun
229	Mit Adjektiven bewerten
230	Passiv gebrauchen: Den Vorgang betonen
232	Satzglieder wiederholen
233	Texte ausbauen: Adverbiale Bestimmungen gebrauchen
234	Wozu? – Ziele und Zwecke angeben
235	Vermutungen ausdrücken

236	Relativsätze: Personen und Dinge genauer bestimmen
238	Dass-Sätze: Ich behaupte, ich meine, ich hoffe ...
240	Kommas erleichtern das Lesen
243	Über Zeichensetzung sprechen
244	Textverweise – Bezüge herstellen

Werkstatt Rechtschreibung

246	Rechtschreibhilfen nutzen
248	Mit dem Wörterbuch arbeiten
249	Fehler berichtigen – Übungsschwerpunkte entdecken
251	Fehler vermeiden – Strategien und Tipps
252	Rechtschreiben üben – Strategien anwenden
254	l, m, n ... – einfach oder doppelt?
255	Mit ß oder ss?
256	Fehler vermeiden – Rechtschreibgespräche führen
258	Das Wörtchen „dass"
259	„Das" oder „dass"?
260	Fremdwörter üben
261	Groß oder klein?
263	Nominalisierte Verben und Adjektive
265	Zeitangaben – groß oder klein?
266	Getrennt oder zusammen?
268	Ein Partnerdiktat vorbereiten und durchführen

Methoden und Arbeitstechniken

270	Nachdenken – Austauschen – Vorstellen
271	Cluster und Mindmap: Ideen sammeln, ordnen und übersichtlich darstellen
274	Die Tabelle: Informationen vergleichen
278	Die Zeitleiste: Geschichtliche Abläufe darstellen
281	Das Partnerpuzzle: Sich gegenseitig informieren
285	Das Interview: Sich gegenseitig befragen

286 Wissen und Können

286	Sprechen und Zuhören
287	Schreiben
289	Lesen – Texte und Medien
292	Sprache
296	Rechtschreibung
298	Gemeinsam lernen
300	Autoren- und Quellenverzeichnis
302	Bildquellenverzeichnis
303	Textsortenverzeichnis
304	Stichwortverzeichnis

So könnt ihr mit „wortstark" arbeiten

Wie das Buch aufgebaut ist

▶▶ In den **Themenkapiteln** (S. 10–217) geht es – wie der Name schon sagt – um interessante Themen wie „Leben im ewigen Eis", „Umwelt" oder „Gemischte Gefühle". Hier findet ihr Texte, Bilder, Aufgaben und Anregungen zum Lesen, Sprechen, Schreiben und Spielen.

1 Grüne Aufgaben helfen euch, einen Text oder ein Thema erst einmal zu verstehen. Manchmal kann man diese Aufgaben auch überspringen.
2 Blaue Aufgaben solltet ihr bearbeiten, wenn ihr bei einem Thema seid. Hier wird alles Wichtige erarbeitet.
3 Rote Aufgaben könnt ihr zusätzlich machen, um am Thema weiterzuarbeiten. Oft sind sie ein bisschen kniffliger als die blauen …

In der Mitte der Themenkapitel findet ihr *Werkstattseiten*. Hier lernt ihr Schritt für Schritt, was beim Sprechen, Schreiben und Lesen wichtig ist. Daran schließt sich ein *Extrateil* an – hier könnt ihr entscheiden, wie ihr am Thema weiterarbeiten wollt, und ihr könnt anwenden, was ihr auf den Werkstattseiten gelernt habt.
Am Ende der Kapitel könnt ihr überprüfen, was ihr gelernt habt – und woran ihr noch arbeiten solltet *(Überprüfe dein Wissen und Können)*.

▶▶ In den drei ausführlichen **Werkstätten** im zweiten Teil des Buchs (S. 218–285) wird sprachliches „Handwerkszeug" vermittelt, das ihr immer wieder verwenden könnt: Ihr denkt darüber nach, wie unsere Sprache aufgebaut ist, und nutzt dieses Wissen für das Sprechen, das Schreiben und das Verstehen von Texten *(Werkstatt Sprache* und *Werkstatt Rechtschreibung)*. Außerdem lernt ihr wichtige *Methoden und Arbeitstechniken* wie das Erstellen einer Mindmap, Tabelle oder Zeitleiste.

▶▶ Im Deutschunterricht werdet ihr eine Menge lernen und nach und nach immer mehr wissen und können. Da kann es leicht passieren, dass man etwas wieder vergisst oder durcheinanderbringt. Im Nachschlageteil **Wissen und Können** (S. 286–299) könnt ihr noch einmal das Wichtigste nachlesen und wiederholen.

Gemeinsam lernen

▸ Gemeinsam lernen macht Spaß und ist oft besonders erfolgreich. Deshalb findet ihr an verschiedenen Stellen im Buch Ideen, wie ihr miteinander lernen könnt, z. B.:
– Placemat (Platzdeckchen, S. 42)
– Fishbowl – Arbeitsergebnisse vortragen und diskutieren (S. 66)
– Ein Schreibgespräch führen (S. 163)
– Nachdenken – Austauschen – Vorstellen (S. 270)
– Partnerpuzzle (S. 282)
– Interview (S. 285).

Einige Methoden, die ihr schon in den Klassen 5 und 6 kennengelernt habt, könnt ihr im Nachschlageteil „Wissen und Können" nachlesen (S. 298 / 299).

Unterstreichungen im Buch? – Mit Folientechnik kein Problem!

Oft ist es sinnvoll, beim Lesen Textstellen zu unterstreichen. Mithilfe der Folientechnik kannst du mit Farbstiften an Texten arbeiten, ohne dass das Buch Schaden nimmt:

▸ Besorge dir eine möglichst feste, klare Prospekthülle in Größe DIN A4.

▸ Schneide die Prospekthülle an der Längsseite und der offenen Querseite so weit ab, dass sie die Größe einer „wortstark"-Buchseite hat. Jetzt kannst du deine Prospekthülle über eine Buchseite schieben. Probiere aus, ob du mit einer Büroklammer Buchseite und Prospekthülle an der einen offenen Kante zusätzlich zusammenheften möchtest.

▸ Um auf der Prospekthülle zu schreiben, brauchst du Folienstifte. Die sind nicht ganz billig. Kauft euch vielleicht zu zweit zwei oder drei wasserlösliche Stifte in verschiedenen Farben.
Die Markierungen lassen sich mit einem feuchten Papiertuch entfernen und du kannst deine Prospekthülle immer wieder verwenden.

In der Schule leben und arbeiten

Mittwoch	Donnerstag
Mathematik	Geschichte
Mathematik	Geschichte
Erdkunde	Freies Lernen
Erdkunde	Freies Lernen
Deutsch	Englisch
Deutsch	Englisch
———	Mathematik
Hausaufgaben-betreuung	———
Tanz-AG	Orchester
Tanz-AG	Orchester

Du musst jeden Morgen regelmäßig und pünktlich in der Schule sein. An manchen Tagen gehst du gern hin, an anderen hast du weniger Lust. Auf manche Mitschüler und Lehrer freust du dich, auf andere nicht so sehr. In der Schule sollen aber alle miteinander leben und arbeiten können. In diesem Kapitel wollen Texte und Aufgaben dazu anregen, über die Schule als Lebensraum und Arbeitsplatz nachzudenken.

In diesem Kapitel lernst du,
- Beobachtungen, Gedanken und Wünsche gezielt vorzutragen,
- Ideen und Vorstellungen zu entwickeln und zu vertreten,
- zu einem Thema deine Meinung darzulegen und überzeugend zu vertreten,
- eine Stellungnahme zu überarbeiten.

1. Schaut euch die Bilder aus dem Schulalltag an. Erzählt von eigenen Erfahrungen an eurer Schule.

2. Welche Wünsche habt ihr an das kommende Schuljahr? Was möchtet ihr gern verbessern? Schreibt eure Wünsche und Ideen auf Zettel und ordnet sie an der Pinnwand nach verschiedenen Themen: Klassengemeinschaft, Veranstaltungen, Aufgaben …

3. „Wer freiwillig Aufgaben innerhalb der Klasse übernimmt, ist ein Streber", sagen manche Schülerinnen und Schüler. Andere meinen: „Schülerinnen und Schüler übernehmen eine wichtige Verantwortung, wenn sie sich für Aufgaben zur Verfügung stellen."
a) Welche Meinung habt ihr zur Übernahme von bestimmten Aufgaben?
b) Nennt Aufgaben, die für eine Klassengemeinschaft wichtig sind.

Gemeinsam den Schultag gestalten

→ An einer Pinnwand in der Klasse könnt ihr alles sammeln und diskutieren, was euch in eurem Schulalltag beschäftigt – was euch gefällt, was euch ärgert und was ihr euch wünscht:

Bio ist grad richtig gut. Wenn man in Projekten arbeiten kann, lernt man viel mehr.

Super, dass wir jetzt endlich eine Leseecke haben, aber nicht toll, dass sich einige da nur rumfläzen und die andern …

Hier sieht's immer aus!!! – Ich finde, dass jeder seinen Müll selbst wegräumen sollte!

Ich bin dagegen, dass wir Freitag die Mathearbeit schreiben. Das wäre die dritte Arbeit in einer Woche!

Vertrauen ist uns wichtig – sowohl zwischen Lehrern und Schülern als auch unter Schülern.

Dass wir nach 8 Stunden Schule immer noch Hausaufgaben machen müssen, geht gar nicht. Wann hat man denn mal sein Privatleben???

Wir finden es blöd, dass einige immer so laut sind, dass man gar nichts versteht. Ist doch klar, dass die Lehrer dann genervt sind …

Teamplayer - statt Egoisten - sind uns wichtig. Dabei stehen Unterstützung und Hilfe im Mittelpunkt.

Manchmal kommt es zu Streit. Gut ist es dann, wenn einige schlichten und untereinander vermitteln können.

→ Legt eine Mindmap zu wichtigen Aspekten des gemeinsamen Schulalltags an. Ergänzt nach und nach Stichpunkte zu den einzelnen Aspekten:

Erfolgreich lernen

Die Klassengemeinschaft stärken

Gemeinsam durch den Schulalltag

Unsere Schülerrechte

Verantwortung übernehmen

Ideen und Überlegungen zum Schulalltag austauschen

In der Schule leben und arbeiten

1 Seht euch das Plakat an: Spricht es euch an? Wofür wird hier wohl „Werbung" gemacht?

Tim hat im Internet von dem Projekt **„Respekt – Jungs"** gelesen und es der Klasse vorgestellt:

Ein bisschen aggressiv ist der Spruch auf dem T-Shirt ja schon, aber … der Junge meint's ernst, wörtlich eben. Er möchte wirklich wissen, ob du ein Problem hast, weil er dir dann helfen will. Er kümmert sich um seine Freunde und nimmt Rücksicht auf andere.

Manche finden das vielleicht uncool, zu soft, nicht richtig männlich. Aber gerade solche Typen wie der mit dem T-Shirt kommen gut an, nicht nur im Freundeskreis, sondern auch, wenn es um einen Ausbildungsplatz geht.

„Jeder hat soziale Kompetenzen – du auch!" – Damit ist gemeint, dass jeder ganz viele Sachen drauf hat, die ihn zu einem guten Mitschüler, Arbeitskollegen oder Freund machen:

(a) Auf dich kann man sich verlassen. Du lässt niemanden hängen.
(b) Wenn du sagst „Das mach ich", dann machst du's auch!
(c) Du ziehst nicht nur dein Ding durch, sondern hilfst auch mal anderen. Du bist ein guter Team-Player.
(d) Wenn's mal Streit gibt, bleibst du trotzdem ruhig. Selbst wenn du dich total aufregst, fängst du nicht an, die anderen zu beschimpfen und zu beleidigen.
(e) Wenn andre sich streiten, versuchst du zu vermitteln und zu schlichten, damit nicht alles noch viel schlimmer wird.
(f) Und wenn dir einer sagt, dass du einen Fehler gemacht hast, flippst du nicht gleich aus.
(g) Du hörst anderen zu und respektierst, dass sie auch mal eine andere Meinung haben als du.

2 Ordnet den Beschreibungen aus dem Text jeweils die passende soziale Kompetenz (Stärke) zu: *(a) = (8), (b) = …*
(1) Toleranz   (2) Konzentrationsfähigkeit   (3) Höflichkeit
(4) Konfliktfähigkeit   (5) Teamfähigkeit   (6) Verlässlichkeit
(7) Vertrauen   (8) Zuverlässigkeit   (9) Respekt
(10) Gewissenhaftigkeit   (11) Selbstständigkeit
(12) Freundlichkeit

3 Wie könnt ihr die Pinnwand, die Mindmap und die Sammlung der sozialen Kompetenzen nutzen, um euren Schultag zu gestalten?

Ideen und Überlegungen zum Schulalltag austauschen

Wie Schüler und Lehrer den Unterricht erleben

Ingrid Hintz
Die dritte Stunde

Wie Udo es sieht

Ärgerliches Stirnrunzeln, Arm auf die Hüfte gestützt. Frau Schmidt steht schon da mit dem gewissen Blick. Die Sportstunde gerade war viel zu kurz. Und die Pause auch. Kaum hatten wir die Mannschaften eingeteilt, da klingelte es auch schon. Nichts mit Dosenfußball. Und auch nichts mit Essen. Wenigstens trinken musste ich noch. Und jetzt Deutsch. Wir sind ein bisschen zu spät dran, das ist alles.

Nur cool bleiben, langsam hinsetzen. Ich stolpere über Kerstins ausgestrecktes Bein. Die fängt gleich an zu kreischen: „Hast wohl 'n Rad ab!" Soll sich nicht so anstellen. Mein Deutschheft soll ich rausholen. Gar nicht so einfach. Die Schultasche ist wirklich ziemlich zugemüllt. Ich könnte mal wieder aufräumen. Okay, ich hab tatsächlich nur die Hälfte der Aufgaben. Wollte sie gestern noch zu Ende schreiben, aber der Film kam dazwischen. Danach hab ich's dann vergessen. Frau Schmidt macht wenigstens nicht so 'n Theater, wenn man mal was nicht hat. Trotzdem sieht sie irgendwie enttäuscht aus. Vielleicht sollte ich – ach, interessiert doch sowieso keinen.

Interessant, was Kai und Sina da machen. Sie scheinen sich prächtig zu amüsieren über etwas in der Zeitschrift, die sie unter dem Tisch durchblättern. Warum merken sie nicht, dass ich auch mal einen Blick auf die neue Fotostory werfen will? Dafür bekommt Frau Schmidt langsam rote Flecken und spricht immer lauter.

Jetzt redet sie wieder die ganze Zeit. Die meisten tun wenigstens so, als ob sie ihr zuhören. Gar nicht so schlecht, was sie vorschlägt. Immer wieder probiert sie was Neues, um uns zum Arbeiten zu bringen. Aber wieder mit Tim und Anja in einer Gruppe arbeiten, das wird doch nichts. Wir können uns nun mal nicht leiden. Warum, weiß ich auch nicht. Wenigstens ist Silke noch dabei. Vielleicht klappt es ja dann. Besser, als wenn man nur rumsitzt und ewig zuhören soll.

Wie Frau Schmidt es sieht

Eigentlich ist es eine nette Klasse, auch wenn viele Kollegen das anders sehen. Wieder mal kommt die Jungenclique zu spät. Ist es so schwer, beim Klingelzeichen in die Klasse zu gehen? Und bis wir dann zum Arbeiten kommen, vergeht eine Menge Zeit. Ich sollte mal mit ihnen über den Stundenanfang sprechen. Die haben keine Einsicht, was das alles soll hier in der Schule. Keine Lust auf Lernen, auf Anstrengung.

Ich könnte ja auch alles laufen lassen, aber es ist mir wichtig, dass sie was lernen. Wie kriege ich's nur hin, dass sie merken, dass sie für sich arbeiten und nicht für mich? Sollte ich strenger mit ihnen umgehen? Jedenfalls sollten sie wissen, dass sie sich an die Regeln halten müssen. Schimpfen und Schreien will ich nicht. Udo hat wohl wieder seine Hausaufgaben nicht gemacht. Ewig lange sucht er in seiner Schultasche herum. Von Ordnung hat der auch noch nichts gehört. Jetzt müsste ich eigentlich ganz streng sein und ihm eine Strafe geben, doch was erreiche ich damit? Er braucht ein wenig mehr Unterstützung zu Hause.

Wenn es mir nur gelingen würde, dass sie selbstständig und aktiv mitmachen! Ich hatte mich auf diese Stunde eigentlich sehr gut vorbereitet. Trotzdem scheint es viele nicht zu interessieren. Die meisten haben was ganz anderes im Kopf. Was soll ich nur verändern? Mit Druck ist da wenig zu holen.

Immer diese leeren Blicke. Dabei würde es bestimmt interessant werden, wenn sie sich wenigstens mal auf ein Thema einlassen würden. Wenn sie die Gruppenarbeit wieder nutzen, um sich vor der Arbeit zu drücken oder wenn es wieder ein großes Problem wird, wer mit wem arbeiten soll, kann ich das Ganze gleich vergessen. Aber sie müssen doch lernen, sich miteinander zu verständigen, auch wenn ihnen einzelne in der Gruppe nicht so passen. Später können sie sich ihre Kollegen auch nicht aussuchen.

1 Frau Schmidt und Udo machen sich Gedanken während einer Unterrichtsstunde. Was geht ihnen durch den Kopf?
Schreibt ihre Gedanken stichwortartig auf: *1. ..., 2. ..., 3. ..., 4. ...*

→ *Mit Adjektiven bewerten, S. 229*

2 Nehmt Stellung zu den Gedanken der Lehrerin und des Schülers:
– Habt ihr manchmal ähnliche Gedanken wie Udo?
– Könnt ihr die Gedanken der Lehrerin verstehen?

3 Was würde geschehen, wenn die beiden ihre Gedanken aussprechen.

4 Macht zu zweit aus dem Text eine Spielszene, in der die Gedanken ausgesprochen und weitergeführt werden.

5 Schreibe einen ähnlichen Text mit Gedanken über eine Unterrichtsstunde in eurer Klasse: aus der Sicht eines Schülers/einer Schülerin oder aus der Sicht eines Lehrers/einer Lehrerin.

Sprache

Beim Argumentieren benutzen wir oft **wenn-Sätze**. In wenn-Sätzen steht eine Bedingung für das, was im Hauptsatz behauptet wird:
Wenn man in Projekten arbeiten kann, lernt man viel mehr.
Im Hauptsatz steht oft noch das Wörtchen dann: Wenn dir einer sagt, dass du einen Fehler gemacht hast, (dann) flipp nicht gleich aus.
Die Formulierung Wenn …, dann … zeigt, dass im Hauptsatz die Folge steht, die sich aus der Bedingung ergibt.
Der wenn-Satz kann auch nach dem Hauptsatz stehen: Frau Schmidt macht wenigstens nicht so'n Theater, wenn man mal was nicht hat.

Rechtschreibung – kurz nachgedacht

Die Klasse 7a sammelt regelmäßig **Wörter mit Schreibauffälligkeiten** und spricht darüber in einem Rechtschreibgespräch:
Schulalltag, Selbstständigkeit, Streit, flippt aus …
Wie kannst du Fehler an den markierten Stellen vermeiden? → Seite 251
Markiere in den folgenden Wörtern die Rechtschreibschwierigkeiten:
klappt, tatsächlich, erreichen, enttäuscht, Verlässlichkeit, Ergebnis …
Wie erklärst du die Schreibweise der Wörter?
Was kannst du tun, um Fehler an diesen Stellen zu vermeiden?
Sortiere die Wörter nach gemeinsamen Rechtschreibproblemen.
Ergänze nach und nach die Wörterreihen mit weiteren Wörtern.

In der Pause

Manfred Mai
Große Pause

Türen öffnen sich
wie Schleusen
Mädchen und Jungen
quellen heraus
5 strömen durch Gänge
dem Ausgang zu
kämpfen um gute Plätze
beim Bäcker
übertrumpfen sich
10 mit Secondhand-Geschichten
kicken mit zerbeulten Dosen
ständig die Aufsicht im Auge
suchen und finden
wehrlose Opfer
15 lehnen sich an Mauern
und warten
drehen lange Runden
und reden
ziehen sich in stille Winkel
20 zurück
und träumen
vom Leben

1 Unterstreicht im Text (Folie) die Tätigkeiten der Schülerinnen und Schüler während der Pause: *strömen, kämpfen ...*

2 Tragt Aktivitäten zusammen, die ihr in eurer Pause beobachtet habt.

3 Sammelt Orte, an denen sich Schülerinnen und Schüler in eurer Schule besonders gern aufhalten. Beobachtet während der Pause, was sie dort machen. Notiert eure Beobachtungen auf Stichwortzetteln.

4 Mit euren Beobachtungen könnt ihr ein Parallelgedicht schreiben. Lasst die ersten vier Zeilen stehen und fügt dann eigene Ideen hinzu. Ihr könnt auch Zeilen übernehmen, wenn sie gut in euer Gedicht passen.

5 Sammelt Ideen für die Gestaltung der Pausen. Sprecht den Schülerrat oder die Schulleitung an, ob sie euch bei der Umsetzung helfen können.

6 Stellt negatives Pausenverhalten zusammen und überlegt, wie man es verändern kann: Rauchen? – Nicht bei uns! ...

Lernen beobachten und verbessern

In der Schule erfolgreich sein – das ist von verschiedenen Dingen abhängig. Manchen Schülerinnen und Schülern hilft es z. B., dass sie in der Ganztagsschule Förderung erhalten und ihre Freizeit durch verschiedene Angebote aktiv gestalten können. Doch auch die persönliche Einstellung zum Lernen kann sich positiv oder negativ auswirken.

Schülerinnen und Schüler einer 7. Klasse unterhalten sich über die vergangene Stunde:

Nicole hat mich ständig angequatscht.

Die Stunde war doch total langweilig!

Wieso? Mir hat das Thema richtig gut gefallen.

Ich konnte mich sogar mehrere Male melden.

Ich hätte nicht gedacht, dass wir über meine Frage so diskutieren konnten.

Heute habe ich aber auch gar nichts kapiert!

1 Was hat einigen nicht gefallen? Was fanden andere gut? Was hat sie positiv überrascht?

2 Sprecht über eigene Beobachtungen: Wie erlebt ihr den Unterricht manchmal?

3 Überlegt,
   – wie ihr euch im Unterricht verhaltet,
   – wie ihr besonders erfolgreich am Unterricht teilnehmen könnt,
   – was euch beim Lernen helfen könnte.

Die Schülerinnen und Schüler haben sich nach einem Projekttag zum Thema „Lernen" einen **Beobachtungsbogen** angelegt.
Auf der nächsten Seite gibt Hanna einen Einblick in ihre persönlichen Beobachtungen.

In der Schule leben und arbeiten

Beobachtungsbogen für: *Hanna Klein, Klasse 7b*

Lernbeobachtungen	Mo	Di	Mi	Do	Fr
War ich pünktlich?	😊	☹️	😐	😊	😐
Hatte ich alle Materialien dabei?	😊	😊	😐	😊	😐
Waren meine Hausaufgaben vollständig?	😊	😊	😊	😊	😊
Habe ich mich mehrmals gemeldet?	😐	☹️	😐	😐	☹️
Habe ich den Wortmeldungen meiner Mitschüler gut zugehört?	😐	😐	😐	😊	☹️
Habe ich dazwischengerufen?	😐	☹️	☹️	☹️	☹️
Habe ich mich abgelenkt (z. B. Briefe geschrieben)?	😐	😊	😐	😐	☹️
…					

Für mich stelle ich fest:
😊 Besonders gut fand ich, dass ich meine Hausaufgaben regelmäßig gemacht habe.
☹️ Am Donnerstag habe ich zu lange am Computer gespielt. Am Freitag war ich nicht konzentriert. Das soll mir nicht mehr passieren.
→ Für nächste Woche nehme ich mir vor, nicht mehr dazwischenzurufen.

4 Untersucht Hannas Eintragungen und ihre anschließenden Feststellungen:
- Was hat sie beobachtet?
- Welche Ergebnisse lassen sich ablesen?
- Wie beurteilt sie ihr eigenes Verhalten?
- Was nimmt sie sich vor?

5 Was wollte die Klasse wohl damit erreichen, dass sie diesen Beobachtungsbogen entworfen hat?

6 Auch ihr könnt mit solch einem Beobachtungsbogen überprüfen, wo eure Stärken und Schwächen liegen und was euch beim erfolgreichen Lernen hilft.
- Überlegt euch ein Fach, in dem ihr euer Verhalten beim Lernen beobachten und verbessern wollt.
- Sammelt Beobachtungsfragen, die für euch und eure Klasse wichtig sind. Ihr könnt auch Fragen aus Hannas Beobachtungsbogen übernehmen.
- Bereitet einen Beobachtungsbogen für eine Woche vor. Versucht, ihn am PC zu schreiben und zu gestalten.

> **Tipp**
> *Haltet eure Beobachtungen direkt im Anschluss an den Unterricht fest. Tauscht euch mit einem Partner oder dem Lehrer aus, ob sie eure Beobachtungen bestätigen können.*

Lernverhalten beobachten und verbessern

Für ein gutes Schulklima – zu Problemen Stellung nehmen

Die Schülerinnen und Schüler der 7b äußern sich regelmäßig schriftlich zu aktuellen Schulproblemen. Jeder kann seine Meinung formulieren und mit seinem besten Argument begründen oder andere Meinungen kommentieren. Sie wollen damit zur Verbesserung des Schulklimas und zu einer angenehmeren Lernumgebung in der Klasse anregen.

1 Lest die Texte. Formuliert, zu welchen Themen sich einige aus der 7b geäußert haben.

> Ich bin dafür, dass die Schüler ihre Klassenräume selbst putzen. Dadurch achtet jeder mehr auf Sauberkeit und Ordnung.
> *Semir*

> Semir, ich bin nur dafür, wenn das eingesparte Geld in die Klassenkasse kommt.
> *Tabea*

> Der Umgangston ist in letzter Zeit in der Klasse ruppiger geworden. Viele reden sich nur noch mit Nachnamen an und lassen zu falschen Antworten im Unterricht höhnische Kommentare los.
> *Robin*

> Semir, ich halte meinen Platz immer selbst sauber. Papier und anderen Abfall bringe ich sofort in die aufgestellten Abfallbehälter.
> *Lukas*

> Es sollte grundsätzlich erlaubt sein, während des Unterrichts zu essen oder zu trinken, denn mit leerem Magen und ständigem Durstgefühl kann ich mich nicht auf den Unterricht konzentrieren.
> *Jan*

> Ich bin der Meinung, dass wir in der Schule viel mehr miteinander musizieren, singen und tanzen müssten. Dadurch könnte ich meine Lernfreude erheblich steigern, weil ich in Musik und Tanzen meine besonderen Stärken habe.
> *Lisa*

> Bei den Schultoiletten sollte immer eine Aufsicht sitzen, die von Schülern durch ein „Toilettengeld" bezahlt wird. So bleibt alles sauber, ordentlich und sicher.
> *Emma*

> Emma, das klappt nicht. Was soll ich machen, wenn ich zur Toilette muss und kein Geld dabeihabe?
> *Luisa*

In der Schule leben und arbeiten

2 Suche Punkte heraus, wo du zustimmen möchtest, aber ein besseres Argument gefunden hast. Antworte mit deinem Argument.

3 Suche Punkte heraus, bei denen du anderer Meinung bist. Formuliere und begründe deine Meinung. Antworte ähnlich wie Tabea, Lukas und Luisa.

4 Formuliert in ähnlicher Form wie die Klasse 7b, was sich ändern sollte, damit es euch an der Schule oder in der Klasse noch besser gefällt. Ihr könnt euch auf ein besonderes Schul- oder Klassenproblem einigen oder auch mehrere zulassen.
  – Formuliert eure Meinung.
  – Wählt zur Begründung euer bestes Argument. Am besten verdeutlicht ihr es zusätzlich durch ein Beispiel.
  – Hängt eure Äußerungen aus und lasst sie von anderen kommentieren.
  – Findet heraus und diskutiert, wie eure Meinungen und Argumente auf andere wirken und ob dadurch etwas bewirkt werden kann.

Nach einer SV-Sitzung hat das Klassensprecherteam die folgende Mitteilung an die Pinnwand geheftet:

> *Liebe Mitschülerinnen und Mitschüler,*
>
> *auf der letzten SV-Sitzung teilte die Schulleitung mit, dass die Pausenhalle nach der letzten Musikpause so stark vermüllt war, dass es eine Zumutung war, diesen Dreck wieder zu beseitigen. Aufgrund dieses Vorfalls überlegt die Schulleitung, die Pausenmusik zu untersagen. Überlegt, wie wir unsere Musikpause erhalten können.*
>
> *Euer Klassensprecherteam*

5 Kennt ihr solche oder ähnliche Mitteilungen und Probleme aus eurem Schulalltag?
  – Sammelt sie an der Tafel.
  – Welche Möglichkeiten fallen euch ein, um solche Konflikte zu lösen? Diskutiert die Vor- und Nachteile eurer Lösungsvorschläge.

Lösungsvorschläge entwickeln und diskutieren

6 Die Klasse 7b hat das Problem zunächst während eines Klassengesprächs diskutiert und sich entschieden, einen sachlichen Brief zu schreiben. Entwerft einen solchen Brief.

▸▸ Bevor ihr zu schreiben beginnt:
– Legt fest, was ihr erreichen wollt.
– Überlegt, an wen ihr den Brief richten wollt: Lehrer, Schulleitung, Eltern, Schülervertretung, Hausmeister. Wer ist für eure Absicht der beste Adressat?
– Sammelt möglichst viele Argumente, die euch nützen.
– Wählt daraus etwa drei aus, die den Adressaten überzeugen können.
– Sucht für euren Brief eine passende Anrede und einen passenden Schluss.

→ *Damit eure Argumente gut eingeleitet und verbunden sind, könnt ihr die Hilfen aus dem Meinungs-Haus nutzen.*

▸▸ Darauf solltet ihr beim Schreiben achten:
– Macht zunächst dem Adressaten klar, warum ihr an ihn schreibt.
– Formuliert eure Absicht, die ihr mit dem Brief verbindet, eindeutig.
– Führt genügend Argumente an, um eure Meinung zu begründen.
– Verdeutlicht die Argumente durch passende Beispiele.
– Formuliert so, dass der Adressat eure Argumente gut versteht und sich angesprochen fühlt.
– Beachtet die Briefform: Ort, Datum, Anrede und Grußformel.

Meinungs-Haus

Meinung formulieren	Beispiel angeben	Begründungen geben	Bedingungen und Folgen
Meiner Meinung nach … Ich denke/glaube/meine, dass …	Hierfür möchte ich ein Beispiel nennen: … zum Beispiel … z. B. …	… weil, … …, denn … Deshalb … Aus diesem Grunde …	Wenn …, dann … Das führt dazu, dass … …, so dass … folglich

7 Stellt euren Brief in der Schreibkonferenz vor und überprüft:
– Werden der Anlass und die Absicht des Briefes deutlich?
– Überzeugt der Brief durch gute Argumente?
– Ist der Ton angemessen? Ist er sachlich oder klingt er aggressiv, unterwürfig, verletzend, langweilig …?
– Seid ihr mit der Form des Briefes einverstanden?
– Sind Rechtschreibung und Zeichensetzung überprüft und richtig?

Zukunft vorbereiten – Projekttage nutzen

Viele Schulen bieten ihren Schülerinnen und Schülern die Möglichkeit, an einem Tag in die Arbeitswelt hineinzuschnuppern. Oft wird dazu der „Zukunftstag für Mädchen und Jungen" (früher „Girlsday") am vierten Donnerstag im April genutzt, andere organisieren einen Eltern-Kind-Arbeitstag oder nutzen die Kooperation zwischen bestimmten Betrieben und der Schule zu regelmäßigen Schnupperpraktika.
Auf der Homepage ihrer Schule stellen Schülerinnen und Schüler ihre Eindrücke vor:

Gleichberechtigung für alle!
„Gleichberechtigung für alle" haben wir uns gedacht. Am Zukunftstag haben wir uns gemeinsam in der Altenhilfe umgesehen – ein voller Erfolg! Frau Schmidt („Oma Lisa") besuchen wir jetzt einmal in der Woche und lesen ihr aus der Zeitung vor. Sie wartet schon immer auf uns. Ein super Gefühl! Tom + Celine

„Krankenschwester" Kai
„Schwester, haben Sie meine Brille gesehen?"- Na ja, abgesehen von dem „Geschlechtswechsel" fand ich diesen Arbeitstag im Krankenhaus sehr gut. Als Krankenpfleger kann man Menschen wirklich helfen. Das macht einen sehr zufrieden! Kai

Schnuppertag in der Kfz-Werkstatt
Pünktlich um 8.00 ging's los: Ölstand prüfen, Reifendruck kontrollieren, Kilometerstand aufschreiben, Werkstattbericht ausfüllen. Der Azubi erklärte mir alles und ich begleitete ihn den ganzen Tag. Abends war ich zwar todmüde, aber Wiederholung ist angesagt! Natascha

1. Welche Chancen bietet ein solcher Einblick in die Arbeitswelt?

2. Sammelt Argumente, warum Jungen und Mädchen am Zukunftstag nicht nur geschlechtstypische Berufe kennenlernen sollten.

3. Überlegt, ob ihr an einem Zukunftstag teilnehmen wollt.

4. Formuliere für die Homepage deiner Schule oder für die Schülerzeitung eine Werbung, die zur Teilnahme am Zukunftstag auffordert.

Werkstatt
Schreiben

Eine Stellungnahme überarbeiten

In einer Stellungnahme zu einem aktuellen Problem kommt es darauf an, dass du nicht nur eine Meinung formulierst, sondern deine Meinung durch gute Argumente stützt und die Argumente durch Beispiele weiter verdeutlichst.

Wenn du dein Anliegen in einem Brief vorträgst, kommt es zusätzlich darauf an, dass du die Briefform einhältst und den richtigen Ton triffst, damit der Adressat dein Anliegen ernst nimmt und du dein Ziel auch erreichst. In dieser Werkstatt sollst du das an einer Textüberarbeitung besonders üben.

Die Klassenlehrerin Frau Keller trägt während eines Klassengesprächs ein Anliegen aus einer Elternversammlung vor:

Einige Eltern sind der Meinung, dass ihre Kinder auch nach dem Nachmittagsunterricht ruhig noch zu Hause für die Schule Aufgaben bearbeiten sollen. Sonst säßen sie nur vor dem PC, träfen sich in ihrer Clique oder gammelten an der Skaterbahn herum. Auf jeden Fall hätten sie noch Zeit fürs Üben und Wiederholen. Das käme sonst viel zu kurz.

Dazu haben Isa und Jannick einen Brief an die Eltern vorbereitet, den sie ihrer Lehrerin zur Durchsicht gegeben haben. Frau Keller hat ihnen den Brief mit einigen Anmerkungen zurückgegeben:

In der Schule leben und arbeiten

	Liebe Eltern,
	Ihre Meinung über zusätzliche Schulaufgaben <u>ist voll doof</u>. Es ist doch so, dass viele bereits in der Schule ihre Aufgaben <u>klarmachen</u> und auch noch in AGs oder Kursen der Schule mitmachen. Es gibt außerdem Schüler, die sich für ihre <u>Kumpels</u> einsetzen, z. B. in Patenprojekten oder Streitschlichterteams. Und wenn ein langer Schultag beendet ist, möchte man auch mal <u>abchillen</u> und sich vielleicht mit Freunden treffen, um wieder für
/ Absatz, neue Zeile, neues Argument einleiten, mehr Beispiele zur Verdeutlichung	den nächsten Arbeitstag in der Schule fit zu sein. / Beim Skaten <u>gammeln wir nicht rum</u>. Es ist Sport. Kommen Sie und schauen Sie zu!
	Isa und Jannick
	Die Leser wissen sofort, welche Meinung ihr vertretet. Auch die Argumente, die ihr anführt, sind überzeugend. Gut ist die Einleitung des ersten Arguments und die Verbindung der Sätze mit „außerdem" und „Und". Solche Formulierungen fehlen am Ende eures Textes. Beachtet meine Bemerkung am Rand. Außerdem solltet ihr umgangssprachliche Ausdrücke und Wiederholungen vermeiden, damit alle verstehen, was ihr meint. Ich habe sie im Text markiert.

1 Finde in Isas und Jannicks Text die Stellen, die die Lehrerin für besonders gelungen hält, und markiere sie (Folie).

2 Überarbeite den Text der beiden in deinem Heft:
– Füge eine passende Überleitung ein.
– Ergänze Beispiele oder Beweise zur Verdeutlichung der Argumente.
– Finde weitere Argumente. Leite sie ein und verdeutliche sie ebenfalls durch passende Beispiele.
– Ersetze die unpassenden Ausdrücke.

3 Vielleicht bist du anderer Meinung als Isa und Jannick oder möchtest andere Argumente nutzen. Formuliere deinen Brief und besprich und überarbeite ihn mit einem Partner.

Eine Stellungnahme überarbeiten

Lernen ist manchmal gar nicht so einfach

Anna Gavalda
Der Teufelskreis

David ist 13 und schon zweimal sitzen geblieben. Er hasst die Schule und wacht deshalb jeden Morgen mit Magenschmerzen auf. Der einzige Ort, an dem er sich wohlfühlt, ist der Schuppen seines Großvaters Leon, wo die beiden stundenlang basteln und David viele Erfindungen macht. Doch als David wieder einmal von der Schule fliegt, ist es mit der Geduld des Großvaters und seiner Eltern zu Ende. Sein Vater führt ein ernstes Gespräch mit ihm:

„Weißt du, was das wirklich Ärgerliche mit dir ist, mein Freund, du bist trotz allem begabt ... Also, was kann man machen, um dir zu helfen? Tatsache ist, dass du die Schule nicht magst. Aber bis sechzehn ist die Schule Pflicht, das weißt du doch?"
Ich nickte.
„Das ist ein Teufelskreis: Je weniger du arbeitest, umso mehr hasst du die Schule; je mehr du sie hasst, umso weniger arbeitest du ... wie willst du da rauskommen?"
„Ich werde warten, bis ich sechzehn bin, und dann die Ärmel wieder hochkrempeln."
„Du träumst doch! Wer wird dich denn einstellen?"
„Niemand, ich weiß das, aber ich werde Dinge erfinden und herstellen. Ich brauche nicht viel Geld zum Leben."

„Oh, glaub das nicht! Natürlich brauchst du nicht so reich zu werden wie
Onkel Dagobert, aber du wirst doch mehr Geld nötig haben, als du denkst.
Du musst Werkzeuge kaufen, eine Werkstatt, einen Lastwagen ... und was
weiß ich noch? Egal, lassen wir diese Geschichte mit dem Geld für einen
Moment beiseite. Das beschäftigt mich nicht in erster Linie. Lass uns lieber
über das Lernen sprechen ... Verzieh das Gesicht nicht so, David, sieh mich
bitte an. Du wirst es zu nichts bringen ohne ein Mindestmaß an Kenntnissen.
Stell dir vor, du erfindest ein Wahnsinnsding. Du musst ein Patent anmelden,
stimmt's? Und das musst du in korrekter Sprache schreiben ... Und dann gibt
man eine Erfindung nicht einfach so ab, man braucht Pläne, Skalen, Berech-
nungen, um ernst genommen zu werden, sonst wird man dir deine Ideen
klauen, in null Komma nix."
„Glaubst du?"
„Ich glaube es nicht, ich bin mir dessen sicher."
Ich war völlig verdattert, ich hatte das vage Gefühl, dass er recht hatte.

1. David sagt: „Ich hatte das vage Gefühl ..."
   Was geht ihm dabei wohl durch den Kopf?

2. Davids Vater spricht vom „Teufelskreis". Was will er damit sagen?
   Erkläre die Situation mit einem Beispiel.

3. Der Vater fragt: „Wie willst du da rauskommen?"
   Überlege, welche Möglichkeiten David hat, um die Situation zu ändern.

4. David hat im Chatroom seine Enttäuschung über sein Versagen
   dargestellt:

   > Ich hasse die Schule. Morgens kann ich
   > nichts essen und im Bus wird mein Knoten
   > im Bauch immer stärker und in der Schule
   > ist es am schlimmsten.
   > Ich bin ein Versager und kann mir nichts
   > merken.
   >
   > David

Schreibe ihm eine Antwort, die ihn stärken kann.

Mögliche Auswege aus dem „Teufelskreis" entwickeln

Ideen und Anregungen

Wenn euch die Zukunftstage Appetit auf mehr gemacht haben, könnt ihr viele Möglichkeiten nutzen:

→ **Arbeits- und Lebenswelten außerhalb der Schule erkunden:**
- den Arbeitsplatz eures Vaters, eurer Mutter, eurer Tante, eures Onkels ...,
- örtliche Handwerksbetriebe und Industrieunternehmen,
- landwirtschaftliche Betriebe mit einer speziellen Ausrichtung, z. B. Ökohöfe,
- Stadtteil- oder Bauernmärkte,
- die Stadtbibliothek, ein Museum,
- Kindergärten oder Altenheime,
- Naturschutzgebiete ...

Macht euch Notizen, damit ihr eure Beobachtungen nicht vergesst, und informiert euch hinterher gegenseitig über das, was euch besonders aufgefallen ist, was euch gefallen oder weniger gefallen hat.

→ **Mit der Klasse Patenschaften übernehmen oder selbst aktiv werden**
Informiert euch im Internet über Hilfswerke für Kinder, z. B. www.kindernothilfe.de oder www.sos-kinderdorf.de.

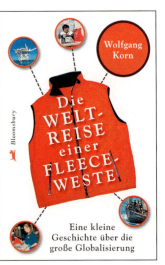

→ **Ehemalige Schülerinnen und Schüler einladen**, die euch ihren Lebens- und Berufsweg vorstellen, und sie fragen, welche Tipps sie euch geben können.

→ Euch **über Berufe informieren**, in denen nicht mehr ausgebildet wird, und über neue Berufe, die erst in den letzten Jahren Ausbildungsberufe wurden. Dazu könnt ihr eine kleine Ausstellung machen:
Das war einmal! – So wird es sein!

→ Die Arbeitswelt hat sich aufgrund der **Globalisierung** stark verändert. Wie sich das auswirkt, könnt ihr in dem Buch „Die Weltreise einer Fleeceweste" von Wolfgang Korn nachlesen. Stellt das Buch der Klasse vor.

Überprüfe dein Wissen und Können

1 Je stärker soziale Kompetenzen ausgeprägt sind, umso besser kann die Klassengemeinschaft funktionieren. Gib Beispiele an, bei denen soziale Kompetenz besonders gefragt ist.

Soziale Kompetenzen erläutern

2 Durchhaltevermögen, Konfliktfähigkeit, Verantwortungsgefühl und Kreativität sind soziale Stärken (Kompetenzen).
- Wähle zwei davon aus und erkläre ihre Bedeutung.
- Gib Situationen in der Schule und in der Freizeit an, wo sie besonders wichtig sind und wo sie geübt werden können.

Ein Thema – zwei Meinungen

In der Pause sollten die Klassenräume und Gebäude geöffnet bleiben. Schüler wollen sich in den Räumen gemütlich unterhalten und abchillen.
　　　　　　　Tim (Schüler)

Pausen sind zum Erholen da. Frische Luft und Bewegung steigern die Lernfähigkeit. Deshalb müssen alle auf den Schulhof. In den Klassenräumen kann die Aufsicht nicht gewährleistet werden.
　　　　　　　Lore Schulte (Lehrerin)

3 Sieh dir die beiden Stellungnahmen an:
- Welches Thema wird angesprochen?
- Wie sind die Standpunkte dazu?
- Welche Argumente werden vorgebracht?

Stellungnahmen überarbeiten

4 Ergänze weitere Argumente zu den beiden Standpunkten.

5 Was ist <u>deine</u> Meinung in dieser Frage? Schreibe eine Stellungnahme für die Schülerzeitung.
- Sammle möglichst viele Argumente und verknüpfe sie sinnvoll miteinander.
- Verstärke deine Argumente mit anschaulichen Beispielen.
- Formuliere evtl. einen überzeugenden Schlusssatz.
- Überprüfe, ob sich die Leser angesprochen fühlen und auch Gegner überzeugt werden können.

Selbst Stellung nehmen

Leben im ewigen Eis

Kein Lebensraum der Erde wird so sehr von Eis und Schnee geprägt wie die Arktis und die Antarktis. In diesem Kapitel findet ihr eine Reihe von Texten mit Informationen über Arktis und Antarktis, mit Geschichten von wagemutigen Entdeckern, von Wissenschaftlern, die die Eiswüsten erforschen, sowie von Tieren und Menschen, die im ewigen Eis leben und zurechtkommen. Schließlich geht es auch um die Gefahren, die Menschen und Tieren durch den Klimawandel drohen.

Bei der Textarbeit lernt ihr
- Informationen zu sammeln, zu ordnen und weiterzuverarbeiten,
- Sachtexte und literarische Texte mithilfe von Fragen und Aufgaben auf ihre unterschiedliche Wirkung hin zu untersuchen,
- Informationen sowie Ansichten und Meinungen herauszuarbeiten und einzuschätzen,
- Texte miteinander zu vergleichen.

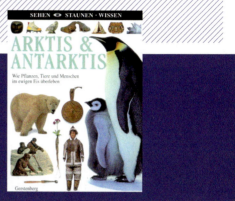

1 Schau dir die Fotos an und vermute, wo sie aufgenommen wurden.

2 Kannst du erkennen, worum es auf den Fotos geht?
Was weißt du schon darüber? Erzähle.

3 Welche Fragen hast du zu den Bildern? Was würdest du gern wissen?

4 Sammelt in Vierergruppen eure Fragen und ordnet sie nach Themen.
Ihr könnt dazu die Placemat-Methode verwenden (S. 42).

5 Sucht euch Fragestellungen aus und sammelt dazu Informationen.
Wie ihr die Informationen in einer Mindmap ordnen könnt, erfahrt ihr
in der Werkstatt Methoden und Arbeitstechniken (S. 273).

→ ... und übrigens: Warum fressen Eisbären keine Pinguine?

Informationen sammeln, auswerten und nutzen

1 Lest die beiden Lexikonartikel in Gruppen.
Schaut dazu noch einmal in „Wissen und Können" auf Seite 292 nach.

Die **Arktis**, das Gebiet um den Nordpol. Dazu gehören die größte Insel der Erde, Grönland, und die nördlichen Gebiete der USA (Alaska), Kanadas, Norwegens und Russlands. Auf dem Nordpol selbst ist das Meer über 4000 m tief. Es ist vom Packeis bedeckt, das 2 bis 3 m dick ist und mit der Meeresströmung treibt. Der Nordpol ist also von schwimmendem Eis bedeckt und unter dem Eis ist Wasser. Ein halbes Jahr, vom Frühling bis zum Herbst, geht die Sonne auf dem Nordpol nicht unter. Dann verschwindet sie für ein halbes Jahr. Es beginnt die Polarnacht. In der Arktis leben heute viele Wissenschaftler verschiedener Nationen. Das eigentliche Volk der Arktis aber sind die Inuit. In der Arktis leben verschiedene Wale und Robben, Eisbär, Ren und Karibu (das amerikanische Ren), Silberfuchs, Schneehase, Lemming (eine Art der Wühlmäuse), verschiedene Wasservögel.

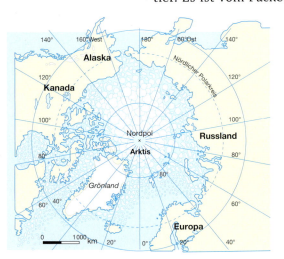

Die **Antarktis**, das Gebiet um den Südpol der Erde. Am Südpol ist unter dem Eis festes Land. Die Eisdecke ist am Südpol 2800 m dick. Nirgends auf der Erde ist es so kalt wie in der Antarktis. Es wurden schon −91,5°C gemessen. Jahraus, jahrein wehen in der Antarktis starke Stürme, die zu den wildesten Orkanen der Welt werden können. Es sind Windgeschwindigkeiten von 370 km/h gemessen worden. Wenn bei uns der Frühling kommt, beginnt in der Antarktis die Polarnacht. Sie dauert ein halbes Jahr. Nachher – wenn bei uns Herbst und Winter ist – geht die Sonne ein halbes Jahr nicht unter. Die Küstengebiete und das Meer der Antarktis sind Heimat vieler Tiere: der Pinguine, Sturmvögel, Möwen, verschiedener Wale, Delfine und Robben. An Pflanzen gibt es nur Moose und Flechten. In der Antarktis leben nur wenige Menschen. Es sind Forscher aus verschiedenen Ländern.

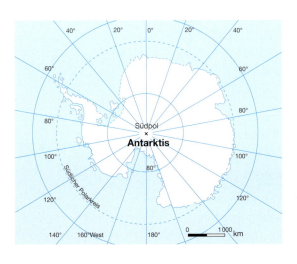

Leben im ewigen Eis

2 Sammelt die Informationen aus den Lexikonartikeln und vergleicht sie in einer Tabelle. Übertragt die Tabelle in euer Heft. Lasst in den Zeilen genug Platz, damit ihr die Informationen eintragen könnt.

→ *Informationen in einer Tabelle gegenüberstellen, S. 274*

Aspekt/ Gesichtspunkt	Arktis	Antarktis
Wo?		
Klima		
Menschen		
Tiere und Pflanzen		

3 Vergleiche deine Ergebnisse mit einem Partner.

4 Bereitet Kurzvorträge über Arktis und Antarktis vor.
Ihr könnt dazu die Informationen aus der Tabelle und die Antworten auf eure Fragen von Seite 31 nutzen. Eure Ergebnisse könnt ihr mündlich oder in einem Galeriegang vorstellen.

→ *Einen Kurzvortrag halten, S. 286*

→ *Galeriegang, S. 277*

Sprache

Vergleichen

Wenn du Personen, Gegenstände oder Sachverhalte miteinander vergleichst, beschreibst du Gemeinsamkeiten und Unterschiede. Gemeinsamkeiten kannst du mit so wie oder genauso wie ausdrücken:
Die Arktis ist genauso gefährdet wie die Antarktis.

Wenn du Unterschiede herausstellen möchtest, kannst du dies mithilfe
— der Adjektivsteigerung (z.B. kälter, am kältesten):
   Die Antarktis ist der lebensfeindlichste Kontinent der Erde.
— von Formulierungen wie während, im Unterschied/Gegensatz zu:
   Während in der Arktis Eisbären leben, ist die Antarktis die Heimat der Pinguine.

Eine Reportage lesen

Was zuvor geschah ...

Die Erforschung der Pole machte 1911 Schlagzeilen. Sowohl der Engländer Robert Scott als auch der Norweger Roald Amundsen planten eine Entdeckungsreise – zu den entgegengesetzten Punkten der Erde.
Sie machten sich im selben Monat auf den Weg. In Australien erfuhr Scott, dass auch Amundsens Ziel nun Südpol hieß. Aus Scotts wissenschaftlicher Expedition wurde ein Wettrennen.

Robert Scott   Roald Amundsen

Polarforscher
1901 leitete der Marineoffizier Robert Scott (1868–1912) zum ersten Mal eine Expedition in die bis dahin unerforschte Antarktis. Er wollte, dass ein Engländer als erster Mensch den Südpol erreichte. Im Jahr 1909 erklärte er dann öffentlich, eine wissenschaftliche Expedition zum Südpol führen zu wollen.
Der norwegische Arzt Roald Amundsen (1872–1928) gab seinen Beruf auf, um Seefahrer und Forscher zu werden. Er hoffte, als Erster den Nordpol zu erreichen. Als ihm ein anderer zuvorkam, suchte er eine neue Herausforderung: den Südpol.

Richard Platt

Wettlauf zum Südpol

Es war im Januar 1911. Fast gleichzeitig erreichten die beiden Expeditionen die Antarktis. Sie hatten zwar dasselbe Ziel, benutzten aber unterschiedliche Methoden, um dorthin zu gelangen: Amundsen wollte mit seiner Mannschaft auf Skiern zum Pol fahren und das gesamte Gepäck auf Hundeschlitten transportieren. Scott dagegen hielt nicht viel von Hunden. Außerdem waren die meisten seiner Männer schlechte Skiläufer. Daher wollte er einen Großteil seiner Ausrüstung auf Ponys und Motorschlitten befördern.

Zunächst mussten beide Teams entlang ihrer Route zum Pol Versorgungslager einrichten, ehe im April der polare Winter beginnen würde. Scott brachte nur eine Tonne an Lebensmitteln und Treibstoff nach Süden, kaum genug für eine 16-köpfige Mannschaft. Amundsen war sehr viel besser ausgerüstet; ihm standen drei Tonnen Vorräte für nur fünf Personen zur Verfügung.

Im Oktober begann der Wettlauf. Weil es keinen Funkverkehr gab, wusste niemand, welche Gruppe zuerst gestartet war. Scott schickte einen Vortrupp mit Motorschlitten auf den Weg. Doch er sollte nicht weit kommen – die Schlitten gingen bald kaputt. Weil wichtige Ersatzteile fehlten, ließen die Männer sie zurück und gingen zu Fuß weiter.

Inzwischen hatte Amundsens Team das Transantarktische Gebirge bereits überquert. Auf der Südseite angelangt, erschossen seine Leute einige Hunde. Einen Teil des Fleisches bekamen die verbleibenden 18 Tiere. Den Rest ließen sich die Männer schmecken.

560 Kilometer entfernt von den Norwegern drückten die Engländer aufs Tempo. Doch die hungernden Ponys wurden krank. Um schneller weiterzukommen, wählte Scott vier Männer aus seiner Gruppe aus, mit denen er zum Pol vorstoßen wollte. Die übrigen kehrten zurück.

Amundsens Expedition am Südpol.

Sich über Texte orientieren

Leben im ewigen Eis

Scott und seine Begleiter mussten nun die schweren Schlitten selbst ziehen. Wo mochte Amundsen jetzt wohl sein? Würden sie den Pol vor ihm erreichen?

Auch Amundsen plagten Zweifel, doch am 15. Dezember ließen die norwegischen Hundeführer mit neuem Mut ihre Peitschen knallen.

Direkt hinter dem Horizont lag der Pol. Ihre einzige Frage war: Würde dort etwa schon die englische Fahne im eisigen Wind flattern? Doch weit und breit war keine Fahne in Sicht – nur pulvriger Schnee. Sie hatten es geschafft! Bevor sie den Rückweg antraten, nahmen sie ein Foto auf und stießen ihre Landesfahnen in den Schnee. Außerdem ließen sie einen Brief an den König von Norwegen zurück und fügten eine Bitte an Scott bei, diesen weiterzuleiten, falls sie es nicht bis zurück nach Hause schaffen würden.

Einen Monat später kam das englische Team müde und hungrig ans Ziel und sah die Fahnen der Konkurrenz im Wind wehen. Bitter enttäuscht schrieb Scott in sein Tagebuch: „Großer Gott! Was für ein schrecklicher Ort ..."

Aber noch viel schrecklicher wurde der Weg zurück. Erschöpft und ausgehungert, wie die fünf Männer waren, ließen ihre Käfte immer mehr nach. Einer der fünf, Titus Oates, konnte seine erfrorenen Glieder kaum noch bewegen. Weil er sah, dass er die anderen nur aufhielt, legte er sich zum Sterben in den Schnee. Doch sein Opfer konnte die Gefährten nicht mehr retten. Lebensmittel, Treibstoff und Körperkraft waren aufgezehrt. Die glücklosen Entdecker mussten sterben.

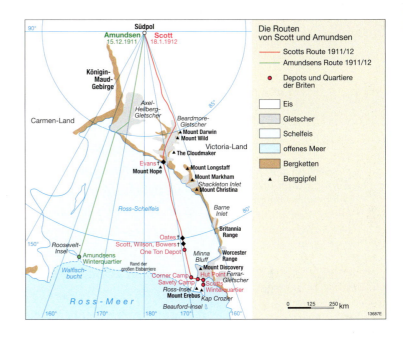

Scotts Expedition am Südpol.

Zwei Routen zum Pol
Sowohl Amundsen als auch Scott errichteten ihre Basislager auf dem Eismeer, etwa 1 350 Kilometer vom Südpol entfernt. Nachdem sie das Eis und die Gebirgskette überquert hatten, zogen sie über das Hochplateau dem Pol entgegen. Beide wollten auf ihren eigenen Spuren zu ihren Stützpunkten zurückkehren.

„Der Sieg wartet auf die Umsichtigen – die Leute nennen das Glück."
Roald Amundsen

Wie es weiterging ...
Amundsen kehrte nach Norwegen zurück, wo man ihn ohne größeres Aufsehen willkommen hieß. Die Engländer dagegen machten Scott zu einem tragischen Helden, nachdem die Nachricht vom Scheitern seiner Expedition bekannt geworden war.

1 Was ist mit dem „Wettlauf zum Südpol" gemeint?

2 Beschreibe den Wettlauf zum Südpol. Lege dazu eine Zeitleiste an. Hinweise hierzu findest du in der Werkstatt Methoden und Arbeitstechniken, S. 278–280.

3 Notiere dir Stichwörter zu den beiden Expeditionen. Nutze dazu die Tabellentechnik in der Werkstatt Methoden und Arbeitstechniken, S. 274/275.

> **Tipp**
> *Stichwörter sind Wörter, die im Text selber vorkommen und für den Inhalt des Textes besonders wichtig sind.*

4 Überlege:
a) Warum war Amundsen erfolgreich? Warum scheiterte Scott?
b) Warum hat Roald Amundsen den Brief an seinen König am Südpol zurückgelassen?
c) Warum ist Scott ein „tragischer Held"?
d) Was bedeutet das Zitat von Roald Amundsen „Der Sieg wartet auf den Umsichtigen – die Leute nennen das Glück"?

5 Schreibe den Brief, den Amundsen für den norwegischen König am Südpol zurückgelassen hat.

6 Schreibe den Tagebucheintrag Scotts, als er am Südpol ankommt, weiter: *Großer Gott! Was für ein schrecklicher Ort …*

→ *Über Ereignisse berichten, S. 106/107*

7 Berichte über den Wettlauf zum Südpol. Der Leser soll in deinem Text über das Wichtigste informiert werden.

 Rechtschreibung – kurz nachgedacht

Groß- und Kleinschreibung

Im folgenden Satz fehlt der erste Buchstabe eines jeden Wortes:

_inen _onat _päter _am _as _nglische _eam _üde _nd _ungrig _ns _iel _nd _ah _ie _ahnen _er _onkurrenz _m _ind _ehen.

Schreibe den Satz auf und ergänze die fehlenden Buchstaben.
Schreibe selbst solche Lückensätze und -texte, die du anderen zur Lösung gibst. Wenn man solche Sätze oder Texte dann korrigiert abschreibt, kann man gut überlegen, welche Wörter großgeschrieben werden.

Einen Sachtext über Wölfe lesen

Wer streift da durch die Eiswüste?

Wollsocken, lange Unterhosen, extrawarme Stiefel: David Mech und sein Team haben ihre dicksten Wintersachen eingepackt. Denn Eureka auf der Ellesmere-Insel, wo die US-amerikanischen Biologen Polarwölfe beobachten wollen, liegt nur 960 Kilometer vom Nordpol entfernt. Hier oben, an der Nordspitze Kanadas, schmilzt der Schnee, wenn überhaupt, erst im Juli. Kalte Winde fegen über den baumlosen Hügel. Bis auf

ein paar Forscher verirrt sich kein Mensch in diese Wüste aus Eis und Gestein. Die hier lebenden Wölfe fürchten sich nicht vor den Zweibeinern. Im Gegenteil. Neugierig nähern sich die Tiere den Fremden. Das Rudel, das David Mech beobachtet, ist ein Familienverband: ein Leitrüde, seine Wölfin und fünf Jungtiere aus dem vergangenen Sommer. Ihr Revier ist riesig, dreimal so groß wie Berlin. Ihre Lieblingsbeute grast an diesem Tag in Sichtweite. Dutzende Moschusochsen und über 20 Schneehasen zählt Dave Mech. Ausreichend Futter für alle! [...]

Als das Rudel zur Jagd aufbricht, bleibt die Wölfin zurück. Hat sie Wichtigeres zu tun? Aber ja! Fünf Welpen tapsen aus einer versteckten Felshöhle. Der Nachwuchs aus diesem Jahr. Zwei Täler weiter sprinten derweil der Leitwolf und seine fünf Begleiter auf eine Herde Moschusochsen zu. Sie wollen ein Kalb reißen. Doch die mächtigen Rinder haben aufgepasst. In Sekundenschnelle bilden sie einen Schutzring um ihren Nachwuchs. Keine Chance – mit knurrenden Mägen ziehen die Wölfe erst einmal weiter. 30 Kilometer und mehr legen die Wölfe so auf ihren Streifzügen zurück. Später am Tag haben sie Erfolg: Mit blutrotem Latz und vollem Magen kehren die Jäger zur Höhle heim. Der Leitrüde trägt einen Kalbskopf im Maul und überlässt ihn nach einigem Betteln der hungrigen Wölfin. Die Welpen dagegen springen ihren großen Geschwistern entgegen und lecken ihnen die Mäuler. Wie auf Befehl erbrechen die Jährlinge daraufhin einen Teil des Kalbfleisches – Abendessen für die Kleinsten. Die Jungen werden im Alter von sechs Monaten das erste Mal mit auf die Jagd gehen. Bis dahin balgen sie sich um Kalbsschwänze oder üben an toten Schneehasen das Zubeißen. Wer stänkert oder es zu wild treibt, dem fassen die Älteren einmal mit dem Maul über die Schnauze! Das heißt dann in der Wolfssprache, erklärt David Mech, so viel wie „Schluss jetzt, es reicht!".

Sina Löschke

1 Lest den Artikel in Gruppen.

2 Bearbeitet den Text nach der Lesemethode auf Seite 291.

→ *Texte in Gruppen lesen und bearbeiten, S. 292*

Einen literarischen Text über Wölfe lesen

Die 13-jährige Miyax gehört zum Volk der Inuit und lebt im fernen Alaska. Sie wird mit Daniel verheiratet, den sie nicht einmal kennt. Nach kurzer Zeit flieht Julie – so lautet Miyax' englischer Name – Hals über Kopf in die Tundra, um ein neues Leben anzufangen. So leicht ist dies allerdings nicht, denn sie kennt die arktische Wildnis zu wenig. Geschwächt und dem Hungertod nahe, stößt sie auf ein Rudel Wölfe.

1 Lies den Text und verschaffe dir zunächst einen Überblick:
   a) Wer ist Miyax und wo befindet sie sich?
   b) In welcher Situation ist Miyax?
   c) Wie fühlt sie sich? Woran kannst du ihre Gefühle erkennen?

Jean Craighead George
Amaroq, der Wolf

Miyax schob die Kapuze ihres Anoraks zurück, um nach der Sonne zu sehen. Die war jetzt eine gelbe Scheibe auf einem grünen Himmel und Miyax schloss aus den Farben des Himmels und der Sonne, dass es gegen sechs Uhr abends sein musste; das war die Stunde, da die Wölfe erwachten. Geräuschlos stellte sie ihren Kochtopf nieder und kroch auf die Höhe eines rund gewölbten kleinen Hügels, einen der vielen Erdbuckel, die in der krachenden Kälte des arktischen Winters aufbrechen und wieder einsinken. Auf dem Bauch liegend blickte das Mädchen über das unabsehbare, moosgefleckte Grasland und wandte dann ihre ganze Aufmerksamkeit auf einen Punkt: die Wölfe. Zwei Schlafzeiten war es her, dass Miyax zufällig auf sie gestoßen war. Sobald die Wölfe erwachten, begrüßten sie einander mit Schwanzwedeln.

Miyax zitterten die Hände und ihr Herz begann rascher zu schlagen. Sie hatte Angst. Nicht so sehr vor den Wölfen – die zeigten sich zurückhaltend und waren viele Harpunenschüsse weit entfernt –, aber die verzweifelte Lage, in die sie geraten war, machte ihr Angst. Miyax hatte sich verirrt. Seit Tagen wanderte sie ohne Nahrung durch die Wildnis des nördlichen Alaska. Die baumlose Ebene senkt sich, über dreihundert Meilen breit, von den Gipfeln der Brooks Range zum Nördlichen Eismeer und erstreckt sich über achthundert Meilen zwischen Chukchi und der Beaufort Sea. Es gibt keine Straßen; Tümpel und Seen sprenkeln ihre Unermesslichkeit. Der Wind heult und pfeift darüber hin, und in welche Richtung man auch blickt, immer ist es das

gleiche Bild. Irgendwo in diesem grasraschelnden Universum war sie, Miyax; und ihr Überleben, das Weiterglimmen des letzten Funkens Lebenswärme in ihrem Körper hing von diesen Wölfen ab. Und sie war nicht einmal sicher, ob sie ihr helfen würden.

Miyax starrte angestrengt auf einen stattlichen schwarzen Wolf, weil sie hoffe, damit seinen Blick auf sich zu ziehen. Sie musste ihm irgendwie mitteilen, dass sie am Verhungern war, und ihn um Nahrung bitten. Man konnte mit Wölfen reden, wusste sie, ihr Vater hatte es getan. [...] Der Magen tat ihr weh vor Hunger und der königliche schwarze Wolf war nur darauf bedacht, sie zu übersehen. „*Amaroq, ilaya*, Wolf, mein Freund", rief sie endlich. „Schau mich an! Schau mich doch bitte an!" [...]
Amaroq betrachtete seine Klaue und wandte dann langsam, ohne die Augen zu heben, den Kopf nach Miyax. Er beleckte seine Schulter. Ein paar verfilzte Haare stellten sich einzeln hoch und glitzerten feucht.
Dann wanderten die Wolfsaugen zu dem Rudel hinüber, glitten über jeden einzelnen der drei erwachsenen Wölfe und schließlich zu den fünf Welpen, die, zu einem einzelnen pflaumigen Klumpen geballt, nahe dem Höhleneingang schliefen. Die Augen des mächtigen Wolfes wurden weich beim Anblick der kleinen Wölfe, härteten sich aber zu sprödem Glas, als er mit seinem Blick die einförmige Tundra abtastete. [...]
„Nie hätte ich mir träumen lassen, dass ich mich verlaufen könnte, Amaroq", redete sie weiter. Sie sprach jetzt lauter, um die Angst zu übertönen. „In Nunivak Island, dort bin ich nämlich geboren, zeigen die Pflanzen und Tiere den Wanderern den Weg. Ich hab geglaubt, sie tun das überall ... hier tun sie's jedenfalls nicht. Und da sitz ich jetzt und weiß nicht, in welche Richtung ich laufen soll. Hilf mir, großer schwarzer Wolf!"

Jean Craighead George wurde 1919 in Washington geboren. Sie hat Ökologie studiert und beschäftigte sich lange Zeit mit Biologie und Umweltforschung. Während eines Sommeraufenthalts in Alaska entdeckte sie ihre Liebe zu den Wölfen. Für ihr Jugendbuch „Julie von den Wölfen" erhielt George die Newbery Medal und den Deutschen Jugendbuchpreis. Auf Drängen ihrer jungen Leser schrieb sie auch noch zwei Fortsetzungsromane.
Inwischen beherbergt George Hunderte wilder Tiere in ihrem Haus in Cappaqua, New York. Die meisten ziehen im Herbst weiter, werden aber in den Büchern, Artikeln und Geschichten der Autorin verewigt.

2 Denke über den Text nach:
   a) Warum sucht Miyax die Nähe zu den Wölfen? Verstehst du das?
   b) Was sagt Miyax zu Amaroq? Suche die Zitate im Text und gib sie wieder. Was zeigen diese Zitate?

3 Bilde dir deine eigene Meinung:
   a) Welchen Eindruck hast du von Miyax? Wähle passende Adjektive aus und belege deine Meinung am Text:

   *unsicher   leichtsinnig   traurig   bescheiden   mutig
   selbstständig   selbstbewusst   gewissenhaft   fröhlich
   angeberisch   ängstlich   hilflos*

   b) Kannst du dir vorstellen, in der Arktis zu leben? Warum (nicht)?

4 Wie könnte die Geschichte weitergehen?
   Wird Miyax von den Wölfen aufgenommen? Wie kann sie überleben? Erzähle, wie die Geschichte weitergeht.

5 Vergleiche die beiden Texte „Wer streift da durch die Eiswüste?" (S. 37) und „Amaroq, der Wolf" (S. 38/39) mithilfe der folgenden Fragen:
   a) Um was für Texte handelt es sich und wer hat sie geschrieben?
   b) Was erfährst du in den Texten über die Arktis?
   c) Was erfährst du in den Texten über die Wölfe?
   d) Welche Personen kommen vor? In welcher Situation sind sie?
   e) Welche Beziehung haben Mensch und Tier in den beiden Texten?
   f) Wie werden die Wölfe in den beiden Texten dargestellt: *gefährlich, wie Raubtiere, gutmütig, wie Menschen* ...? Suche Belege im Text.

6 Was trifft auf den Text von Sina Löschke zu, was auf den Text von Jean Craighead George? Ordnet die Aussagen in einer Tabelle.
   *a) Bei diesem Text handelt es sich um eine erfundene Geschichte.
   b) Die Autorin erzählt so, dass man sich in die Personen hineinfühlen kann.
   c) Der Text ist sachlich und informativ.
   d) Die Autorin beschreibt, was sie beobachtet.
   e) Die Autorin berichtet über etwas, was tatsächlich passiert ist.
   f) Die Autorin erzählt, was eine Person denkt und fühlt.*

7 Schreibe einen Textvergleich. Die Formulierungen auf der nächsten Seite können dir dabei helfen.

Einen Textvergleich schreiben

So kannst du beginnen ...

▸ Gib an, um was für Texte es sich handelt und wer sie geschrieben hat:
Der erste/zweite Text ist ein Auszug/Artikel/Bericht aus ...
Der Autor/die Autorin des Buches/Textes/Artikels ist ...

▸ Beschreibe dann, worum es in beiden Texten geht:
In dem Text „..." geht es um ... Der Text „..." handelt von ...

So kannst du weiterschreiben ...

▸ Fasse die wichtigsten Informationen der Texte zusammen:
Der Autor/die Autorin berichtet von ... informiert über ...
erzählt davon, dass ... beschreibt ...

▸ Vergleiche die beiden Texte miteinander. Orientiere dich dabei an den Fragen von Aufgabe 5 auf Seite 40. Du kannst auch einzelne Stellen aus dem Text wörtlich zitieren. Wie das geht, kannst du unten nachlesen. Achte beim Schreiben auf Vergleiche:
Beiden Texten gemeinsam ist, dass ... Auffällig am Artikel/Buch „..."
ist, dass ... Ein Unterschied besteht darin, dass ...

So kannst du zum Schluss kommen ...

▸ Formuliere deine eigene Meinung und deine eigenen Gedanken:
Ich finde, dass ... Besonders spannend/interessant ist, dass ...
Ich kann mir nicht vorstellen, dass ...
Gut/weniger gut/nicht gefallen hat mir ...

Wörtliche Zitate werden ohne jede Änderung aus dem Originaltext übernommen und stehen in Anführungszeichen. Gib auch die genaue Zeilenangaben an, dann kann der Leser das Zitat überprüfen. Beispiel:
Sina Löschke schreibt, dass sich die Wölfe nicht vor den Menschen fürchten. Sie behauptet: „Neugierig nähern sich die Tiere den Fremden" (Zeile 16/17).

→ Was ihr noch machen könnt:
– die Begegnung zwischen Miyax und den Wölfen aus der Sicht des Wolfes Amaroq erzählen,
– das Buch „Julie von den Wölfen" ausleihen und weiterlesen.

Werkstatt
Lesen – Texte und Medien

Sachtexte verstehen

Wie leben die Inuits in der Arktis? Eine Antwort auf diese Frage findest du in dem Bericht „Leben zwischen den Zeiten". Er enthält nicht nur Informationen, sondern auch Erklärungen, Begründungen und Ansichten des Autors.
Wie man diese erkennt und einordnen kann, lernt ihr in dieser Werkstatt.

1. Lest die Überschrift, schaut euch die Fotos an und lest die Bildunterschrift auf Seite 44.
   – Wo lebt die Familie? Was fällt dir an der Familie auf?
   – Vermutet, worum es wohl im Artikel gehen wird.

2. Lest nun den Text einmal ganz durch. Formuliert zu den Abschnitten passende Überschriften. Nutzt dazu die Placemat-Technik.

 **Methoden und Arbeitstechniken**

Placemat (Platzdeckchen)

1. Bildet Vierergruppen. Jede Gruppe zeichnet auf ein großes Blatt Papier eine Placemat (so wie in der Abbildung).
2. Jeder der vier Schüler bearbeitet im Außenbereich ein eigenes Feld und macht dort seine Notizen.
3. Nach dieser Einzelarbeit tauscht ihr in der Gruppe eure Vorschläge aus. Dreht das Blatt so lange, bis jeder alle Notizen gelesen hat.
4. Diskutiert nun die verschiedenen Vorschläge und einigt euch auf eine gemeinsame Lösung. Tragt diese in das mittlere Feld ein.
5. Zum Schluss präsentiert jede Gruppe ihre Ergebnisse vor der Klasse.

Leben zwischen den Zeiten

Das Frühstück draußen mit einer Harpune erlegen? Das müssen die Inuit schon lange nicht mehr. Heute hantiert Mikael morgens am Frühstückstisch mit der Schere, um die ganzen Plastikverpackungen zu öffnen. Käse, Milch, Brot – fast alles, was seine Großeltern im Dorfladen kaufen, ist dick in Folie gewickelt, erklärt der Siebenjährige. Dann schiebt er sich den Lolli wieder in den Mund und setzt sich vor den Fernsehapparat. Vielleicht wird er später mal hinausgehen, Fußball spielen.
Die Welt in dem Ort Tiniteqilaaq im Osten Grönlands hat sich gründlich verändert. Aber vielen Inuit ist sie noch fremd.

Mikaels Volk – die Inuit – lebt seit Tausenden Jahren in Grönland. Die längste Zeit war es ein einfaches, hartes Leben, in dem sich die Menschen von der Jagd ernährten. 1814 aber gelangte Grönland in dänischen Besitz – und die neuen Herren führten nach und nach ihre Produkte, ihre Techniken und ihre Sprache in den Schulen ein. Die Grönländer, deren Überleben im Eis immer davon abhing, alles Neue flugs auszuprobieren, übernahmen das moderne dänische Leben schnell. Vor allem in den vergangenen 50 Jahren hat sich der Alltag der etwa 50 000 Inuit, die auf Grönland leben, auf diese Weise vollkommen gewandelt – ungefähr so, als wären wir aus dem Mittelalter direkt in unsere modernen Städte spaziert.

Mikaels Großvater Paulus etwa wohnte als Kind noch in einem winzigen Torfhaus ohne Heizung und Strom. Er baute mit seinem Vater ein Jagdboot aus Robbenleder und Tiersehnen, trug Fellhosen und einen Anorak aus Tierhäuten. Heute ziehen sich die Menschen Fleecepullis statt Felle an. Sie telefonieren mit Handys und fahren mit PS-starken Booten statt mit Hundeschlitten. Die allermeisten Lebensmittel werden aus Dänemark angeliefert, sodass eigentlich niemand mehr jagen muss. Aber was soll man sonst tun? Viele Inuit sind von ihrer neuen alten Umgebung überfordert und ertränken ihre Sorgen und ihre Langeweile im Alkohol. In vielen arktischen Dörfern ist das das größte Problem!

Auch Mikaels Mutter trinkt und kann sich nicht mehr um ihre beiden Kinder kümmern. Weil deren Vater gestorben ist, leben Mikael und sein großer Bruder Lars nun bei ihren Großeltern, Paulus und Thomasine Larsen. Sie versorgen die beiden mit allem, was die Kinder brauchen: zu essen, Liebe – und dem alten Inuit-Wissen.

Das Haus der Larsens ist das schönste in Tiniteqilaaq. Mikaels Zimmer liegt im ersten Stock. Es ist ziemlich leer: eine Barbiepuppe mit Seehundfellhose liegt herum, ein kaputter Computer. Aber die meiste Zeit schaut er ohnehin Fernsehen. Oder er spielt mit Freunden.

In ihrem Haus können die Larsens das ganze Jahr hindurch T-Shirts tragen – sie haben schließlich eine Heizung.

Als Geschrei von draußen ins Zimmer dringt, zieht sich Mikael seinen Anorak an und eilt auf den Schotterplatz vorm Haus. Dort ist das Fußballspiel schon im vollen Gange. Ein paar alte Ölfässer bilden die Tore, drum herum flitzen einige Jungen. Mikael ist ein geübter Fußballer – kein Wunder: Fast immer, wenn er und seine Freunde sich treffen, kicken sie. Radfahren ist in dieser Gegend, die mehr als ein halbes Jahr lang verschneit und zugefroren ist, ja kaum möglich. Und in ganz Ostgrönland gibt es keine Kinos, keine Büchereien. Einige Bücher stehen zwar auch in der Schule von Tiniteqilaaq, aber die ist gerade geschlossen: Sommerferien!

Mikael findet das gar nicht schlecht, der Unterricht sei ganz schön hart, erzählt er. Schon in der ersten Klasse muss er mehrere Sprachen lernen. Dänisch und Westgrönländisch stehen auf dem Stundenplan. Außerdem hasst Mikael dieses ewige Reden seines Lehrers und das Zuhörenmüssen, das ist er nicht gewohnt. Er selbst hat – wie Generationen vor ihm – das Angeln gelernt, indem er seinem Großvater dabei zuschaute. Auf die gleiche Weise hat er begriffen, wie man erlegten Robben das Fell abzieht. Nie würden Inuit ihre Kinder oder Enkel belehren. Sie dürfen einfach ausprobieren. Und irgendwann klappt es.

Längst ist es Mittag geworden. Der hohe Sommerhimmel strahlt, als Paulus Larsen sein Motorboot startet. Er will aufs Meer: Robben jagen. Selbst wenn es Lebensmittel in Hülle und Fülle zu kaufen gibt – erst auf der Jagd fühlt er sich richtig wohl. Seine Enkel fahren gern mit. Mikael steht ganz hinten im Boot und versucht, zwischen den Eisbergen den Kopf einer Robbe zu erspähen. „Da, da ist eine!", ruft er aufgeregt. Sein Bruder Lars nimmt das Gewehr, zielt, schießt. Die Robbe taucht ab. Daneben!
Am Abend gibt es trotzdem etwas zu essen. Großmutter Thomasine hat Schweinebraten gekocht, Kartoffeln und Tiefkühlgemüse. Nicht unbedingt Mikaels Lieblingsessen. „Aber okay."
Als Thomasine ihren Enkel später schlafen schickt, kriecht der ins Bett seiner Großmutter. Er hat ein eigenes. Aber er ist viel lieber im Zimmer der Erwachsenen. Denn mit allen zusammen ist es so schön kuschelig und warm. Das finden übrigens fast alle Inuit-Kinder. Seit Jahrtausenden.

Katja Senjor

3 Sammelt Informationen zur Familie:
- Wer gehört zur Familie?
- Was erfährst du über die Familie?
- Wo lebt die Familie? Was ist besonders an diesem Ort?

4 Im Text wird das Leben der Inuit früher und heute gegenübergestellt. Übertrage die Tabelle in dein Heft und notiere Stichwörter.

So lebten die Inuit früher	So leben die Inuit heute
Jagd mit Harpune	*Kaufen im Dorfladen*

Nun sollt ihr euch über den Text Gedanken machen:

5 Erklärt, warum 1814 ein so wichtiges Datum im Leben der Inuit ist. Sucht die entsprechende Stelle im Text.

6 Lest die folgenden Textstellen noch einmal genauer:
Ist Antwort a) oder Antwort b) richtig?

Vor allem in den vergangenen 50 Jahren hat sich der Alltag der etwa 50000 Inuit, die auf Grönland leben, auf diese Weise vollkommen gewandelt – ungefähr so, als wären wir aus dem Mittelalter direkt in unsere modernen Städte spaziert.

> Wie beurteilt die Verfasserin des Artikels diese Veränderung?
> Die Autorin meint, dass
> a) sich das Leben der Inuit viel zu schnell geändert hat.
> b) die Inuit heute noch wie im Mittelalter leben.

Lesetipp 1

Suche wichtige Textstellen, in denen der Autor nicht nur informiert, sondern auch Erklärungen gibt oder Gründe nennt.

Die allermeisten Lebensmittel werden aus Dänemark angeliefert, sodass eigentlich niemand mehr jagen muss. Aber was soll man sonst tun? Viele Inuit sind von ihrer neuen alten Umgebung überfordert und ertränken ihre Sorgen und ihre Langeweile im Alkohol.

> Die Autorin meint, dass
> a) es für die Inuit gut ist, so viele Waren aus Dänemark zu bekommen.
> b) es für die Inuit schlecht ist, ihre Beschäftigung verloren zu haben.

Lesetipp 2

Versuche herauszufinden, ob der Autor nur informiert oder auch wertet. Fragen (Aber was soll man sonst tun?) und Vergleiche (so, als wären ...) zeigen, dass der Autor eine eigene Meinung vertritt.

Erklärungen, Begründungen und Meinungen aus einem Sachtext erarbeiten

46

Werkstatt Lesen – Texte und Medien

> **Lesetipp 3**
>
> Der Autor drückt seine eigene Meinung oft auch ganz direkt aus, z. B.
> - viele Inuit sind überfordert
> - das Haus der Larsens ist das schönste
> - in vielen Dörfern ist das das größte Problem!
> - es gibt keine …

Dann schiebt er sich den Lolli wieder in den Mund und setzt sich vor den Fernsehapparat.

» Wie beurteilt die Autorin das Leben Mikaels?
  Die Autorin meint, dass
  a) Mikael ein langweiliges Leben führt.
  b) Mikael ein abwechslungsreiches Leben führt.
  Suche weitere Belege für deine Entscheidung im Text.

Außerdem hasst Mikael dieses ewige Reden seines Lehrers und das Zuhörenmüssen, das ist er nicht gewohnt.

» Wie beurteilt die Autorin Mikaels Verhalten in der Schule?
  Die Autorin meint, dass
  a) Mikael für die Schule nicht intelligent genug ist.
  b) man bei den Inuit anders lernt als bei uns.
  Suche weitere Belege für deine Entscheidung im Text.

Als Tomasine ihren Enkel später schlafen schickt, kriecht der ins Bett seiner Großeltern.

» Wie beurteilt die Autorin die Beziehung Mikaels zu seinen Großeltern?
  Die Autorin meint, dass
  a) die Kinder sich in der Großfamilie wohlfühlen.
  b) die Kinder auf ein eigenes Zimmer verzichten müssen.
  Suche weitere Belege für deine Entscheidung im Text.

> **Lesetipp 4**
>
> Nach dem Lesen sollst du dir Gedanken machen und dir eine eigene Meinung bilden:
> - Was findest du am Thema interessant? Warum?
> - Welche Informationen waren neu für dich?
> - Worüber hast du dich gewundert?
> - Bist du der gleichen Meinung wie der Autor?
> - Wie hat dir der Text gefallen? Warum?

7 Erkläre die Überschrift: Was bedeutet „Leben zwischen den Zeiten"?

8 Wie findest du das Leben von Mikael? Schreibe Mikael einen Brief. Erkläre ihm darin, was dich besonders interessiert, was dich besonders gewundert hat und was du noch genauer erfahren möchtest.

Der Klimawandel – ein Problem für die Tierwelt?

1 Lies die Überschrift und das Fettgedruckte und schau dir die Bilder an. Überfliege dann den Text und gib ihm eine neue Überschrift.

2 Lies den Text mit dem Stift in der Hand, gliedere ihn und gib den Abschnitten Überschriften (Folientechnik).

Die Warmduscher kommen!

Mit jedem Grad, um das sich die Erde erwärmt, verändert sich die Tierwelt. Schon heute schwimmen im Mittelmeer Haie, die dort zuvor nie gesehen wurden, während den Bären am Nordpol das Eis unter den Pranken wegtaut. Wie reagieren die Tiere auf das neue Klima?

Weißspitzen-Riffhai

Den Schwimmern dürfte das Herz vor Schreck in die Badehose gerutscht sein. Gleich mehrfach lugten im vergangenen Sommer graue Rückenflossen vor Spaniens Stränden aus dem Mittelmeer. Haie! Zum Glück waren sie nur recht klein, doch seit ihrem Auftauchen weiß auch der letzte Badegast: Das Mittelmeer hat neue Bewohner: **WEISSSPITZEN-RIFFHAIE**, Barrakudas und Seepferdchen wurden schon gesichtet. Allesamt „Warmduscher", Tiere aus den tropischen Regionen des Atlantiks und des Indischen Ozeans, denen das Mittelmeer vor Kurzem noch zu kalt gewesen wäre. Jetzt aber zeigt das Thermometer an vielen Stellen drei Grad Celsius mehr an als noch vor zwölf Jahren. Ist der Einzug der Exoten also eine Folge des Klimawandels?

Es deutet alles darauf hin! Untersuchungen haben gezeigt, dass sich mit jedem Grad, um das sich die Erde erwärmt, der Lebensraum bestimmter Pflanzen und Tiere um 160 Kilometer nach Norden verschiebt. Wärmeliebende **BIENENFRESSER** zum Beispiel, bunte Vögel aus dem Mittelmeerraum, nisten heute zu Hunderten in Deutschland. Sie finden hier dieselben Lebensbedingungen vor wie früher in Italien.

Neu sind solche „Umzüge" nicht. Wann immer sich die Erde in der Vergangenheit erwärmte oder abkühlte, reagierte die Natur. Die Tiere suchten sich entweder eine neue Heimat oder passten sich dem Klimawandel an. Arten, denen keines von beidem gelang, starben aus.

Die Erderwärmung, die wir zurzeit erleben, ist für viele Arten deshalb so gefährlich, weil sie recht schnell und sprunghaft verläuft. Die Tiere haben heute kaum Zeit, wegzuziehen oder sich auf die Wärme einzustellen. Besonders bedrohlich sieht es für die Bewohner der kalten Polar- und Bergregionen aus. Winterschläfer wie Eisbären oder Bergbilchbeutler, ein kleines australisches Beuteltier, wachen wegen der milden Temperaturen viel zu früh aus ihrer Winterruhe auf. Oft suchen die Frühaufsteher dann vergebens nach Futter. Sie verbrauchen ihre Fettreserven und verhungern.

Im Regenwald verstummen derweil die **BAUMFRÖSCHE**. Die farbenfrohen Tiere brauchen zur Aufzucht ihrer Brut regelmäßige Regengüsse. Sie legen ihre Eier in Tümpel oder in den feuchten Boden, wie es der Australische Berg-Baumfrosch macht. Bleiben die Schauer allerdings aus, weil Hitze und Trockenheit die Regenwolken auflösen, stirbt der Nachwuchs, bevor er aus dem Ei geschlüpft ist. Ein Teufelskreis!

Antilope

Gibt es ein Entrinnen? Für die Arten der Polarkreise und Gebirge wohl kaum. Wenn Berggletscher oder Polkappen schmelzen, verschwinden die letzten kalten Lebensräume. Experten nehmen deshalb an, dass hier mehr alteingesessene Arten aussterben, als sich neue „Einwanderer" ansiedeln werden.

In warmen Ländern wie Südafrika und Namibia dagegen zeigen manche Tiere verblüffende Anpassungstricks: **ANTILOPEN** etwa haben Zähne mit einem dickeren Zahnschmelz entwickelt – so können sie auch die harten, hitzefesten Savannen-Gräser zermalmen. Ihre Fresszeiten allerdings haben sie vom heißen Tag in die kühleren Nachtstunden verschoben. Keine gute Idee: Antilopen, Gnus oder Zebras sehen in der Dunkelheit nicht besonders gut – hungrige Löwen und Geparden dafür umso besser!

3 Welche Veränderungen in der Tierwelt beschreibt der Autor?
Mache dir dazu auf einem Blatt Notizen:
a) Welche Tiere nennt der Autor?
b) Was ist auffällig bei ihnen?
c) Was will er mit diesen Beispielen zeigen?

Veränderungen in der Tierwelt

zu a) Riffhai …
zu b) Der Riffhai taucht an den Stränden in Spanien auf, obwohl er normalerweise im Atlantik lebt …
zu c) Grund: Klimawandel …

4 Was denkt der Verfasser über die Zukunft der betroffenen Tiere? Wie bewertet er die Situation?
Er ist optimistisch, weil …   Er ist pessimistisch, weil …
Begründe am Text.

5 Erkläre die folgenden Wörter aus dem Text und „übersetze" sie in „normales Deutsch":
Warmduscher   Umzug   Frühaufsteher   Einwanderer

6 Warum verwendet der Autor wohl diese Sprachbilder?

→ *Hinweise, wie man einen Aufruf schreiben kann, findet ihr auf den Seiten 82/83.*

7 Entwerft einen Aufruf „Klima schützen – wir sind dabei!".
– Beispiele für die Klimaprobleme könnt ihr aus dem Text aussuchen.
– Sucht Tipps zum Energiesparen im Netz. Wählt die aus, die euch am wichtigsten erscheinen.

Informationen entnehmen, einen Aufruf schreiben

Ideen und Anregungen

→ **Material suchen, sammeln und ordnen**
Sammelt weitere Informationen zur Arktis und Antarktis. Präsentiert sie in der Klasse. Nutzt dazu die „Methoden und Arbeitstechniken" auf Seite 270–285.

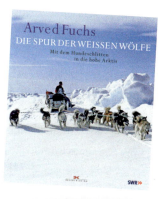

→ **Bücher suchen und präsentieren**
Stellt eine Liste lesenswerter Bücher zusammen, die über die Entdeckungen der Arktis und Antarktis berichten. Stellt die Bücher in Kurzreferaten vor.

→ **Annoncen für die verschiedenen Expeditionen entwerfen**
Nachdem Amundsen 1911 den Südpol erobert hatte, erschien Anfang 1914 in einer Londoner Zeitung folgende Annonce des Polarforschers Ernest Henry Shackleton:
Männer gesucht für gefährliche Reise. Niedriger Lohn, bittere Kälte, lange Stunden in völliger Finsternis, ständige Gefahr, sichere Rückkehr ungewiss. Ruhm und Anerkennung im Erfolgsfall.
Entwerft solche Annoncen auch für andere Expeditionen.

Bewerbt euch für die Teilnahme an diesen Expeditionen oder als Klimabotschafter:
Umweltschutzorganisation sucht für eine zehntägige Schiffsexkursion in die Arktis junge „Klimabotschafter" zwischen 12 und 16 Jahren.

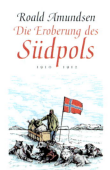

→ **Filme suchen und vorstellen**
Informiert euch über Filme, die das Leben in der Arktis oder Antarktis darstellen. Wählt Filme aus und stellt sie vor. Legt dazu eine Karteikarte nach dem folgenden Muster an:

Titel: Die Reise der Pinguine
Regie: Luc Jacquet
Filmsorte/Genre: Dokumentarfilm
Produktionsland/-jahr: Frankreich 2005
Spielzeit: 80 Min.
Altersfreigabe: ab 6 Jahre
Homepage: www.diereisederpinguine.de
Kurze Zusammenfassung: ...
Meine Bewertung: ...

Überprüfe dein Wissen und Können

MEINE REISE IN DIE ARKTIS

Die zehnjährige Olympia aus Los Angeles in den USA ist „junge Botschafterin" für den Klimaschutz. Sie reiste gemeinsam mit acht anderen Kindern aus aller Welt in die kanadische Arktis.

Der Gletscher war riesig – und wunderschön. Neun Stunden sind wir gewandert, um an ihn heranzukommen. Wir sind über Geröll geklettert. Zwischendurch war ich oft müde und hatte keine Lust mehr weiterzugehen, aber es hat sich gelohnt. Vorsichtig streckte ich meine Zunge aus und probierte das Wasser, das am Gletscher herunterfloss. Es war ganz sauber, eiskalt und lecker.

Zu diesem Zeitpunkt waren wir schon fast zwei Wochen im kanadischen Teil der Arktis unterwegs. Wir, das heißt: neun Kinder, sechs Erwachsene und ein Husky-Hund. Wir haben an einer Expedition namens „Pax Arctica" teilgenommen. Als „junge Botschafter" sollten wir Kinder die Schönheiten der Natur kennenlernen und erfahren, wie sich der Klimawandel bemerkbar macht, und später anderen Kindern davon berichten. Ich bin als Botschafterin für Deutschland gereist, denn ich habe auch einen deutschen Pass, meine Mutter ist Deutsche. Natürlich wusste ich schon vorher, dass die Erderwärmung ein Problem ist, aber während der Reise konnte ich es selbst erfahren.

Ich dachte eigentlich, dass in der Arktis das ganze Jahr nur Eis und Schnee zu sehen ist, aber da blühten sogar Blumen. Bis in den hohen Norden sind wir gereist, zum Otto Fjord auf die Insel Ellesmere, die vor der Küste Grönlands liegt. Unterwegs haben wir Wölfe gesehen, zum Glück nur von Weitem, und einen toten Eisbären. Wir haben in Zelten geschlafen und das Essen für die ganze Reise mitgenommen, weil es dort keine Häuser und Geschäfte gibt. Und wenn wir auf Toilette mussten, haben wir einfach ein Loch gegraben.

Wir waren im Juli dort, also im Sommer. Ich fand es ganz schön kalt. Auf dem Wasser trieben Eisschollen und auch manche Eisberge. Ich war ganz erstaunt, dass einige Einheimische, die Inuit, in Shorts und T-Shirt herumliefen. Für sie war dieser Sommer viel wärmer, als sie es von früher gewöhnt sind. Von den Inuitkindern haben wir ein lustiges Spiel gelernt, das „Putatuqing" heißt. Dabei hüpft man von Eisscholle zu Eisscholle. Das hat viel Spaß gemacht.

Leider, so sagte uns der Expeditionsführer, wird das Eis der Arktis durch die Klimaerwärmung immer weniger. Dadurch verlieren Tiere, etwa die Eisbären, ihren natürlichen Lebensraum. Wenn das Packeis schmilzt, müssen die Bären ihr Jagdgebiet verlassen. Sie finden nicht mehr genug zu fressen. Außerdem sind sie oft völlig erschöpft, weil sie weiter als früher schwimmen müssen, bis sie auf eine Eisscholle treffen, auf der sie sich ausruhen können.

Informationen entnehmen und in einer Mindmap darstellen

1 Lies den Artikel aus einem Jugendmagazin und stelle die Informationen in einer Mindmap zusammen:

Infos zur Person
– …
– …

Orte, die sie besucht hat
– …
– …

Erlebnisse
– …
– …

2 An welchen Stellen erklärt Olympia Ziel und Zweck ihrer Reise?
a) Unterstreiche die Zeilen im Text (Folientechnik).
b) In der Zeitung ist diese Meldung über Ziel und Zweck der Expedition erschienen.
Ergänze die Sätze und schreibe die vollständige Meldung in dein Heft.

Junge Botschafter für den Klimaschutz

Neun Kinder, sechs Erwachsene und ein Husky nahmen an der Expedition ////// teil. Sie reisten in die kanadische Arktis, um //////
Im Anschluss an die Expedition //////

3 Olympia schickt ihrer Freundin Mia E-Mail-Bilder von ihrer Reise. Von welchen Erlebnissen berichtet sie? Schreibe die E-Mails auf.

Von Ereignissen berichten

4 Welche Umweltprobleme werden im Artikel erwähnt?
a) Unterstreiche die Stellen im Text (Folientechnik).
b) Markiere dir wichtige Schlüsselwörter.
c) Olympia informiert ihre Mitschüler über diese Umweltprobleme. Haltet den Kurzvortrag für sie.

Einen Kurzvortrag halten

5 Denke über den Text nach und versuche herauszufinden, wie Olympia ihre Reise bewertet.
a) Sie ist begeistert und froh, dort gewesen zu sein.
b) Sie beurteilt die Reise kritisch.
Begründe deine Antworten mit Belegen und Zitaten aus dem Text.

Autormeinungen erschließen

6 Hättest du gern an dieser Reise teilgenommen? Was hätte dir gefallen, was hätte dir nicht gefallen? Begründe deine Antwort.

Eine begründete Meinung äußern

Alltägliches – Merkwürdiges – Unglaubliches

Geschichten können aus ganz alltäglichen Beobachtungen und Gedanken entstehen. Manchmal muss man beim Schreiben nur eine Kleinigkeit ändern und das Alltägliche nimmt eine unerwartete Wendung. Eine Autorin oder ein Autor kann die Leser in eine Fantasiewelt entführen. Darin kann Merkwürdiges und sogar völlig Unvorstellbares passieren. Das Lesen solcher Geschichten macht Spaß oder regt zum Nachdenken an – oder beides zugleich. Auf jeden Fall lohnt es sich, einmal genauer hineinzusehen und dem Besonderen in solchen Geschichten „auf die Spur" zu kommen.

Du lernst, wie man
- Geschichten mit Spaß und Interesse lesen kann,
- Ungewöhnliches in Geschichten „aufspürt",
- Besonderheiten zum Textverstehen entdeckt,
- verschiedene Wege zum Verstehen von Texten nutzt,
- über Geschichten miteinander ins Gespräch kommt,
- ähnliche Geschichten schreibt.

Franz Hohler
Die Reinigung

In eine Wäscherei kam einmal ein Mann und brachte eine Hose, die einer gründlichen Reinigung bedurfte, denn sie war durch und durch schwarz vor Schmutz.
Als er sie wieder abholen wollte, reichte ihm die Verkäuferin eine Plastiktasche und sagte, mehr sei von der Hose nicht übrig geblieben.
„Die ist ja leer!", sagte der Mann.
„Ja", sagte die Verkäuferin, „dafür ist dieser entsetzliche Dreck weg."
(...)

Den hab ich aber reingelegt.

1. Lies die kurze Geschichte „Die Reinigung" und schreibe mit wenigen Sätzen einen Schluss.

2. Vergleiche deinen Schluss mit dem Originalschluss der Geschichte (S. 57). Was ist bei dir gleich oder ähnlich, was hast du ganz anders gesehen? Wie haben es Mitschüler oder Mitschülerinnen gemacht?

3. Sieh dir die drei Illustrationen an. Welche passt am besten zu der Geschichte? Begründe deine Auswahl im Gespräch mit anderen in der Klasse.

4. Erinnerst du dich an eine Geschichte oder ein Gedicht, worin etwas ganz Merkwürdiges passiert? Erzähle.
Erzähle auch davon, wann, wo und wie du davon gehört oder gelesen hast oder wer erzählt oder vorgelesen hat.

So was gibt's doch gar nicht!

1 Sieh dir die Überschrift und das Bild zu der folgenden Geschichte an. Was erwartet dich wohl?

2 Lies die Geschichte. Notiere, was dir auffällt und worüber du anschließend sprechen möchtest, auf einem angelegten Zettel.

Mal sehen, ob das stimmt …

Etwas übertreiben

Paul Maar
Eine gemütliche Wohnung

Wenn man heutzutage einen Handwerker bestellt, weil irgendetwas in der Wohnung repariert werden soll, muss man meistens lange herumtelefonieren, bis man einen findet, der Zeit hat zu kommen.

Das habe ich bemerkt, als neulich unser Kühlschrank nicht mehr ging. Ich rief bei drei Elektrikern an. Der erste sagte, er habe überhaupt keine Zeit. Der zweite wollte mich überreden, doch lieber gleich einen neuen Kühlschrank zu kaufen. Der dritte versprach, bei uns vorbeizuschauen, wenn er mal in unsere Gegend käme …

Nach drei Wochen lief der Kühlschrank immer noch nicht. Nur die Butter fing an zu laufen, denn es war gerade ziemlich heiß. Deswegen versuchte ich noch einmal mein Glück und rief bei einem vierten an. Er hieß Ludger Knorps und versprach zu meinem Erstaunen, gleich am nächsten Morgen zu kommen.

Am nächsten Tag, als ich gerade mit meinen Kindern beim Mittagessen saß, klingelte es. Herr Knorps stand draußen. Er war ein ungemein freundlicher Mann. Er stellte seine drei Werkzeugkästen, den Werkzeugkoffer und die vier Werkzeugtaschen in die Küche, setzte sich zu uns an den Mittagstisch und ließ sich den Spinat schmecken. Dann machte er sich an die Arbeit.

Ich hatte vorher nicht gewusst, dass so viele Drähte, Kabel, Sicherungen und Widerstände in einem einzigen Kühlschrank steckten. Mir wurde fast schwindelig von den vielen Drähtchen, die er da rauszog, deswegen sagte ich: „Rufen Sie mich halt, wenn Sie fertig sind!", und ging in mein Zimmer.

Gegen Abend, als meine Frau von der Arbeit heimkam, war Herr Knorps endlich fertig. Er führte uns stolz den Kühlschrank vor und steckte den Stecker in die Steckdose. Der Kühlschrank fing wieder an zu surren. Meine Frau öffnete gleich die Tür und fasste ins Tiefkühlfach.

Einen literarischen Text lesen: Leseverständnis formulieren

Alltägliches – Merkwürdiges – Unglaubliches

„Au!", schrie sie und zog ihre Hand schnell zurück.
„Schon so kalt?", fragte ich erstaunt.
„Nein, so heiß!", rief sie.
Ich fasste vorsichtig in den Kühlschrank. Er strahlte eine gewaltige Hitze aus.
„Moment, Moment", sagte Herr Knorps eifrig, schob mich ein wenig zur Seite, kniete sich vor unseren Elektroherd, der neben dem Kühlschrank steht, und öffnete die Tür zur Bratröhre.

„Habe ich mir sofort gedacht", sagte er triumphierend und zeigte auf die Eisschicht, die sich am Herd gebildet hatte. Vorsichtig streckte ich meine Hand aus: Die Bratröhre war so kalt, dass ich sie kaum anfassen konnte.
„Eine kleine Verwechslung. Ich scheine zwei Drähte vertauscht zu haben", entschuldigte sich Herr Knorps. „Für heute muss ich leider Schluss machen. Feierabend! Aber morgen werde ich die Sache ganz schnell in Ordnung bringen."
Wir zogen den Kühlschrankstecker aus der Steckdose, damit der Kühlschrank nicht zu heiß wurde, und räumten die Butter und die Wurst in den Herd.
Am nächsten Morgen kam Herr Knorps schon gleich nach dem Frühstück und ging sofort an die Arbeit. Als er am Abend fertig war, kühlte unser Kühlschrank wieder und der Elektroherd heizte.
Leider war ich immer noch nicht ganz zufrieden. Es zeigte sich nämlich, dass jetzt aus dem Elektroherd laute Musik ertönte, sobald man ihn anstellte. Unser Küchenradio hingegen gab keinen Ton mehr von sich. Im Grunde genommen ist es mir ja gleich, ob die Musik aus einem Radio, einem Kühlschrank oder einem Herd kommt. Hauptsache, sie ist laut. Aber ich konnte bei unserem Elektroherd keinen anderen Sender einstellen, sosehr ich auch an allen Knöpfen drehte. Und das störte mich. So ließ ich Herr Knorps am nächsten Tag noch einmal kommen.
Ich muss ihm wirklich bescheinigen, dass er sich alle Mühe gab. Er kam im Morgengrauen und arbeitete fast ohne Pause. Am Abend führte er uns dann

das Küchenradio vor: Es spielte wieder, und wir bekamen sogar drei Sender herein, die früher noch nie jemand gehört hatte.

Aber ein kleiner Fehler war ihm wieder unterlaufen. Er musst wieder irgendein Drähtchen verwechselt haben. Jedenfalls ging jetzt das Licht aus, wenn ich den Telefonhörer abnahm. Und wenn jemand draußen auf unseren Klingelknopf drückte, fing drinnen unsere Waschmaschine an zu laufen.

Herr Knorps entschuldigte sich und versprach, gleich am nächsten Tag die Sache zu richten. Die Folge war, dass am nächsten Abend nun der Küchenmixer Musik machte, die Waschmaschine kühlte und Wasser aus der Uhr kam, wenn jemand den Fahrstuhlknopf drückte. Herr Knorps musste am nächsten Tag wiederkommen.

Inzwischen haben wir uns richtig an Herrn Knorps gewöhnt. Er kommt ja auch jeden Tag und repariert etwas. Wir sind schon richtig befreundet und verbringen immer häufiger Abende zusammen und spielen Karten und „Mensch ärgere dich nicht".

Ein typischer Abend bei uns zu Hause sieht zurzeit so aus: Nach dem Abendessen, wenn wir das schmutzige Geschirr zum Saubermachen in den Herd geschoben haben, läutet es dreimal in der Spülmaschine. Das ist Herr Knorps. Er pflegt dreimal zu klingeln. Wir holen ein kühles Bier aus dem Fahrstuhl, und dann spielen wir Karten, bis der Mixer zwölf Uhr schlägt. Punkt zwölf Uhr machen wir Schluss. Schließlich muss Herr Knorps am nächsten Tag früh aus dem Bett.

Herr Knorps verabschiedet sich, steigt in den Kühlschrank und fährt nach unten. Wir stellen dann noch den großen Zeiger der Uhr auf sieben, damit im Treppenhaus das Licht ausgeht, und sitzen noch ein wenig beieinander, um der Musik aus dem Staubsauger zuzuhören.

Unsere Wohnung ist vielleicht ein bisschen ungewöhnlich jetzt. Aber wir finden sie sehr, sehr gemütlich.

3 Beschreibt, was ihr beim Lesen empfunden habt. Nutzt dabei eure Notizen.

4 Spielt verschiedene Szenen aus der Geschichte als **Erzählpantomime.**
– Jemand liest den Text vor.
– Gleichzeitig spielen die Akteure das, was vorgelesen wird, pantomimisch – ohne Worte und ohne Gegenstände oder Werkzeuge.
– Der Vorleser muss ab und zu Pausen machen, damit Text und Spiel zusammenpassen können.

Alltägliches – Merkwürdiges – Unglaubliches

5 Untersuche den Text nun genauer und gehe auf Spurensuche.
Nutze dabei die Fragen im Kasten und markiere wichtige Stellen im Text (Folie).

6 Sprecht über das, was ihr herausgefunden habt.
Ihr könnt auch die Methode „Fishbowl" nutzen. Wie sie funktioniert, findet ihr auf S. 66.

> **Spurensuche**
> – Was wirkt hier lustig?
> – Was ist ungewöhnlich oder merkwürdig?
> – Ab welcher Stelle wird es merkwürdig?
> – Was wiederholt sich?
> – Was geht überhaupt nicht?
> – Worüber kommt man ins Nachdenken?
> – ...

  Sprache

Nomen und Verben kommen in typischen **Wortverbindungen** vor: jemand drückt auf den Klingelknopf, die Waschmaschine läuft, das Licht geht aus, der Kühlschrank surrt ...
Wenn du beim Erzählen oder Schreiben Vorgänge oder Abläufe wiedergeben willst, schreibst du solche Nomen-Verb-Verbindungen in der richtigen Reihenfolge auf: Du kannst ein Radio anmachen oder einschalten, an allen Knöpfen drehen und verschiedene Sender suchen und einstellen, das Radio lauter oder leiser stellen, und du kannst das Radio wieder ausmachen oder ausschalten.

7 Ergänze die Geschichte um einen Absatz:
Die Familie will frühstücken und verlässt dann das Haus.
Erzähle, was sie nun wohl erleben.

8 Hast du eine Idee für eine ähnliche Geschichte, z. B. „Unsere gemütliche Klasse" oder „Papas Traumauto"?
Erzähle sie.

Der **Schluss der Geschichte „Die Reinigung"** von Franz Hohler (S. 53):
„Da haben Sie recht", sagte der Mann, nahm die Tasche, bezahlte die Rechnung und ging.

Einen literarischen Text lesen: Zusammenhänge zwischen Inhalt, Form und Sprache entdecken

Was passiert denn hier?

In den folgenden kurzen Geschichten bekommt ebenfalls etwas Alltägliches eine merkwürdige Wendung. Entdeckt darin die Spuren des Ungewöhnlichen.

1 Sieh dir das Bild an und lies die Überschrift.
   Was könnte alles mit „Der Fall" gemeint sein? Was erwartest du?

2 Lies nun die Geschichte.

Ralf Thenior
Der Fall

Er ging an den Automaten, warf drei Münzen ein, hörte es innen rumpeln, ein Pappbecher fiel auf das Rost, ein Strahl heißer Kaffeeflüssigkeit lief in den Becher, es klackte, der Strahl versiegte. Er nahm den Becher heraus, trank die Flüssigkeit in kleinen Schlucken, hörte es innen rumpeln, ein Pappbecher fiel auf das Rost, heiße Kaffeeflüssigkeit lief hinein, es klackte. Er nahm den Becher, trank, hörte es innen rumpeln, ein Becher fiel, Flüssigkeit, es klackte. Er griff den Becher, hörte es rumpeln ...
Später fand man ihn, bewusstlos, vor dem Kaffeeautomaten, dessen Hahn nur noch ganz leicht tropfte.

3 Beschreibt euren ersten Eindruck von der Geschichte.

4 Überlege, was sich kurz vor dem Schluss der Geschichte noch alles abgespielt haben kann.
   – Versetze dich in den Mann und versuche, es dir genau vorzustellen.
   – Erzählt und diskutiert eure Überlegungen.

Einen literarischen Text lesen: Zusammenhänge zwischen Inhalt, Form und Sprache entdecken

Alltägliches – Merkwürdiges – Unglaubliches

5 Lies die Geschichte noch einmal und gehe auf Spurensuche:
- Markiere auffällige Formulierungen.
- Notiere, was du herausgefunden hast.
- Vergleicht eure Ergebnisse.

> **Spurensuche**
> - Worum geht es?
> - Was wiederholt sich?
> - Was ist zunächst ganz normal?
> - Was ist dann merkwürdig?
> - Was erfährt man nicht?
> - Auf welche Gedanken kommt man?
> - Was könnte die Überschrift bedeuten?
> - ...

6 Lest den Text mehrere Male laut vor. Achtet dabei darauf, dass durch Betonung, Sprechtempo, Pausen und Lautstärke das Erzählte besonders deutlich wird. Welche Vortragsweise haltet ihr für besonders gelungen? Begründet.

7 Wähle eine der beiden folgenden Aufgaben aus:

a Wie könnte eine ähnliche Geschichte bei einem anderen Automaten verlaufen, bei dem sich gleiche Vorgänge wiederholen: Bankautomat, Snackautomat, Getränkeautomat ...?
Erzähle die Geschichte.

b Beschreibe auf ähnliche Weise in wenigen Sätzen, wie du mit deinem Fahrrad oder deinen Inlineskates losfährst und immer schneller wirst.

Sprache

Sätze lassen sich auf verschiedene Art miteinander verbinden:

In einer **Satzreihe** (Parataxe) werden selbstständige Sätze (Hauptsätze) aneinandergereiht. Sie können entweder durch eine Konjunktion (z. B. und, oder, aber) miteinander verbunden oder aber nur durch ein Komma voneinander getrennt werden: Er ging an den Automaten, warf drei Münzen ein, hörte es innen rumpeln.
Durch die Satzreihe wird eine rasche Geschehensabfolge ausgedrückt. Dieser Eindruck ist besonders stark, wenn die Sätze nicht durch Konjunktionen verbunden sind.

In einem **Satzgefüge** (auch Hypotaxe genannt) ist ein selbstständiger Satz (Hauptsatz) mit einem unselbstständigen Satz (Nebensatz) verbunden: Man muss meistens lange herumtelefonieren, wenn man einen Handwerker sucht.
Zwischen Haupt- und Nebensatz steht immer ein Komma.

→ *Kommas erleichtern das Lesen, S. 240–242*

Einen literarischen Text lesen: Einen ähnlichen Text schreiben

1 Lies die Überschrift „Ausnahmsweise". Überlege, in welchen Situationen dir das Wort „ausnahmsweise" schon einmal begegnet ist.

2 Lies nun die Geschichte.

Jürg Schubiger
Ausnahmsweise

Das Gras ist heute ausnahmsweise grün. Ausnahmsweise bewegt ein Wind die strohigen vorjährigen Blüten der Hortensien. Der Amselgesang weckt ausnahmsweise Erinnerungen. Fallschirmjäger stürzen wie immer schräg in den Garten hinein.

3 Gehe auf Spurensuche. Nutze die Fragen im Kasten und finde Antworten.

4 Besprich alles, was du entdeckt hast und was dir dabei durch den Kopf ging, mit anderen in der Klasse.

5 Diskutiert, welchen Eindruck der Autor beim Leser erzielt und wie er das macht.

6 Das Spiel mit den Ausdrücken „ausnahmsweise" und „wie immer" in der Geschichte könnte man auch in anderen Situationen nutzen. Denk dir dazu eine Geschichte aus.

Spurensuche
- Wo stutzt man?
- Was ist ganz ungewöhnlich?
- Was wäre normal?
- Welches Bild entsteht im Kopf?
- Welche Fragen ergeben sich?
- …

➔ *Nominalisierte Verben und Adjektive, S. 263/264*

Rechtschreibung – kurz nachgedacht

Groß- und Kleinschreibung

Ausnahmsweise bewegt ein Wind die große, alte, gestreifte, auffallende, ausgefranste, verblichene Flagge.

Schreibe den Satz in dein Heft. Lass ihn im letzten Satzglied jeweils um ein Wort kürzer werden. Beachte dabei die Großschreibung und erkläre sie:

Ausnahmsweise bewegt ein Wind die große, alte, gestreifte, auffallende, ausgefranste Verblichene. Ausnahmsweise …

Erfinde ähnliche Sätze.

Alltägliches – Merkwürdiges – Unglaubliches

1 Woran erinnert dich die Überschrift „Das weiße Tier"?
Lass in Gedanken ein Bild von einem „weißen Tier" entstehen.

2 Lies die Geschichte und notiere dabei deine Gedanken.

Jürg Schubiger
Das weiße Tier

In unserem Wald lebt ein weißes Tier. Sein Name fällt mir nicht ein. Mit Schnee fängt er an. Nein, nicht mit Schnee, aber doch mit etwas, das weiß ist. Gestern habe ich den Namen noch gewusst. Ich sagte zu Lukas: Schau mal, Lukas, ein ... Eben, ein Etwas-wie-Schnee.
Also ein Tier ist es, ein weißes. Ganz weiß und ganz pelzig. Oder federig? Weiß ist es auf jeden Fall. Und so hoch, oder so. Ja; so. Und so lang.
Hinten hat es eine Art, wie soll ich sagen, und vorne überhaupt nicht. Nur hinten. Und dann hört man es auch schon von Weitem. Es schreit sehr laut. Etwa so. Nein, so nicht. Man kann das nicht nachmachen. Es schreit also, und weiß ist es auch und scheu. Mit seinen weißen Augen aber schaut es einem mitten ins Gesicht. So, oder eher so. Und wen es anschaut mit diesem Blick, der – dem geschieht etwas. Und zwar für immer.

3 Besprich, was dir aufgefallen ist, mit anderen in der Klasse.

4 Untersuche die Geschichte nun genauer mit den Fragen im Kasten. Stelle anderen vor, was du herausgefunden hast. Vergleicht und diskutiert eure Ergebnisse.

> **Spurensuche**
> – Wer spricht da zu wem?
> – Was ist befremdlich?
> – Warum wirkt die Beschreibung so ungenau?
> – Wieso stutzt man beim Lesen?
> – Was kann mit dem Schluss gemeint sein?
> – ...

5 Bereitet den Text zum Vortragen vor:
– Markiert Stellen für Pausen oder besondere Betonung.
– Probiert aus, wie man die letzten drei Sätze besonders betonen kann: hart und drohend oder sanft und geheimnisvoll.
– Erprobt, wie ihr das Vorlesen mit Mimik und Gestik begleiten könnt.

6 Vergleicht mehrere Vorträge. Welche überzeugen euch am ehesten?

7 Drücke in einer Zeichnung aus, wie du dir das weiße Tier vorstellst, und erläutere deine Zeichnung.

Werkstatt
Lesen – Texte und Medien

Einen literarischen Text erschließen

*Es kommt im Unterricht vor, dass du literarische Texte liest, sie für dich selbst erschließt und deine Vorstellungen mit anderen austauschst.
Wie du vorgehen kannst, um eine Geschichte zu verstehen und darüber mit anderen ins Gespräch zu kommen, lernst du auf den folgenden Seiten.*

1 Sieh dir die Illustration an und lies die Überschrift. Was erwartest du?

2 Lies nun die Geschichte. Notiere, was dir auffällt und worüber du sprechen möchtest, auf einem angelegten Zettel (vgl. S. 54). Besprich, was dir aufgefallen ist, mit anderen in der Klasse.

Peter Hacks

Der Bär auf dem Försterball

Ball (hier:) *festliche Tanzveranstaltung*

Der Bär schwankte durch den Wald, es war übrigens Winter; er ging zum Maskenfest. Er war von der besten Laune. Er hatte schon ein paar Kübel Bärenschnaps getrunken; den mischt man aus Honig, Wodka und vielen schwierigen Gewürzen. Des Bären Maske war sehr komisch. Er trug einen grünen Rock, fabelhafte Stiefel und eine Flinte auf der Schulter; ihr merkt schon, er ging als Förster.
Da kam ihm, quer über den knarrenden Schnee, einer entgegen: auch im grünen Rock, auch mit fabelhaften Stiefeln und auch die Flinte geschultert. Ihr merkt schon, das war der Förster.
Der Förster sagte mit einer tiefen Bassstimme: „Gute Nacht, Herr Kollege, auch zum Försterball?"
„Brumm", sagte der Bär, und sein Bass war so tief wie die Schlucht am Weg, in die die Omnibusse fallen.

Alltägliches – Merkwürdiges – Unglaubliches

„Um Vergebung", sagte der Förster erschrocken, „ich wusste ja nicht, dass Sie der Oberförster sind."
„Macht nichts", sagte der Bär leutselig. Er fasste den Förster unterm Arm, um sich an ihm festzuhalten, und so schwankten sie beide in den Krug zum zwölften Ende, wo der Försterball stattfand.

Die Förster waren alle versammelt. Manche Förster hatten Geweihe, die sie vorzeigten, und manche Hörner, auf denen sie bliesen. Sie hatten alle lange Bärte und geschwungene Schnurrbärte, aber die meisten Haare im Gesicht hatte der Bär.
„Juhu", riefen die Förster und hieben den Bären kräftig auf den Rücken.
„Stimmung", erwiderte der Bär und hieb die Förster auf den Rücken, und es war wie ein ganzer Steinschlag.
„Um Vergebung", sagten die Förster erschrocken, „wir wussten ja nicht, dass Sie der Oberförster sind."
„Weitermachen", sagte der Bär. Und sie tanzten und tranken und lachten; sie sangen, sie hätten so viel Dorst im grünen Forst. Ich weiß nicht, ob ihr es schon erlebt habt, in welchen Zustand man gerät, wenn man so viel tanzt und trinkt, lacht und singt. Die Förster gerieten in einen Tatendrang und der Bär mit ihnen; der Bär sagte: „Wir wollen jetzt ausgehn, den Bären schießen."
Da streiften sich die Förster ihre Pelzhandschuhe über und schnallten sich ihre Lederriemen fest um den Bauch; so strömten sie in die kalte Nacht. Sie stapften durchs Gehölz. Sie schossen mit ihren Flinten in die Luft. Sie riefen Hussa und Hallihallo und Halali, wovon das eine so viel bedeutet wie das

Einen literarischen Text lesen: Leseeindrücke notieren

andere, nämlich gar nichts, aber so ist das Jägerleben. Der Bär riss im Vorübergehn eine Handvoll trockener Hagebutten vom Strauch und fraß sie. Die Förster riefen: „Seht den Oberförster, den Schelm", und fraßen auch Hagebutten und wollten sich ausschütten vor Spaß. Nach einer Weile jedoch merkten sie, dass sie den Bären nicht fanden.

„Warum finden wir ihn nicht?", sagte der Bär. „Er sitzt in seinem Loch, ihr Schafsköpfe." Er ging zum Bärenloch, die Förster hinterdrein. Er zog den Hausschlüssel aus dem Fell, schloss den Deckel auf und stieg hinunter, die Förster hinterdrein.

„Der Bär ist ausgegangen", sagte der Bär schnüffelnd, „aber es kann noch nicht lange her sein, es riecht stark nach ihm." Dann torkelte er zurück in den Krug zum zwölften Ende und die Förster hinterdrein.

Sie tranken gewaltig nach der Anstrengung, aber die Menge, die der Bär trank, war wie ein Schmelzwasser, das die Brücken fortreißt.

„Um Vergebung", sagten die Förster erschrocken. „Sie sind ein großartiger Oberförster."

Der Bär sagte: „Der Bär steckt nicht im Walde, und der Bär steckt nicht in seinem Loch; es bleibt nur eins, er steckt unter uns und hat sich als Förster verkleidet." „Das muss es sein", riefen die Förster, und sie blickten einander misstrauisch und scheel an.

Es war aber ein ganz junger Förster dabei, der einen verhältnismäßig kleinen Bart hatte und nur wenige Geweihe und überhaupt der Schwächste und Schüchternste war von allen. So beschlossen sie, dieser sei der Bär. Sie krochen mühsam auf die Bänke, stützten ihre Bärte auf die Tische und langten mit den Händen an der Wand empor.

„Was sucht ihr denn?", rief der junge Förster.

„Unsere Flinten", sagten sie, „sie hängen leider an den Haken."

„Wozu die Flinten?", rief der junge Förster.

„Wir wollen dich doch schießen", antworteten sie, „du bist doch der Bär."

„Ihr versteht überhaupt nichts von Bären", sagte der Bär. „Man muss untersuchen, ob er einen Schwanz hat und Krallen an den Tatzen", sagte der Bär.

„Die hat er nicht", sagten die Förster, „aber, Potz Wetter, Sie selbst haben einen Schwanz und Krallen an den Tatzen, Herr Oberförster."

Die Frau des Bären kam zur Tür herein und war zornig. „Pfui Teufel", rief sie, „in was für Gesellschaft du dich herumtreibst."

Sie biss den Bären in den Nacken, damit er nüchterner würde, und ging mit ihm weg.

„Schade, dass du so früh kamst", sagte der Bär im Walde zu ihr, „eben hatten wir ihn gefunden, den Bären. Na, macht nichts. Andermal ist auch ein Tag."

Alltägliches – Merkwürdiges – Unglaubliches

1. Schritt: *Das eigene Textverständnis prüfen*
   – *Fragen stellen und beantworten, z. B. mit einem Partner.*

3 Beantworte die folgenden Fragen zum Text:
   – Wohin ist der Bär ganz am Anfang unterwegs?
   – Wodurch gerät er auf den Försterball?
   – Warum halten ihn die Förster immer wieder für den Oberförster?
   – Was passiert, als die Förster den Bären in den eigenen Reihen suchen?
   – Wann gerät der Bär in Gefahr, enttarnt zu werden?
   – Was passiert am Schluss?
   Du kannst dir auch andere Fragen ausdenken und sie einem Partner stellen.

2. Schritt: *Spuren suchen, über Auffälligkeiten und Einzelheiten nachdenken*
   – *Was erfahre ich direkt aus dem Text? Was kann ich erschließen, auch wenn es nicht ausdrücklich erwähnt wird?*
   – *Was ist oder verläuft normal, was außergewöhnlich?*
   – *Wie verhalten sich die Figuren? Was ist befremdlich?*
   – *Welche Wörter oder Ausdrücke fallen auf?*

> **Tipp**
> – suchen
> – markieren
> – notieren

4 Versetze dich in die Rolle des Bären und lies noch einmal genau nach, was er sagt. Überlege nun:
   – Welche Vorschläge macht er im Einzelnen?
   – Was daran ist merkwürdig und kaum nachvollziehbar?
   – Wieso kommt er dazu, solche Vorschläge zu machen?

5 Zum Schluss heißt es in der Geschichte:
   „Schade, dass du so früh kamst", sagte der Bär im Walde zu ihr,
   „eben hatten wir ihn gefunden, den Bären."
   Warum ist dieser Satz rätselhaft? Wie erklärst du dir die Äußerung des Bären nach all dem, was sich vorher abspielt? Was wird deutlich?

3. Schritt: *Sich mit anderen über das Herausgefundene verständigen*

6 Besprich mit anderen in der Klasse die Antworten auf die Fragen. Nutze dabei deine Notizen. Um über den Text und seine Besonderheiten miteinander ins Gespräch zu kommen, könnt ihr auch die Methode auf Seite 66 wählen. Vergesst am Ende nicht, darüber zu sprechen, was während der Arbeit gut geklappt hat und was man verbessern könnte.

Einen literarischen Text mithilfe von Fragen erschließen

Werkstatt Lesen – Texte und Medien

 Methoden und Arbeitstechniken

Gemeinsam lernen:
Fishbowl – Arbeitsergebnisse vortragen und diskutieren

Um Ergebnisse einer Untersuchung auszutauschen, setzen sich vier Schülerinnen und Schüler in einen Innenkreis. Zusätzlich wird ein freier Stuhl in den Innenkreis gestellt. Die übrigen Schülerinnen und Schüler bilden den äußeren Sitzkreis und sind Zuhörer.
Die vier im Innenkreis besprechen untereinander alles, was sie herausgefunden haben. Wer etwas ergänzen möchte oder eine andere Ansicht vortragen will, kann sich direkt an den Vorredner wenden.
Auch aus dem Zuhörerkreis können sich Schülerinnen und Schüler beteiligen. Wenn sie etwas zu der Diskussion im Innenkreis äußern möchten (z. B. bestätigen, verdeutlichen, widersprechen), setzen sie sich auf den leeren Stuhl und bringen ihren Redebeitrag vor. Anschließend gehen sie in den Außenkreis zurück und sind wieder Zuhörer.

4. Schritt: *In das Geschehen eingreifen, den Text verändern*
- *Sich vorstellen, dass an bestimmten Stellen im Text etwas anderes geschehen könnte*
- *Entsprechende Stellen weiterschreiben oder neu schreiben*

7 Stell dir vor, dass an zwei Stellen im Text noch etwas geschehen könnte:

a Nach Zeile 69: Manche Förster haben zunächst gar nicht so recht mitbekommen, dass der Bär von seiner Frau mitgenommen wurde. Einige glauben immer noch, dass es der Oberförster gewesen sei. Sie geraten miteinander in Streit.

b Nach Zeile 75: Die Frau des Bären versteht überhaupt nicht, was der Bär mit seiner Bemerkung meint. Er soll ihr erzählen, was er da bei den Förstern gemacht hat.

Wähle eine der beiden Stellen aus und schreibe so weiter, dass es zu der Geschichte passt.
Lest euch eure Stellen gegenseitig vor und achtet darauf, ob sie zur Geschichte passen.

Sich über Ergebnisse des Textverstehens austauschen, mit literarischen Texten experimentieren

« EXTRA » Alltägliches – Merkwürdiges – Unglaubliches

Ein bekannter Schriftsteller erzählt aus einem berühmten Roman

Der spanische Dichter Miguel de Cervantes (1547–1660) hatte selbst ein sehr bewegtes Leben voller Kämpfe und Abenteuer hinter sich, als er den berühmten Roman „Don Quichotte" über den gleichnamigen verarmten Adeligen schrieb. Der will ein wandernder Ritter werden und in Kämpfen Ruhm erwerben. Aber die Zeit der Ritter ist längst vorbei und Don Quichotte wirkt in seiner Rolle ziemlich merkwürdig. In diesem Textausschnitt, in dem er sein wohl berühmtestes Abenteuer besteht, findest du Hinweise darauf. Der Schriftsteller Erich Kästner (1899–1974) hat den Roman in einer moderneren Sprache nacherzählt.

1 Lies die Textüberschrift und sieh dir das Bild an. Was erwartet dich wohl?

2 Lies nun die Geschichte. Notiere deine Gedanken.

Illustration von Pablo Picasso (1955)

Nacherzählt von Erich Kästner
Der Kampf mit den Windmühlen

Doch eines schönen Morgens war er wieder verschwunden! Aber diesmal nicht nur er und das Pferd, sondern auch sein Nachbar Sancho Pansa, ein verheirateter Bauer, mit einem Esel. Sancho Pansas Frau kam samt den Kindern zu Don Quichottes Haushälterin und der Nichte gelaufen und sie weinten und schimpften durcheinander, dass das Haus widerhallte.

Einen literarischen Text lesen: Lesevorverständnis formulieren

Was, um alles in der Welt, war Sancho Pansa eigentlich eingefallen, den verrückten Ritter zu begleiten? War denn auch in seinem Bauernschädel etwas nicht ganz in Ordnung? Nun, verrückt war der kleine, dicke Bauer nicht, aber er war, offen gestanden, ziemlich dumm. Und was ihm Don Quichotte erzählt hatte, er wolle Provinzen, Inseln und Königreiche erobern und ihn, den Knappen und Stallmeister, zum Grafen und Herzog machen, wenn nicht gar zu einem König, da hatte der kleine Dicke nicht widerstehen können.

Wie sie so dahinritten, sagte Sancho Pansa nachdenklich: „Ein König wäre ich ja recht gern. Doch dann würde meine Frau eine Königin und ich glaube, das liegt ihr nicht. Für so einen Posten ist sie nicht fein genug. Macht mich zu einem Grafen. Dann wird sie eine Gräfin. Das kriegt sie vielleicht hin."
„Sei nicht so bescheiden!", antwortete der Ritter. „Man muss Großes wollen! Ich mache dich mindestens zum Gouverneur und damit basta!" „Na schön", meinte Sancho Pansa, „macht mich zum Gouverneur und meine Frau zur Gouverneuse! Das Gouvernieren werden wir schon lernen!" Damit schnallte er den Weinschlauch vom Sattel seines Esels los und trank einen kräftigen Schluck.

Gegen Abend näherten sie sich einem Hügel, auf dem dreißig bis vierzig Windmühlen standen. Da stellte sich Don Quichotte in die Steigbügel und rief: „Siehst du die Riesen auf dem Hügel?" Sancho Pansa kaute gerade etwas Brot und Schinken und sagte: „Riesen? Auf dem Hügel? Ich sehe nur Windmühlen!" „Riesen!", rief der Ritter. „Und jeder hat vier Arme!" „Nein", sagte der Stallmeister kauend. „Es sind Windmühlen und jede hat vier Flügel!" Doch da legte sein Herr und Gebieter schon die neue Lanze ein, rief zum Hügel: „Im Namen der Dame Dulzinea von Toboso, ergebt euch!", und gab Rosinante die Sporen.

Als Don Quichotte die erste Windmühle erreicht und die Lanze voller Wucht in einen Windmühlenflügel gebohrt hatte, kam plötzlich ein Wind auf. Die Flügel begannen sich zu drehen.

Die Lanze zersplitterte. Und Ross und Reiter flogen in hohem Bogen durch die Luft und ins Feld. Dort blieben beide liegen, als hätten sie sämtliche Knochen gebrochen! Sancho Pansa trabte erschrocken näher und rief schon von Weitem: „Habt ihr große Schmerzen?" Da setzte sich Don Quichotte mühsam auf und sagte stolz: „Ritter haben keine Schmerzen. Und wenn sie doch einmal welche haben, klagen sie nicht!" „Wie gut, dass ich kein Ritter bin!", rief der kleine Dicke und half den beiden auf die Beine. Als sie schließlich weiterritten, hing der Ritter schief und krumm im Sattel und der Gaul humpelte und kam kaum vom Fleck. Weil es draußen dunkel wurde, beschlossen sie zu kampieren und ließen sich in einem Steineichenwald

---

Knappe
Bursche, Diener eines Ritters

Stallmeister
Aufseher über den Pferdestall

Gouverneur
oberster Beamter eines großen Bezirkes oder einer Kolonie

kampieren
Rast machen, übernachten

Einen literarischen Text lesen

nieder. Sancho Pansa aß und trank wieder, legte sich um und schnarchte, dass die Wipfel zitterten. Don Quichotte aß nichts, trank nichts und schlief nicht. Nachdem er einen kräftigen Zweig von einem der Bäume abgerissen und ihn als Lanze zurechtgeschnitzt hatte, saß er noch lange wach, grämte sich über seine Niederlage und träumte von neuen, aber erfolgreicheren Taten.

3 Schreibe selbst Fragen auf, die bei der Spurensuche nach den Besonderheiten in diesem Text helfen können, und beantworte sie: Fragen zu Ort und Zeit des Geschehens, zu den Hauptfiguren, zu besonderen Formulierungen …

4 Schreibe auf, warum du diesen Text für eine Sammlung von alltäglichen, merkwürdigen, unglaublichen Geschichten für geeignet hältst. Du kannst dazu auch deine Notizen von Aufgabe 3 nutzen.

5 Versetze Don Quichotte in die heutige Zeit und erzähle, wie er gegen moderne „Riesen" kämpft, z. B. gegen ein Computerspiel, eine Leuchtreklame, einen Kinofilm …

6 Führe ein Interview mit Sancho Pansas Frau, was sie davon hält, dass ihr Mann weg ist.

Ideen und Anregungen

→ Eine Vorlesestunde mit den Texten dieses Kapitels durchführen.

→ Zu zweit ein Interview mit einer Figur aus den Texten vorbereiten und anschließend anderen vorstellen: z. B. mit Herrn Knorps aus der Geschichte „Eine gemütliche Wohnung".

→ Einzelne Szenen aus den Geschichten spielen als Erzähltheater, Erzählpantomime, Improvisationsspiel.

→ Texte und Bilder, die während der Arbeit mit den Geschichten entstandenen sind, auf der Schul-Homepage präsentieren.

→ Über Leseerfahrungen im Internet bloggen oder Buchbesprechungen (Rezensionen) lesen: www.literatur-blog.de.

Überprüfe dein Wissen und Können

1 Lies die Geschichte „Die Kleider des Herrn Zogg" und bearbeite anschließend die Aufgaben auf der folgenden Seite.

Franz Hohler

Die Kleider des Herrn Zogg

Eines Morgens, als der Wecker läutete, stand Herr Zogg einfach nicht auf. Dabei hatte er ihn selbst gerichtet, auf 7 Uhr, wie immer, denn um 8 Uhr musste er im Büro sein. Es wurde Viertel nach 7, Herr Zogg schlief weiter, es wurde halb 8, Herr Zogg schlief immer noch, es wurde Viertel vor 8, und Herr Zogg schnarchte sogar.

„Kameraden", sagte da die Hose zu den anderen Kleidern, die über dem Stuhl hingen, „wir müssen wohl." Da kroch die Unterhose in die Hose, Leibchen und Hemd stopften ihre Enden in die beiden hinein, die Krawatte schlang sich um den Hemdkragen, die Jacke schob sich über das Hemd, die Socken stellten sich in die Schuhe, und dann gingen sie alle die Treppe hinunter vors Haus, fuhren im Bus zum Büro, in dem Herr Zogg arbeitete, und nahmen dort den Platz hinter seinem Pult ein. Immer, wenn jemand hineinschaute, wühlten sie in irgendeinem Stoß Papier, und als Herr Zogg gegen Mittag im Geschäft vorsprach und nur ein Badetuch um die Hüften gewickelt hatte, wollte man ihn nicht kennen und schickte ihn sofort wieder weg.

An diesem Tag war Zahltag, und sobald die Kleider das Geld bekommen hatten, beschlossen sie, einmal richtig Ferien zu machen, und verreisten noch am selben Tag nach Italien.

Herr Zogg aber musste sich eine andere Arbeit suchen. So wie er angezogen war, fand er nur eine Stelle als Bademeister und riss fortan Billette ab, leerte Abfallkübel, rettete Ertrinkende und fühlte sich so weit ganz gut, nur in der Garderobe arbeitete er nicht so gern, denn beim Anblick der vielen aufgehängten Kleider war es ihm immer ein bisschen unheimlich.

Alltägliches – Merkwürdiges – Unglaubliches

2 Was löst die Geschichte bei dir aus? Schmunzeln, Nachdenken …
Notiere deine Gedanken.

3 Fasse den Text so kurz wie möglich für die Radionachrichten zusammen. *Inhalt wiedergeben*

4 Worum geht es in der Geschichte? Wähle aus den drei Möglichkeiten eine aus und begründe. Du kannst auch eine eigene Formulierung finden. *Textverständnis artikulieren*
   a) *Manche Menschen werden von den Leuten in ihrer Umgebung gar nicht richtig wahrgenommen.*
   b) *Nur wenn man „normal" angezogen ist, kommt man in der Welt zurecht.*
   c) *Für bestimmte Arbeiten braucht man gar keinen „ganzen Menschen", die äußere Hülle reicht.*

5 Zum Schluss heißt es in der Geschichte:
(Herr Zogg) fühlte sich so weit ganz gut, nur in der Garderobe arbeitete er nicht so gern, denn beim Anblick der vielen aufgehängten Kleider war es ihm immer ein bisschen unheimlich.

Warum ist das so? Wie erklärst du dir sein Gefühl nach all dem, was vorher passiert ist? Was wird deutlich?

6 Suche dir einen Partner. Denkt euch ein Interview mit der Hauptfigur aus und führt es den anderen vor. *Interview mit einer Textfigur führen*
So kann das Interview beginnen:

Interviewer: Herr Zogg, ich bedanke mich schon jetzt, dass Sie sich bereit erklärt haben, mir die eine oder andere Frage zu beantworten.
Herr Zogg: Nichts für ungut. Nur zu!
Interviewer: Was ging Ihnen durch den Kopf, als Sie gegen Mittag im Büro vorsprachen?
Herr Zogg: …
Interviewer: …

7 Auch die Geschichte „Die Kleider des Herrn Zogg" steht in eurer Textsammlung „Alltägliches – Merkwürdiges – Unglaubliches". Begründe, warum sie dazu passt. *Eine begründete Meinung äußern*

Unsere Umwelt

Als Umwelt bezeichnen wir in erster Linie die Welt, die Lebewesen und Gegenstände umgibt. Dieses Kapitel beschäftigt sich damit, die eigene Umwelt wahrzunehmen und einmal aus einem anderen Blickwinkel kennenzulernen. Viele Jahre sind die Menschen nämlich gedankenlos mit der Natur umgegangen, sodass in vielen Bereichen Probleme entstanden sind. Deshalb sollten wir darüber nachdenken, wie wir unsere Umwelt schützen können, damit wir auch in Zukunft zufrieden in ihr leben können.

Ihr lernt,
- Informationen zu Umweltthemen zu beschaffen, zu bearbeiten und darzustellen,
- eine Expertenbefragung vorzubereiten und durchzuführen,
- zu strittigen Umweltthemen zu diskutieren,
- eure Meinung in Diskussionen zu vertreten und
- an das Umweltbewusstsein eurer Mitmenschen zu appellieren.

Walther Petri
Prüfungsfrage

Was ist Natur?
Also das ist zum Beispiel
die Ostsee.
Und der Horizont gehört auch dazu.
Zusammenfassend würde ich sagen:
Die Natur ist eine Erfindung aus
Himmel und Erde,
mit dem Horizont dazwischen,
und es ist mir eben aufgefallen,
dass NATUR aus denselben Buchstaben
wie UNRAT besteht und ganz schnell
dazu wird.

1 Schaut euch zunächst die Fotos genau an.
  – Findet zu jedem Bild einen passenden Titel.
  – Welche Abbildungen sind mit Problemen verbunden, welche haben einen eher positiven Inhalt? Begründe deine Meinung.
  – Welche der dargestellten Themen sind euch aus eurem Umfeld bekannt?
  – Sammelt weitere Stichworte zum Thema „Umwelt und Natur". Ordnet eure „Wörter-Umwelt" in einer Mindmap. Worüber möchtet ihr mehr wissen?

2 Lest euch das Gedicht „Prüfungsfrage" aufmerksam durch.
  – Schreibt den Gedichttext auf ein großes Blatt.
  – Sucht passende Bilder und klebt sie dazu. Überlegt, welche Wörter des Gedichts für die Auswahl der Bilder wichtig sind.
  – Hängt eure Ergebnisse aus und sprecht über eure Bildauswahl.

3 Beantwortet die Frage „Was ist Natur?": in einem Informationstext, einem Brief, einem Gedicht, einer Geschichte, einer Zeitungsanzeige …

Umwelt geht uns alle an!

Walter Hohenesther
Plastiktütengedicht

Ich bin eine Plastiktüte.
Du meine Güte:
Ich bin voller Falten,
neuen und alten,
und habe schon bessere Zeiten gesehn.
Beim Kaufmann Müller
war ich der Knüller.
Mit Wurst und Tomaten
und frischen Salaten,
mit Käse und Bohnen
und Honigmelonen
hat mich Herr Müller gefüllt.
Frau Zeisig hat mich zu ihrer Wohnung
getragen und ausgeleert.
Und dann, ohne zu fragen
den Knüller
vom Müller
zerknüllt.
Nun lieg ich mit 17 anderen Schwestern
seit gestern
in dieser abscheulichen Abfallkist'.
Mist!

Ohne es zu merken, gehen wir mit unserer Umwelt häufig sehr unbedacht um. Auf dieser Doppelseite kannst du anhand verschiedener Texte und Darstellungen erarbeiten, warum **Umweltschutz** sehr sinnvoll ist.

1 Das Gedicht ist aus der Sicht einer Plastiktüte geschrieben.
Warum hat der Autor sich wohl für diese Perspektive entschieden?

2 Schreibe einen Paralleltext zu dem „Plastiktütengedicht".
– Schreibe deinen Text aus der Sicht eines Schrottautos, einer leeren Coladose, eines weggeschmissenen Butterbrotpapiers oder eines anderen Gegenstands.
– Du kannst das Gedicht mit dem Computer schreiben und gestalten: Schriftart, Schriftgröße, Absätze, Bilder.

3 Beschreibe die Karikatur mit eigenen Worten. Eine Karikatur ist eine Zeichnung, die ein ernstes Thema witzig darstellt und zum Nachdenken anregt.
– Was ist abgebildet?
– Was könnten die Menschen sagen/denken?
– Welche Botschaft soll die Karikatur wohl vermitteln?

Sich mit der Bedeutung des Themas „Umwelt" auseinandersetzen

Unsere Umwelt

Der Johannisbrotbaum

Ein Weiser ging einmal über Land und sah einen Mann, der einen Johannisbrotbaum pflanzte. Er blieb bei ihm stehen und sah ihm zu und fragte: „Wann wird das Bäumchen wohl Früchte tragen?" Der Mann erwiderte: „In siebzig Jahren." Da sprach der Weise: „Du Tor! Denkst du in siebzig Jahren noch zu leben und die Früchte deiner Arbeit zu genießen? So pflanze lieber einen Baum, der früher Früchte trägt, dass du dich an ihren erfreust in deinem Leben." Der Mann aber hatte sein Werk vollendet und sah freudig darauf und antwortete: „Herr, als ich zur Welt kam, da fand ich Johannisbrotbäume und aß von ihnen, ohne dass ich sie gepflanzt hatte, denn das hatten meine Väter getan. Habe ich nun genossen, wo ich nicht gearbeitet habe, so will ich einen Baum pflanzen für meine Kinder oder Enkel, dass sie davon genießen. Wir Menschen mögen nur bestehen, wenn einer dem anderen die Hand reicht."

4 Lest den Text mit verteilten Rollen.

5 Wer ist in diesem Text der Tor, wer ist der Weise?
Einige Schüler haben sich zu dieser Frage bereits Gedanken gemacht.
Welcher Aussage stimmst du zu? Begründe deine Auswahl:
  a) *Der „Weise" ist der Spaziergänger. Er hat erkannt, dass man nur gewinnt, wenn man die Früchte seines Handelns selbst ernten kann.*
  b) *Der Baumanpflanzer ist der „Weise", weil er nicht nur an sich, sondern auch verantwortungsvoll an seine Nachkommen denkt.*
  c) *Der hier als „Weise" bezeichnete Mann ist eigentlich der „Tor", weil er egoistisch nur an seinen eigenen Vorteil denkt.*

6 Betrachte das Wortbild rechts einmal genauer:
  – Welche Wörter findest du in dem Wortbild?
  – Was ist das Besondere an diesen Wörtern?
  – Welche Bedeutung hat die Form des Gedichts?

7 Erzähle den Inhalt des Wortbilds in deinen Worten nach:
Zuerst ist die Natur noch in Ordnung, dann wird sie …

8 Das Wortbild hat eine alarmierende Aussage.
Formuliere die Botschaft des Textes in einem Satz.

9 Betrachte nun noch einmal alle Texte und Abbildungen dieser Doppelseite: An wen wenden sie sich? Wozu wollen sie aufrufen?
Formuliere einen kurzen Appell, in dem du ihre Botschaft ausdrückst.

```
NaturNaturNaturNatur
NaturNaturNaturNa
 rNaturNaturNat
   urNaturNat
    urNatur
     Unart
    atUnratU
   nratUnratUn
  ratUnratUnratUn
 ratUnratUnratUnrat
UnratUnratUnratUnrat
UnratUnratUnratUnratU
         N
         R
         A
         T
```

Literarische Texte zum Thema untersuchen

Wir werden Umweltexperten

1 „Umweltschutz geht uns alle an." Schön gesagt, aber da hängen eine Menge Fragen dran:
  - *Was ist „Umwelt" eigentlich genau?*
  - *Wo haben wir Fehler gemacht?*
  - *Was können wir für die Umwelt tun?*
  - *Was kann ich persönlich tun?*

  Ergänzt diese Liste mit eigenen Fragen.

2 Lest den Text auf Seite 77.
  - Welche Antworten findet ihr darin auf eure Fragen?
  - Welche Fragen sind offen geblieben?
  - Was erfahrt ihr außerdem zum Thema „Umwelt"?

Um euch näher mit Umweltproblemen zu befassen, Antworten auf offene Fragen zu erhalten oder Hinweise für umweltbewusstes Verhalten zu bekommen, könnt ihr unterschiedliche Informationsquellen nutzen oder Experten befragen.
Hier findet ihr erste Anregungen, wie ihr bei eurer Recherche vorgehen könnt, um euch selbstständig mit Umweltfragen auseinanderzusetzen.

3 Beschafft euch in arbeitsteiligen Gruppen Informationsmaterial:

» **Schulbücher** für Biologie und Erdkunde enthalten häufig Kapitel zu den Themen „Müll", „Umweltschutz" und „Klimaschutz".

» In Büchereien gibt es **Jugendsachbücher** und **Zeitschriften**, die sich mit Umweltthemen befassen.

» **Umweltschutzgruppen** und **Umweltzentren** haben in vielen Städten Büros, an die man sich wenden kann.

» Im **Internet** findet ihr ein ausführliches Angebot zu konkreten Unterthemen, z. B. zur „Nachhaltigkeit", zum „Energiesparen", zum „Klimaschutz" oder zu organisierten Aktionen verschiedener Umweltschutzgruppen.
  Lest dazu auf Seite 78 weiter.

Sich informieren, Informationen verarbeiten

Wie ist das mit der Umwelt?

Alle reden über die Umwelt. Und darüber, dass die Umwelt gefährdet ist. Sicherlich hast du auch schon oft das Wort Umweltschutz gehört. Aber hast du dich jemals gefragt, vor wem wir die Umwelt eigentlich schützen müssen? Wundert es dich, wenn du hörst, dass die Menschen die Umwelt vor den Menschen schützen müssen? Das klingt doch ziemlich komisch, oder? „Umwelt" – das ist alles, was um uns herum ist: die Pflanzen und Tiere, der Wald, in dem du mit deinen Eltern spazieren gehst, und die Luft, die du atmest. Das Land, in dem du lebst, und das Wasser, aus dem die Flüsse, Seen und Meere bestehen. All das und noch viel mehr ist unsere Umwelt. Und die soll vom Menschen bedroht sein? „Ein Ozean ist doch riesengroß, da kann ein kleiner Mensch doch gar keine Bedrohung sein!"

Ein einzelner Mensch stellt keine Bedrohung für seine Umwelt dar, aber viele Menschen zusammen können den Planeten Erde ganz schön aus dem Gleichgewicht bringen. Wir Menschen sorgen dafür, dass es der Umwelt im wahrsten Sinne des Wortes ganz schön dreckig geht: Schiffe kentern und spülen dabei Tausende Liter Erdöl ins Meer, die Fische und Seevögel umbringen. Autos, Lastwagen und Kraftwerke verpesten mit ihren Abgasen unsere Luft. Neuerdings reden auch noch alle vom Klimawandel und der globalen Erwärmung der Erdatmosphäre.

Immer wenn die Umwelt leidet, geht es auch den Menschen nicht gut, die in dieser Umwelt leben. Einige „schlechte Angewohnheiten", mit denen wir die Umwelt belasten, haben wir Menschen uns schon wieder abgewöhnt: Wir verwenden Sprühdosen ohne die gefährlichen FCKW-Treibgase, wir recyceln unseren Müll und betanken unsere Autos mit bleifreiem Benzin. Aber es gibt noch so viele Dinge, mit denen wir unserer Umwelt schaden. Manches davon ist uns vielleicht gar nicht bewusst, aber vieles tun wir, obwohl wir wissen, dass es die Umwelt belastet: schnelles Autofahren zum Beispiel, Wasser aus Plastikflaschen trinken oder den Rasen mit Trinkwasser sprengen. Jeder von uns kann etwas machen, um die Umwelt zu schützen.

Klar, du allein kannst nicht die Welt retten! Aber du kannst deinen Beitrag dazu leisten, um die Umwelt zu schützen.

Bestimmt wirst du im Alltag manches entdecken, was ihr – du, deine Familie und deine Freunde – anders machen könnt, damit es unserer Umwelt besser geht. Denn wenn es unserer Umwelt gut geht, dann geht es auch uns Menschen gut.

Sich im Internet informieren

Weitere interessante Beiträge findet ihr unter:
www.umweltbundesamt.de
www.greenpeace.de
www.umweltschulen.de
www.nabu.de
www.dena.de
www.janun.de
www.bund.net
www.transfer-21.de
http://klima.bildungscent.de/

Das Internet ist eine hervorragende Informationsquelle für eure Recherchen zum Thema „Umwelt". Allerdings gibt es im Internet so viele Angebote, dass man schnell den Überblick verliert. Tipp: Viele Seiten haben einen Bereich für Kinder und Jugendliche. Dort findet ihr geeignete Informationen zu verschiedenen Themenbereichen.

Beispiel: Ihr ruft die Seite des Bundesministeriums für Umwelt, Naturschutz und Reaktorsicherheit unter www.bmu.de auf. Dort findet ihr in der Themenauswahl interessante Artikel zum Klima, zur Natur, zum Abfall, zu Umweltinformationen usw. Außerdem könnt ihr die Kinderseite besuchen oder kostenloses Info-Material bestellen.

1 Entscheidet zunächst, zu welchen Themen ihr euch informieren wollt: Müllvermeidung, Müllentsorgung, Recycling, Klima, Energie, Verkehr …
– Bildet Kleingruppen, die sich jeweils mit einem Thema beschäftigen.
– Welche Internetseiten liefern das passende Informationsmaterial?
– Stellt die gesammelten Informationen übersichtlich zusammen.

2 Wertet nun die Texte im Zusammenhang mit euren Eingangsfragen aus:
– Welche Antworten bekommt ihr?
– Welche Informationen findet ihr besonders interessant?

3 Tauscht euch über eure Erfahrungen bei der Internet-Recherche aus.
– Welche Seiten haben euch geholfen/waren ansprechend gestaltet?
– Wo habt ihr nützliche Informationen und Anregungen erhalten?
– Waren die Texte gut lesbar oder schwer verständlich?

➔ *Zusammensetzungen enthalten viele Informationen, S. 224*

 Rechtschreibung – kurz nachgedacht

Laute und Buchstaben, Groß- und Kleinschreibung

Ergänze die folgende Wörterreihe mit weiteren, besonders langen Wörtern zum Thema „Umwelt".
Umweltthemen, Expertenbefragung, Informationsquelle, Fragestellungen, Rollendiskussion, Umweltschutzgruppen, verantwortungsvoll …
Lest die Wörter. Markiert die Rechtschreibschwierigkeiten in den Wörtern. Was muss man tun, um Fehler an diesen Stellen zu vermeiden? Findet passende Strategien. → Seite 251

Unsere Umwelt

Experten befragen

In einer **Expertenbefragung** könnt ihr euch zu Umweltfragen genauer informieren und die Ergebnisse eurer bisherigen Arbeit überprüfen. Experten, die für euch interessant sein können, sind z. B.: Umweltberater von Verbraucherzentralen, Energieberater von Stromerzeugern, Abfallberater von Städten und Gemeinden, Vertreter von Umweltorganisationen …

1. Planung

▸▸ Plant zunächst die Rahmenbedingungen für ein Expertengespräch. Dabei hilft euch die folgende Checkliste:

Checkliste zur Vorbereitung einer Expertenbefragung

– Zu welchem Problemfeld wollen wir uns informieren?
– Welche Informationen haben wir bereits?
– Welcher Experte ist für unsere Fragen geeignet?
– Wer übernimmt die Kontaktaufnahme?
– Wo wird die Befragung durchgeführt?
– Wer übernimmt die Moderation (Gesprächsleitung)?
– Wer stellt die Fragen?
– Wie soll die Befragung aufgezeichnet werden?

▸▸ Bereitet euch anschließend inhaltlich vor:
– Notiert stichwortartig, was ihr wissen wollt.
– Überlegt euch konkrete Fragen. Formuliert die Fragen so, dass der Experte versteht, was ihr erfahren wollt.
– Schreibt je eine Frage auf eine kleine Karte.
– Sortiert ungenaue Fragestellungen aus oder formuliert sie um.
– Bringt eure Fragekarten in eine sinnvolle Reihenfolge.
– Fragt im Gespräch nach, wenn ihr etwas genauer wissen wollt.

Tipp

Verwendet W-Fragen: Wo? Woher? Wohin? Was? Wie viele? Welche Probleme? Wann? Warum? …

2. Durchführung

▶▶ Begrüßt euren Gast:
Guten Tag, Herr/Frau ...! Vielen Dank, dass Sie sich heute die Zeit nehmen, unsere Fragen zum Thema ... zu beantworten.

▶▶ Eröffnet das Gespräch:
Wir interessieren uns für... Können Sie uns sagen ...

▶▶ Stellt eure Fragen:
- Benutzt dazu die Fragekarten.
- Wenn eine Frage umfassend beantwortet wurde, legt ihr die Karte beiseite.
- Jeder macht sich Stichworte zu den Antworten des Experten.

▶▶ Bedankt euch zum Schluss:
Vielen Dank für Ihre ausführlichen Antworten. Wir werden das Gespräch in ... veröffentlichen ...

3. Auswertung

▶▶ Bildet arbeitsteilige Kleingruppen:
- Verteilt die einzelnen Fragen auf die verschiedenen Kleingruppen.
- Besprecht die Fragen, indem ihr eure persönlichen Notizen miteinander vergleicht und zusammenfügt.
- Formuliert die Antworten so, dass sie ohne die Frage verständlich sind. Beispiel: *Unter Energie versteht man ...* anstatt: *Was ist Energie? Das ist ...*

▶▶ Setzt euch zusammen und bewertet die Ergebnisse:
- Haben wir ausreichende Antworten auf unsere Fragen bekommen?
- Wurden alle Fragen verständlich beantwortet?
- Welche Sichtweise hat der Experte vertreten?
- Sollten wir eine weitere Expertenmeinung einholen?
- Müssen wir dann unsere Fragen anders stellen?
- Wie können wir die gewonnenen Informationen anderen Schülerinnen und Schülern präsentieren?

Unsere Umwelt

Über Umweltthemen diskutieren

Lasse: Meine Mutter will uns alle zum Energiesparen erziehen.

Jana: Ich bin zu Hause für die Mülltrennung zuständig.

Tom: Was ist eigentlich das Gute an Recycling-Produkten?

Kim: Zum Fußball lasse ich mich fahren, weil ich nach dem Training immer so erschöpft bin.

Thore: Um Müll zu vermeiden, kann man wiederverwertbare Verpackungen nehmen, z. B. Brotdosen, Flaschen, Tragetaschen.

Svea: In den Urlaub fliegen wir am liebsten nach Spanien.

Sofie: Cola schmeckt mir am besten aus Dosen.

1. Untersucht die Aussagen der Schülerinnen und Schüler und klärt, welche Umweltthemen sich dahinter verbergen.

2. Entscheidet euch für ein Thema und überlegt eure Standpunkte dazu.
Findet passende Argumente und Beispiele, die eure Meinung begründen. Nutzt dazu die Ergebnisse eurer Recherchen (S. 76–78) und der Expertenbefragung (S. 79/80).

3. Entscheidet, in welcher Form ihr über das Thema diskutieren wollt:
    - Streitgespräch zwischen zwei Personen,
    - Streitgespräch zwischen zwei Gruppen,
    - Rollendiskussion.

4. Führt die Diskussion. Legt fest, worauf die Zuschauer achten sollen:
    - Wie ist der Redeanteil der einzelnen Personen?
    - Werden die verschiedenen Standpunkte deutlich?
    - Wie werden die Meinungen begründet?
    - Wie ist der Umgangston, die Sprache, die gegenseitige Akzeptanz?
    - Wie verfolgen die Gesprächsteilnehmer ihr Ziel?
    Wertet anschließend den Verlauf der Diskussion aus.

→ *Die Rollendiskussion wird in der Werkstatt Sprechen und Zuhören genauer vorgestellt (S. 84–87).*

5. Stellt auf einem Plakat fünf wichtige Diskussionsregeln zusammen.

Diskutieren, Diskussionsregeln formulieren

Umweltschutz beginnt in der Schule

Auch in der Schule gibt es zahlreiche Bereiche, in denen man aktiv werden und so einen Beitrag zum Umweltschutz leisten kann. Wenn ihr einmal überlegt, wie viele Schülerinnen und Schüler mehrere Stunden des Tages in einem Schulgebäude verbringen und wie viele Schulen es in eurer Stadt, eurem Bundesland und in ganz Deutschland gibt, dann können schon kleine Aktionen eine Menge bewirken.

1 Welche Aspekte zum Thema „Umweltschutz in der Schule" könnt ihr aus den Bildern ableiten? Listet sie auf: Mülltrennung, …

www.umweltschule.de
http://klima.bildungscent.de
www.greenpeace.de
www.umweltfreundliche-schulmaterialien.de.

▸▸ Entwickelt ein Umweltkonzept für eure Klasse/eure Schule.
– Welche Projekte oder Aktionen könnt ihr an eurer Schule realisieren?
– Gibt es vielleicht Bereiche, in denen ihr schon aktiv seid?
– Informiert euch im Internet über Aktionen, die von anderen Schulen durchgeführt wurden.

Die Schülerinnen und Schüler einer 7. Klasse haben sich dafür eingesetzt, beim Verlassen der Räume das Licht auszumachen, damit Energie gespart wird. Um darauf aufmerksam zu machen und möglichst viele an der Aktion zu beteiligen, haben sie Werbeplakate hergestellt:

Sich über Umweltprojekte anderer Schulen informieren

Unsere Umwelt

2 Untersucht die Plakate genauer:
- Welche Informationen gibt die Klasse auf den Plakaten?
- Wie hat sie ihr Anliegen formuliert?
- Was soll mit den Plakaten erreicht werden?
- Welche Ideen hat sie für die Gestaltung der Plakate umgesetzt?

▸▸ Sammelt Ideen, wie ihr Mitschülerinnen und Mitschüler, Lehrerinnen und Lehrer, aber auch Menschen außerhalb der Schule davon überzeugen könnt, dass man für den Erhalt unserer Umwelt etwas tun muss:
- **Plakate,** die dazu aufrufen, Energie/Wasser/Müll einzusparen,
- **Buttons** mit wirksamen Sprüchen zum Umweltschutz,
- **Flyer,** auf denen ihr auf eine Umweltausstellung, ein erwünschtes Verhalten, eine Sammelaktion hinweist,
- in der **Schülerzeitung** für Aktionen werben ...

▸▸ Entscheidet euch für eine Idee und gestaltet eure Aufrufe:
- Überlegt, wen ihr ansprechen wollt: Eltern, Mitschüler, Lehrer, Nachbarn ...
- Was wollt ihr genau erreichen? Wie wollt ihr euer Ziel erreichen?
- Verwendet für sich sprechende Bilder oder Symbole.
- Formuliert einen eindeutigen Text, der andere dazu aufruft, mitzumachen.
- Erfindet passende Slogans mit einer verständlichen Botschaft.

Flyer
Handzettel, der für etwas wirbt:
– kurzer, ansprechender Text,
– evtl. passendes Bild,
– eingängiges Motto,
– wenige, auffällige Farben

Sprache

Ziel und Zweck kannst du mit verschiedenen sprachlichen Mitteln angeben:
- Nebensatz mit damit: Jeder kann etwas tun, damit es der Umwelt gut geht.
- Infinitivsatz mit um ... zu: Jeder kann etwas tun, um die Umwelt zu schützen.
  Vor den Nebensatz und dem Infinitivsatz steht immer ein Komma.
- Gebrauch der Präpositionen für oder zu: Jeder kann etwas für den Umweltschutz tun. Auch kleine Aktionen tragen zum Klimaschutz bei. Nominalisierungen mit für oder zu (für den Umweltschutz, zum Klimaschutz) kommen vor allem in der Schriftsprache vor, besonders in der Fachsprache.

➔ *Wozu? – Ziele und Zwecke angeben, S. 234*

Eigene Aktionen planen, appellierende Texte schreiben

Werkstatt
Sprechen und Zuhören

Eine Rollendiskussion führen

Zu vielen Themen und Streitpunkten gibt es unterschiedliche Meinungen und Einstellungen. Z. B. sind Schülerinnen und Schüler, Lehrerinnen und Lehrer, die Schulleitung oder der Hausmeister in vielen Fragen, die die Schule betreffen, unterschiedlicher Meinung und verfolgen andere Interessen.

In einer Rollendiskussion kann man sich mit den Standpunkten der Konfliktparteien vertraut machen und die Überzeugungskraft der Argumente und Beispiele erproben. Jeder Diskussionsteilnehmer übernimmt eine vorgegebene Rolle und versucht sie so gut wie möglich auszufüllen. Die eigene Meinung spielt dabei keine Rolle.

An vielen Schulen gibt es Unstimmigkeiten mit der Wärmeregulation in den Klassenräumen.
Häufig werden die Heizungen zentral gesteuert, sodass die Schülerinnen und Schüler beim Lernen oft schwitzen oder frieren.
Deshalb wollen viele von ihnen die Temperatur im Klassenraum selbst regulieren können. Lehrer, Schulleitung und Hausmeister sind da oft anderer Meinung …

1 Stimmt euch auf das Thema „Wärmeregulation im Klassenraum" ein:
- Wie ist euer Standpunkt in dieser Frage?
- Welche Argumente und Beispiele sprechen dafür oder dagegen?
- Erstellt in einer Probeabstimmung ein Meinungsbild: Wer ist dafür, wer dagegen?

Einen eigenen Standpunkt finden, Argumente und Beispiele sammeln

Unsere Umwelt

2 Bereitet euch auf die Rollendiskussion vor:

▶▶ Lest die Rollenkarten:

Schüler/in
- möchte die Temperatur aus dem Klassenzimmer steuern,
- merkt an, dass die Schülerinnen und Schüler oft schwitzen oder frieren,
- weist auf wechselhaftes Wetter besonders im Herbst und Frühling hin,
- nennt Vorteile der Selbststeuerung,
- ...

Lehrer/in
- möchte Regulatoren im Klassenraum,
- beklagt Störung des Unterrichts durch ständige Diskussion um das Fensteröffnen,
- benennt den Energiesparaspekt,
- ...

Schulleiter/in
- will eine sparsame Lösung,
- erkennt die Notwendigkeit des Handelns,
- will eine „Lösung für alle",
- ...

Hausmeister/in
- will die Heizung von einem zentralen Punkt in der Schule steuern,
- sieht die Gefahr, dass die Heizungen in den Pausen voll aufgedreht werden,
- will Verantwortung behalten,
- ...

Bürgermeister/in
- will die zentrale Regulierung der Heizung durch die Stadt,
- betont die Kostenfrage,
- zieht bisherige Erfahrungen heran,
- will keine baulichen Veränderungen,
- ...

Diskussionsleiter/in
- eröffnet die Diskussion mit der Darstellung des Problems,
- stellt die Diskussionsteilnehmer vor,
- achtet auf die Gesprächsregeln,
- erteilt das Wort,
- achtet auf die Zeit,
- fasst die Diskussion kurz zusammen

▶▶ Bildet zu jeder Rollenfigur eine Kleingruppe. Legt fest, wer aus eurer Gruppe an der Diskussion teilnehmen soll.

▶▶ Überlegt in den Gruppen,
- welchen Standpunkt eure Rollenfigur vertritt. Was will sie erreichen?
- wie eure Rollenfigur ihren Standpunkt begründet. Gestaltet die Argumente weiter aus und verdeutlicht sie durch passende Beispiele.
- Denkt euch auch in die anderen Rollenfiguren hinein: Welche Argumente und Beispiele könnten sie vortragen? Was kann man darauf entgegnen?

→ *Das Diskussionswerkzeug auf Seite 87 hilft euch dabei.*

Eine Rollendiskussion vorbereiten

Werkstatt Sprechen und Zuhören

» Legt die Beobachtungsaufgaben für die Zuhörer fest, z. B.:
– Werden die Diskussionsregeln eingehalten?
– Bringen die Gesprächsteilnehmer ihre Standpunkte wie geplant vor?
– Gehen die Diskutierenden auf die Argumente der anderen ein?
– Wie verhalten sie sich: respektvoll, unfair, emotional, sachlich ...?
– Welche Argumente und Beispiele haben funktioniert?
– Haben sich Standpunkte im Verlauf der Diskussion geändert? Warum wohl?

» Überlegt euch eine Sitzordnung für die Diskussion:

3 Führt die Rollendiskussion durch.

4 Sprecht anschließend über den Verlauf der Diskussion: Was haben die Zuhörer beobachtet?
Eine schnelle Rückmeldung erhaltet ihr, wenn die Zuhörer durch das Hochhalten farbiger Ampelkärtchen die Beobachtungsaufgaben bewerten: rot = trifft nicht zu, gelb = trifft manchmal zu, grün: trifft immer zu.
Über so ein erstes Stimmungsbild kommt ihr schnell ins Gespräch.

5 Bewertet das Ergebnis der Diskussion:
– Das Diskussionsziel war: ... Wurde es erreicht?
– Wie erging es den Diskussionsteilnehmern damit, den Standpunkt ihrer Rollenfigur zu vertreten?
– Hat sich das Meinungsbild in der Klasse durch die Diskussion verändert? Wiederholt dazu die Abstimmung zu der Streitfrage.

6 Bereitet eine Rollendiskussion zu einem anderen Umweltthema vor.

Eine Rollendiskussion führen und auswerten

Sprache

Es gibt viele Möglichkeiten, in einer Diskussion seinen Standpunkt zu äußern und zu begründen, eine gegenteilige Einschätzung zu äußern, das Rederecht zu erlangen usw. Hier sind ein paar solcher **Diskussionswerkzeuge** zusammengestellt.

Einen Standpunkt äußern und begründen	Ich bin der Meinung, dass …
	Uns gefällt die aktuelle Situation nicht, weil …
	Wir fordern …
	Wir hätten gern Mitspracherecht, weil …
	Ich halte es für wichtig, dass …
	Dazu möchte ich ein Beispiel bringen …
	Verdeutlichen möchte ich …
	Experten sagen dazu/warnen davor …
Rederecht erlangen und behalten	Dazu würde ich gern etwas sagen …
	Ich möchte an dieser Stelle anmerken, dass …
	Ich möchte das mal aus meiner Sicht darstellen …
	Ich habe die Erfahrung gemacht …
	Uns ist aufgefallen, dass …
	Bitte lass mich/lassen Sie mich ausreden …
Eine gegenteilige Einschätzung äußern	Da bin ich aber anderer Meinung …
	Für uns ist viel wichtiger, dass …
	Das ist mit Schwierigkeiten verbunden, denn …
	Bitte haben Sie Verständnis dafür, dass …
	Im Gegenteil, ich denke, dass …
	Wir möchten folgenden Gegenvorschlag machen …
Beiträge aufgreifen und bewerten	Dazu würde ich gern ergänzen, dass …
	Dabei muss auch bedacht werden, dass …
	In Bezug auf …
	Gerade weil …
	Ich halte diesen Gedanken für sinnvoll, weil …
	Wir wissen, dass …, aber …
	Ich fürchte, diese Überlegung muss überdacht werden, weil …

> **Tipp**
> *Ihr könnt die Diskussionswerkzeuge abändern und nach euren Bedürfnissen ergänzen …*

→ *Dass-Sätze: Ich behaupte, ich meine, ich hoffe …, S. 238/239*

Ein Blick in die Zukunft?

Saci Lloyd

Euer schönes Leben kotzt mich an!
Ein Umweltroman aus dem Jahr 2015

London, im Jahre 2015. Nach einer schweren Wetterkatastrophe in ganz Europa haben die Menschen mit der Klimaveränderung zu kämpfen. Die Regierung erlässt ein Gesetz, um den CO_2-Ausstoß zu reduzieren. Jeder Bürger muss von nun an mit seiner CO_2-Card für den gewohnten Luxus bezahlen. Urlaub auf Ibiza, ein gemütlich warmer Winterabend vor dem Fernseher, zum Tanzen in die Disko mit Lichteffekten, ein paar Eiswürfel im Drink – das war einmal. Stromausfälle, Wirbelstürme, Überschwemmungen gehören zur Tagesordnung. – Die 16-jährige Laura berichtet in ihrem Tagebuch, wie es plötzlich nur noch ums Überleben geht.

Samstag, 3. Januar

Dad wollte, dass wir uns heute Abend wieder alle zusammensetzen, um so ein grässliches Online-Formular der Regierung auszufüllen, mit dem festgestellt werden soll, wie viel CO_2 unsere Familie verbrauchen darf. Es ist schon krass. Im Prinzip stehen uns 200 Energiepunkte im Monat für Benzin, Heizung und Essen zur Verfügung. Bei allen anderen Sachen – wie Klamotten und technischen Geräten und Büchern – sind die Energiepunkte bereits enthalten. Wenn man z.B. einen PC aus China kaufen will, der mit schmutzigem fossilem Treibstoff gebaut wurde, dann kostet der eine ganze Menge mehr Euros – weil man die Energiekosten, die für seine Herstellung verbraucht wurden, mitbezahlen muss. Am Anfang gab es ein freies Handelssystem: Wenn man reich war, konnte man sich so viel Energie kaufen und so leben, wie man wollte – aber nach den Massenprotesten im letzten September hat die Regierung eingelenkt und die Vorschriften geändert, jetzt darf niemand mehr als 50 Extrapunkte im Monat kaufen.

Als wenn das nicht schon schlimm genug wäre, müssen Kim und ich jede Menge Punkte für die Familien-Energieration abgeben, sodass uns nur noch ein lächerlicher Betrag für Reisen, Schule und Ausgehen übrig bleibt ... Autofahrten sind stark eingeschränkt, PC, Fernseher, DVD- und CD-Player dürfen eigentlich nicht länger als zwei Stunden am Tag laufen, im Wohnzimmer wird die Heizung nicht höher als 16° C eingestellt, die übrigen Zimmer werden nur eine Stunde am Tag beheizt, man darf maximal fünf Minuten duschen und nur am Wochenende baden. Man muss entscheiden – Föhn, Toaster, Mikrowelle, Smartphone, Wasserfilter (für Mum) und Wasserkocher, Lampen, Personal Digital Assistant (PDA), e-pod, Kühlschrank, Tiefkühlschrank und und und ... Fliegen geht gar nicht und Shoppen und Verreisen sind auch nicht viel besser. Alles ist eine Frage der Priorität.

1 Laura scheint sich in der aktuellen Situation nicht wohlzufühlen.
 – Von welchen Einschränkungen im alltäglichen Leben berichtet sie?
 – In welchen anderen Bereichen müssen sie und ihre Mitmenschen sich vermutlich noch anpassen?

2 Laura berichtet in ihrem Tagebuch davon, dass jeder Bürger anhand einer CO_2-Card genau kontrolliert wird, wie viel Energie er verbraucht. Beschreibe, wie die CO_2-Card funktioniert.

3 Führt eine Diskussion über die Vor- und Nachteile einer solchen CO_2-Card.

4 Nimm schriftlich Stellung zu diesem Gesetz. Wie ist deine Meinung dazu?

Ideen und Anregungen

→ Eine **Müllausstellung** kann darüber informieren, wie viel Müll pro Tag eine Klasse/eine Schule produziert. Wo kann Müll eingespart werden?

→ Gestaltet aus alten Obstkisten informative **Schaukästen,** in denen ihr Umweltsünden vorstellt und für Alternativen werbt. Ihr könnt dazu auch Karikaturen sammeln oder selbst welche erstellen.

→ Gründet eine **Energie-AG** oder einen **Klima-Club,** um langfristig ein „energiebewusstes" Schulleben zu unterstützen.

→ Entwickelt **Checklisten** zum Einkaufsverhalten oder zum Energieverbrauch und verteilt sie in der Schule, bei Freunden in der Familie, um auf „Energiefresser" aufmerksam zu machen.

→ Beteiligt euch an einem **Aktionstag** der Schule (z. B. Müllvermeidung, Energiesparen), um möglichst viele Leute mit euren Ideen zu erreichen.

Fragen beantworten, diskutieren, schriftlich Stellung nehmen

Überprüfe dein Wissen und Können

Nahrungskilometer

Die Entfernung, die ein Nahrungsmittel zurücklegt, bis es verzehrt wird, wird in Nahrungskilometern gemessen. Transporte für Lebensmittel verursachen den Ausstoß von Kohlendioxid (CO_2) und tragen zur Klimaerwärmung bei.

Zu den Nahrungskilometern zählt die Entfernung vom Anbau des Lebensmittels über die Station der Verarbeitung und Verpackung bis hin zur Lieferung an das Geschäft und von dort zum Verbraucher. Oft reist ein Nahrungsmittel von einem Land zum anderen, manche legen aber auch innerhalb eines Landes lange Strecken zurück. Frische Ware wird aus aller Welt importiert. Fertiggerichte enthalten oft Zutaten aus unterschiedlichen Ländern.

In Deutschland wird ungefähr die Hälfte aller Obst- und Gemüsesorten, die wir essen, aus anderen Ländern importiert. Dass unser Essen immer mehr Nahrungskilometer zurücklegt, liegt daran, dass die meisten lieber in einem großen Supermarkt einkaufen als in vielen verschiedenen Geschäften. Und für Supermärkte ist es am praktischsten, wenn sie ihre Ware aus einem zentralen Verpackungslager erhalten. Es kann also passieren, dass eine Kartoffel viele Kilometer reisen muss, um verpackt zu werden, und dann wieder in die Nähe ihres Ursprungsortes zurückkehrt, um verkauft zu werden. Natürlich kostet das alles Geld und wird auf den Preis, den du für diese Kartoffel bezahlst, draufgeschlagen.

Aber nicht nur Supermärkte sind für die Nahrungskilometer verantwortlich, sondern auch der Kunde selbst, der die Waren nach Hause trägt. (...)

Es gibt viele wichtige Gründe, warum wir die Nahrungskilometer reduzieren sollten. Ein wichtiger Grund ist der Kohlendioxidausstoß, den jeder Transport verursacht. Ein anderer gesundheitlicher Aspekt: Je länger Nahrungsmittel transportiert werden, umso weniger frisch sind sie. Sie verlieren Vitamine und Nährstoffe. Wer bewusst darauf achtet, saisonale Produkte zu kaufen, die möglichst in der Region angebaut werden, kann viele Nahrungskilometer einsparen und damit seinen ökologischen Fußabdruck verkleinern.

Unsere Umwelt

1. Erkläre anhand des Textes, was „Nahrungskilometer" sind. — *Einen Sachtext untersuchen*

2. Viele Lebensmittel haben einen langen Weg hinter sich, bevor sie bei uns im Einkaufskorb landen. Welche Gründe werden dafür im Text genannt?

3. Welche Fragen wirft der Text auf? Informiere dich selbstständig, um Unsicherheiten, die sich beim Lesen ergeben haben, für dich zu klären.

4. Am Ende des Textes wird der Begriff „ökologischer Fußabdruck" genannt.
   – Erkläre aus dem Textzusammenhang, was damit gemeint ist.
   – Informiere dich anschließend genauer darüber, was dieser Begriff bedeutet. Nutze für deine Recherche das Internet oder befrage einen Experten.

5. Schreibe deine Meinung dazu auf, dass Lebensmittel häufig so viele Reisekilometer hinter sich haben, und begründe sie. — *Schriftlich Stellung nehmen*

6. Überlege, wie wir unser Einkaufsverhalten verändern müssten, um Nahrungskilometer einzusparen.
   Diese Fragen helfen dir dabei:
   – Welche Nahrungsmittel werden gern und oft gegessen?
   – Wo werden diese Nahrungsmittel produziert?
   – Wo kann man die Nahrungsmittel einkaufen?
   – Wie sind sie verpackt?

7. Führt eine Rollendiskussion zum Einkaufsverhalten im Zusammenhang mit unnötiger Verpackung und „Nahrungskilometern". — *Eine Rollendiskussion führen*
   – Formuliert verschiedene Standpunkte auf Rollenkarten.
   – Stützt die verschiedenen Positionen mit passenden Argumenten.
   – Verteilt die Rollen, die Gesprächsführung und benennt Beobachter.
   – Bewertet anschließend den Verlauf und das Ergebnis der Diskussion.

8. Entwirf ein Plakat, einen Flyer, einen Button oder ein Flugblatt, mit dem du dazu aufrufst, über das eigene Einkaufsverhalten nachzudenken. — *Appellieren*

Gewalt? – Es geht auch anders!

Friedliches Zusammenleben ist nicht einfach und nicht selbstverständlich. Die vielen Gesichter der Gewalt, von „Anmache" bis „Zerstörung", begegnen euch fast überall. In diesem Kapitel setzt ihr euch mit alltäglichen Situationen auseinander, in denen Gewalt vorkommt. In Texten, Aufgaben und Bildern erhaltet ihr Anregungen, wie ihr auf Gewalt reagieren und vielleicht sogar ohne sie auskommen könnt.

Ihr lernt,
- euch selbst und andere über Ereignisse zu informieren,
- was einen Bericht ausmacht und wie er aufgebaut ist,
- dass es verschiedene Möglichkeiten gibt, Berichte zu schreiben,
- nach Bildern über Ereignisse zu berichten,
- einen Bericht zu überarbeiten.

1. Auf diesen beiden Seiten siehst du die Bilder des amerikanischen Künstlers Keith Haring. Gib ihnen passende Titel.

2. Wähle eines der Bilder aus und übertrage es auf ein Blatt Papier. Schreibe in die Umrisse, wie die Figuren sich fühlen könnten.

3. Zeichne wie Keith Haring ein neues Bild zum Thema „Gewalt? – Es geht auch anders!".

4. Informiere dich über den Künstler Keith Haring (1958–1990). Stelle deine Ergebnisse deinen Mitschülerinnen und Mitschülern vor.

Gewalt hat viele Gesichter

Renate Welsh
Sonst bist du dran!

Aus der Nachbarkabine tönte ein Schrei und dann ein Geräusch wie Gurgeln, ein scheußliches Geräusch. Michel zerrte am Reißverschluss seiner Hose, sein Hemd war eingezwickt. Er zog den Pullover so weit hinunter wie möglich und öffnete die Tür.

Da standen fünf oder sechs Jungen aus seiner Klasse, johlten und grölten, Rücken an Rücken dicht gedrängt. Plötzlich aber öffnete sich ein Spalt und Michel sah Arnold über die Klomuschel gebeugt, von Bertram und Klaus an beiden Schultern festgehalten. Wo war sein Kopf? Der steckte in der Muschel! Von dort kam das Gurgeln und Keuchen.

Michel hatte den Mund voller Spucke. Aufhören!, wollte er schreien, aber er wusste nicht, wohin mit der vielen Spucke, schlucken konnte er nicht, ausspucken noch weniger.

„Achtung!", schrie einer.

Bertram und Klaus ließen Arnold los, knallten die Tür vor ihm zu, die anderen standen da, als warteten sie brav darauf, dass eine Kabine frei würde.

„Was ist hier los?", fragte der Lehrer.

Niemand antwortete.

Der Lehrer musterte die Jungen, wandte sich an Michel. „Was ist los?", wiederholte er.

Michel zuckte mit den Schultern.

„Reden kannst du nicht?"

Er konnte wirklich nicht reden. Da war die Spucke, da waren vor allem die Blicke, die er nicht sah, aber spürte, eine sehr deutliche Drohung.

Und warum sollte er reden, wenn Arnold hinter der Tür schwieg, nicht schrie, nicht weinte, nicht an die Tür klopfte?

Der Lehrer schüttelte den Kopf. „Wer fertig ist, geht raus. Das ist kein Aufenthaltsraum."

Bertram packte Michel am Arm.

„Wehe, du sagst ein Wort."

Michel nickte. Er wollte nur weg. Warum war er nicht gegangen, als der Lehrer noch da war?

Es läutete.

Einen Text erschließen

Gewalt? – Es geht auch anders!

Bertram und die anderen liefen hinaus, Michel wusch sich die Hände so gründlich, als stünde seine Mutter hinter ihm. Jetzt endlich konnte er ausspucken, einmal, zweimal. Hörte er leises Weinen hinter der geschlossenen Tür?

1 Was geht dir nach dem ersten Lesen des Textes durch den Kopf? Notiere deine Gedanken und tausche dich mit einem Partner aus. Ihr könnt auch in der Klasse darüber sprechen.

2 Lies den Text noch einmal und unterstreiche, was über Arnold gesagt wird (Folientechnik).

3 Wie hättest du dich an Arnolds Stelle verhalten?

So könnte Arnolds Tag weiter verlaufen sein:

„Wie war's in der Schule?", wollte seine Mutter wissen.
„Nicht besonders. Jede Menge Hausaufgaben", brummte er und verzog sich in sein Zimmer.
Er nahm sein Tagebuch aus dem Regal, setzte sich an seinen Lieblingsplatz am Fenster und begann zu schreiben …

4 Lest die beiden Tagebuchtexte, die Schülerinnen und Schüler aus Arnolds Sicht geschrieben haben. Überlegt, wie ihr einen Tagebucheintrag machen würdet:

---

16. 09.

Heute hatten die es mal wieder auf mich abgesehen.
Toilettenaufsicht – was soll das eigentlich?
Und dann noch die Mathearbeit – voll daneben.
Keine Lust auf Mittagessen.
Fußballtraining in der Halle.
Wegen Regen.

Montag, 16. September

Heute war es wieder ganz schlimm in der Schule.
Warum haben die es immer auf mich abgesehen?
Immer nur auf mich???
Kein Wort hab ich rausgekriegt, als der Lehrer in die Toilette kam. Mein Hals war wie zugeschnürt.
Ob das ein Denkzettel sein sollte, weil ich das Tor durchgelassen habe? Aber der Ball war doch gar nicht zu halten! Für Bertram garantiert auch nicht!
Und „Pickelface" und „Loser" hat Heike mir hinterhergerufen.
Kann ich das Mama überhaupt erzählen?
Wahrscheinlich sagt sie dann doch nur wieder …

Ereignisse und Empfindungen wahrnehmen und wiedergeben

5 Michel wird Zeuge, wie einige Klassenkameraden Arnold auflauern und ihn fertigmachen. Aber Michel hilft Arnold nicht.
Warum verhält er sich wohl so?
Unterstreiche die Textstellen, die Michels Verhalten erklären.

6 Was könnte Michel in sein Tagebuch schreiben? Schreibe einen Tagebucheintrag aus Michels Sicht. So kannst du beginnen:

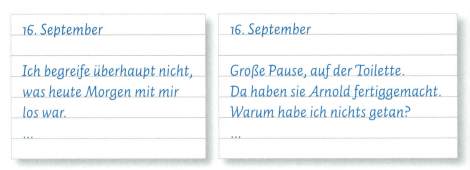

16. September	16. September
Ich begreife überhaupt nicht, was heute Morgen mit mir los war. …	Große Pause, auf der Toilette. Da haben sie Arnold fertiggemacht. Warum habe ich nichts getan? …

7 Setzt euch zu zweit oder in kleinen Gruppen zusammen und lest euch die Tagebuchtexte gegenseitig vor.
 – Achtet einmal darauf, wie unterschiedlich ihr das gemacht habt.
 – Wählt einen Text aus, der in der Klasse vorgestellt wird.

8 Michel entschließt sich, den Schulleiter, Herrn Braun, zu informieren, was er auf der Schultoilette beobachtet hat. Michel notiert sich, was er Herrn Braun berichten muss, damit er sich ein Bild von den Vorfällen machen kann.
 – Schreibe auf, was Michel notieren sollte. Lies dazu noch einmal den Text.
 – Lege fest, in welcher Reihenfolge Michel seinem Schulleiter berichten soll. Ordne deine Notizen und nummeriere sie.

9 Führt das Gespräch zwischen Herrn Braun und Michel als Rollenspiel durch.

→ Vielleicht schreiben einige von euch auch Tagebuch.
Probiere doch auch einmal, etwas aufzuschreiben,
 – wenn du wütend bist,
 – wenn du enttäuscht bist,
 – wenn du Angst hast oder
 – wenn du dich gefreut hast.

Gewalt? – Es geht auch anders!

Mädchen und Jungen haben aufgeschrieben, wie sie ausgelacht und bedroht wurden oder selbst andere schikaniert haben:

Meine Schwester stottert. Als wir sie ausgelacht haben, stotterte sie noch mehr.

Zwei Mädchen haben in der Pause absichtlich auf meinen neuen Schuhen rumgetrampelt. Die sind jetzt ganz zerkratzt, und ich kriege Ärger zu Hause.

Fabian ist mein bester Freund. Trotzdem habe ich groß an die Tafel geschrieben: Jenny knutscht mit Fabian.

Sie haben mich aus unserer Clique ausgestoßen, nur weil ich im Kaufhaus den Lippenstift nicht klauen wollte.

Niko muss sich mit Zigaretten freikaufen. Für jeden Fehlpass eine Packung.

Neben meinem Foto im Internet stand: „Mandy ist die größte Schlampe der Schule." Ich habe mich so geschämt!

10 Schreibt auf, was ihr erlebt oder beobachtet habt.

11 Wertet eure Ergebnisse aus:
- Welche Formen von Gewalt und Aggression habt ihr erlebt?
- Verhalten sich Jungen anders als Mädchen?
- Sprecht über die Rolle von Täter, Opfer und Zuschauer.

Über Formen von Gewalt nachdenken

Einmischen oder raushalten?

1 Der folgende spannende Text eignet sich gut zum Vorlesen.
Ihr könnt ihn euch von eurer Lehrerin oder eurem Lehrer vorlesen lassen. Ihr könnt ihn aber auch selbst zum Vorlesen vorbereiten: Jeder sucht sich eine Textstelle aus, die er vorlesen möchte. Dazu muss er den anderen sagen, was vorher passiert ist und wie es weitergeht. Und er muss der Textstelle, die er liest, eine Überschrift geben.

Wolfgang Bittner
Der Überfall

Herr Berner
– Deutschlehrer

Dennis Krummholz
– der neue Schüler
– dünn, Brille …

Andy (Andreas)
– …

Ein Neuer – Herr Berner kam mit ihm morgens in die Klasse und sagte, er heiße Dennis Krummholz. Komischer Name. Natürlich lachten einige, besonders laut Beppo, der eigentlich Franz-Josef Zitzelsperger hieß.
Der Neue stand da wie bestellt und nicht abgeholt. Ein ziemlich dürres Gerippe, fand Andy. Brille, hohe Denkerstirn, er wirkte ungeschickt. Ein Hänfling. Aber er trug teure Jeans, Markenturnschuhe und eine irre Armbanduhr. Seine Alten scheinen Kohle zu haben, dachte Andy. Er schob den Comic, in dem er gelesen hatte, unter die Bank, als der Lehrer auf den freien Platz neben ihm zeigte. Das war Heriberts Platz gewesen, bis er dem eins aufs Auge gegeben hatte.
„Du kannst dich neben Andy setzen", sagte der Lehrer dem Neuen und fügte noch hinzu: „Vertragt euch gut." Dann zog er einen Stapel Diktathefte aus seiner Tasche und begann sie zu verteilen.
Vielleicht war ja mit dem Typen mehr los, dachte Andy. Heribert hatte ihn nur abschreiben lassen, wenn er zahlte. Der saß jetzt ganz hinten und pflegte sein blaues Auge. Dieser Klugscheißer. Zehn Euro für so ein saublödes Diktat hatte er haben wollen …
„Andreas, du träumst wohl schon wieder", riss ihn die Stimme des Lehrers aus seinen Gedanken. Er nahm das Diktatheft in Empfang und schlug es auf. Eine Sechs. Rasch klappte er das Heft wieder zu. Ob der Neue etwas gesehen hatte? Und wenn schon.
„Die Diktate sind ziemlich schlecht ausgefallen", sagte Herr Berner. „Einigen macht die Interpunktion immer noch Schwierigkeiten, obwohl wir uns doch wirklich lange genug damit beschäftigt haben. Ich will mit euch heute noch einmal …"

Andy zog den Comic unter der Bank hervor und begann weiterzulesen. Jaros musste mit seinem Raumschiff auf dem Dschungelplaneten notlanden. Jetzt wurden er und seine Mannschaft von den Monsteraffen angegriffen. Sie flüchteten, aber alle wurden getötet; bis auf Jaros, der durch den Fluss schwamm und sich vom anderen Ufer mit einer Laserpistole verteidigte.

Es klingelte zur Pause. Gerade in dem Moment, wo Lea, die Dschungelkönigin, auftauchte und es so richtig spannend wurde. Er nahm auf dem Flur die Jacke vom Haken und zog sie im Hinausgehen über. Als er zu seinem Platz am Zaun schlendern wollte, sprach ihn der Neue an: „Ich hab gesehen, dass du Andreas heißt."

Also Dennis Krummholz. Er trug eine schöne Wildlederjacke, na klar. Vielleicht ist er doch nicht so verklemmt, dachte Andy und musterte ihn unauffällig. „Du kannst ruhig Andy sagen", erwiderte er.

Der Neue kam ihm an den Zaun nach, offensichtlich suchte er Anschluss. Andy wollte sich abwenden. Doch in demselben Moment wurde ihm bewusst, wie albern er sich verhielt. „Seid ihr umgezogen?", fragte er, mehr aus Verlegenheit als aus Interesse.

Der Neue schien zu überlegen. Dann antwortete er: „Ne, ich musste die Schule wechseln. Hab mächtig Ärger mit einem Pauker gehabt." Und als Andy ihn überrascht anblickte, setzte er hinzu: „Der hackte ständig auf mir herum. Er hatte einen hübschen roten Fiesta – musste neu lackiert werden."

Andy ließ sich seine Verblüffung nicht anmerken. „Sie haben dich geschnappt?", fragte er.

Der Neue nickte und zog einen Schokoriegel aus der Jackentasche. „Mann, das kommt teuer", sagte Andy. Der Neue zuckte mit den Achseln und zog noch einen Schokoriegel aus der Tasche. „Willst du?", fragte er.

Aus dem Augenwinkel sah Andy, wie Boxer und Stulle herankamen, als könnten sie kein Wässerchen trüben. Sie gingen auf eine andere Schule, die gleich nebenan war. Er kannte sie ganz gut und auch ihre Tricks, denn sie hatten schon mehrmals Zoff gehabt. Die beiden wohnten in derselben Gegend wie er, ein paar Häuser weiter. Bevor sie zugreifen konnten, nahm er den Schokoriegel und riss das Papier auf.

„Eh, du Pinkel!", wandte sich Boxer an den Neuen. Er deutete auf dessen Schokoriegel: „Schön, dass du uns was mitgebracht hast." Stulle stellte sich auf die andere Seite und forderte: „Lass mal rüberkommen, aber plötzlich!"

Der Neue blickte die beiden unsicher an und entgegnete: „Was ist los?"

Aber Andy schob sich kauend dazwischen. „Verpisst euch", sagte er eher beiläufig. So, als sei das ganz selbstverständlich. Er ging davon aus, dass sich die beiden auf dem fremden Schulhof, noch dazu unter den Augen der Auf-

sicht, nicht auf eine Schlägerei einlassen würden. Außerdem rechnete er damit, dass ihm der Neue notfalls beispringen würde. Und mit einem von diesen Gangstern traute er sich schon, fertig zu werden.

Die beiden mochten sich wohl keine Blöße geben, zumal einige andere Schüler inzwischen aufmerksam geworden waren. Sie tänzelten um Andy herum, machten Faxen und versuchten ihn zu schubsen. Bis er mit dem Rücken zum Zaun in Abwehrstellung ging. Da machten sie, dass sie weiterkamen. Ein Papierknäuel vor sich herkickend, liefen sie über den Schulhof, um sich ein anderes Opfer zu suchen.

Nach der letzten Stunde holte Andy sein Fahrrad aus dem Unterstand und traf dabei Yezida, die in die Parallelklasse ging. „Hallo, Andy!", begrüßte sie ihn. Es schien ihm fast so, als ob sie auf ihn gewartet hätte. Darüber freute er sich, obwohl er im ersten Moment nicht recht wusste, was er sagen sollte. Das war ihm peinlich. Schließlich brachte er etwas mühsam heraus: „Tolles Wetter!"

„Ja", erwiderte sie. „Heute Morgen sah es noch nicht danach aus. Eigentlich könnte man nachher baden gehen."

Ob das eine Aufforderung war? Sie trafen sich manchmal morgens oder mittags auf dem Schulweg, sahen sich natürlich auch während der Pausen, aber mehr aus der Entfernung. Immer hatte er Probleme, sich mit ihr zu unterhalten. Ihm fiel einfach nichts ein – Blackout. Dabei mochte er Yezida. Es war wie verhext.

Sie wohnte in demselben Viertel wie er, und sie fuhren zusammen nach Hause. Gerade bogen sie um eine Straßenecke, da sahen sie vor sich Boxer und Stulle. Die beiden bearbeiteten einen Jungen, der hingefallen war und die Arme schützend über den Kopf hielt, mit Fäusten und Füßen. Ihre Fahrräder, und noch ein drittes, lagen auf der Erde. Jetzt zerrte Boxer an der Lederjacke des Jungen, während Stulle ihm die Schuhe auszog. Verzweifelt schlug ihr Opfer um sich. Da erkannte Andy den Neuen, Dennis Krummholz; er strampelte mit den Beinen und schrie: „Was wollt ihr von mir? Lasst mich los, ihr Schweine!" Nachdem er noch einige weitere harte Schläge abbekommen hatte, hörte er schließlich auf, sich zu wehren.

Andy sprang vom Rad und lehnte es an einen Baum. Auch Yezida war abgestiegen. „Halt dich lieber heraus!", rief sie ihm zu, und einen Moment zögerte er. Aber dann kam die Wut in ihm hoch. Ohne weiter zu überlegen, lief er auf die beiden Schläger zu und rief: „Ihr spinnt wohl, ihr Banditen! Haut bloß ab!" Er gab Boxer einen kräftigen Stoß, riss Stulle die Turnschuhe aus der Hand und wandte sich Dennis zu, um ihm auf die Beine zu helfen; da hatten sich die beiden anderen von ihrer Überraschung erholt. Boxer sprang

Gewalt? – Es geht auch anders!

ihn von hinten an, und Stulle gab ihm blitzschnell einen Schlag ins Gesicht. Damit hatte er nicht gerechnet. Er wehrte sich, so gut er konnte. Doch es war aussichtslos, er kam gegen die beiden nicht an. Während er um sich schlug, spürte er das Blut, das ihm aus der Nase und in den Mund lief. Ein trockenes Weinen saß ihm auf einmal in der Kehle, er sah überhaupt nichts mehr. Dreckskerle!, dachte er. Sie überfallen einen am helllichten Tag mitten auf der Straße. Zuschlagen, treten, diese Saubande umbringen. Er würde sich ein Maschinengewehr besorgen und sie umnieten.

Plötzlich merkte er, wie Boxer, der ihn im Schwitzkasten und schon auf dem Boden hatte, auf einmal losließ. Zugleich hörte er es klatschen und hörte Yezida schreien: „Verschwindet, ihr Schufte!" Außerdem vernahm er noch eine Stimme, die kannte er ebenfalls. Es war Beppo, Franz-Josef Zitzelsperger. „Feierabend!", brüllte Beppo. „Finito, sag ich!"

Einen Moment brauchte Andy, um seine Erschöpfung zu überwinden. Dann sprang er auf, trat Boxer vor das Schienbein und stieß Stulle die Faust in den Magen. „Verbrecher!", schrie er mit überschnappender Stimme. „Macht jetzt, dass ihr fortkommt!"

Die beiden griffen sich ihre Räder, sprangen auf die Sättel und verschwanden in einer Seitenstraße. „So ein Lumpenpack", stöhnte Andy. Er betastete seine Nase.

Dennis kroch am Boden herum und suchte seine Brille. Sie war zum Glück heil geblieben. Nachdem er sie aufgesetzt hatte, schien er allmählich wieder zu sich zu finden. Als Beppo ihm die Turnschuhe reichte, begann er sie im Zeitlupentempo anzuziehen. Dabei drehte er sich etwas zur Seite, damit Beppo nicht sah, dass er geheult hatte.

Auch Andy fuhr sich mit dem Taschentuch, das Yezida ihm gab, möglichst unauffällig über die Augen. Yezida sah ganz blass aus. „So ein Gesindel", sagte sie schwer atmend. „Das ist ja wie im Krieg." Und so leise, dass es die andern nicht verstehen konnten, fügte sie hinzu: „Tut mir leid, dass ich dich zurückhalten wollte. Ich hatte solche Angst."

Andy hätte sie am liebsten umarmt, aber seine Nase blutete immer noch ein bisschen. „Das ist schon okay", erwiderte er. Dann fiel ihm noch etwas ein. „Hast du Lust", fragte er, „heute Nachmittag schwimmen zu gehen?" „Gern", antwortete sie. „Wir können uns um drei vor dem Eingang des Schwimmbads treffen."

Sie nahmen ihre Fahrräder. „Danke", schnaufte Dennis. „Wenn ihr nicht gekommen wärt ..."

„Schon gut", unterbrach ihn Beppo. „War doch selbstverständlich."

Beim Textvortrag konzentriert zuhören

1 Welchen Eindruck gewinnst du von Andy am Anfang des Textes? Und wie denkst du über ihn, nachdem du zu Ende gelesen hast?

2 Eine längere Geschichte kannst du besser wiedergeben, wenn du dir Notizen zu den Figuren machst, die vorkommen:
- Wie heißen die Figuren?
- Was erfährst du von ihnen? Wie werden sie beschrieben?
- In welcher Beziehung stehen die Figuren zueinander? Sind sie befreundet, mögen sie sich nicht ...?

Lies den ganzen Text noch einmal aufmerksam durch und mache dir stichwortartige Notizen zu den Figuren (vgl. S. 98). Du kannst die Beziehungen der Figuren auch in einer Skizze darstellen.

3 Yezida will Andy davon abhalten, sich einzumischen. Später greift sie selber ein. Nenne für beide Verhaltensweisen Gründe.

 Sprache

In der deutschen Sprache gibt es viele **Verben mit Vorsilben** (Präfixe), z. B. zu schreiben: abschreiben, zu schlagen: aufschlagen, zu kommen: weiterkommen.

Durch die Präfixe lassen sich also neue Verben bilden, die auch neue Bedeutungen haben, zu fallen z. B.:
hinfallen: Er ist mit dem Rad hingefallen.
ausfallen: Das Diktat ist schlecht ausgefallen.
einfallen: Ist dir nichts Besseres eingefallen?

Achte darauf: Es gibt Präfixe, die trennbar sind, andere dagegen nicht:
Er kommt am Bahnhof an (trennbar).
Der Dieb entkommt der Polizei (untrennbar).
Durch die Klangprobe kannst du hören, ob ein Verb trennbar ist oder nicht. Wenn das Präfix betont wird (ankommen), ist es trennbar, wenn es nicht betont wird (entkommen), ist es nicht trennbar.

Wichtige untrennbare Präfixe: be-, ent-, ver-, zer-.

Wichtige trennbare Präfixe: ab-, auf-, aus-, ein-, mit-, nach-, unter-, vor-, weiter-.

Gewalt? – Es geht auch anders!

Am nächsten Morgen wollen **Dennis** und seine Eltern den Überfall bei der Polizei anzeigen. Dennis weiß, dass ein Bericht über den Vorfall aufgenommen wird. Als Erinnerungsstütze notiert er sich Stichpunkte:

gewehrt, geschrien	Flucht auf ihren Rädern
3 Räder auf der Erde	A., Be. und Y. um die Ecke
an meiner Lederjacke gerissen	gekommen
keine Schokoriegel verteilt	Brille heil – Glück gehabt!
Fausthiebe u. Fußtritte	Andy gegen Bo. und St.:
Schuhe aus	Tritt vors Schienbein,
geheult	Schlag in den Magen

4 Woran erkennst du, dass der Stichpunktzettel von Dennis sein muss?

5 Welche Informationen auf Dennis' Stichwortzettel sind für die Polizei wichtig? Welche Angaben können wegfallen? Muss etwas ergänzt werden? Schreibe alle wichtigen Informationen auf.

6 Überlege, in welcher Reihenfolge Dennis der Polizei von dem Überfall berichten soll. Ordne deine Stichpunkte und nummeriere sie.

→ In der Werkstatt Schreiben (S. 106/107) lernst du, worauf du beim Schreiben eines Berichtes achten musst.

7 Jetzt schreibe einen Bericht über den Hergang des Überfalls:
Am 23. September verließ ich um 13.20 Uhr das Schulgebäude …

Andy könnte als Zeuge und Beteiligter aus seiner Sicht etwa so berichten:

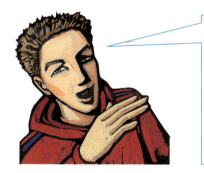

Also, Yezida und ich sind so nebeneinanderher gefahren. Mit dem Rad. Und dann haben wir plötzlich gesehen, was da los war: Dennis am Boden, und Boxer und Stulle immer voll drauf. Stulle mit den Schuhen vom Dennis in der Hand. Boxer hab ich erst mal weggeschubst und dann hab ich Stulle die Schuhe aus der Hand gerissen. Da sind die beiden natürlich auf mich losgegangen. Wenn Yezida und der Beppo mir nicht geholfen hätten - übel!

8 Sprich mit einem Partner über Andys Bericht: Ist er vollständig oder muss etwas ergänzt werden? Lest dazu noch einmal den letzten Teil der Geschichte „Der Überfall" ab S. 100, Z. 97.

Über Ereignisse vollständig und strukturiert berichten

→ *Aus dem Lexikon der Jugendsprache, S. 226/227*

Auf Schulweg verprügelt

Gestern am frühen Nachmittag wurde ein 16-Jähriger auf dem Schulweg von zwei Gleichaltrigen überfallen. Hinter der Antoniuskirche hatten die beiden Jungen Dennis K. aufgelauert. Sie zerrten ihn vom Fahrrad und prügelten zu zweit auf ihr am Boden liegendes Opfer ein. Nur durch das mutige Eingreifen von drei Mitschülern ließen die Angreifer von dem Jungen ab und entfernten sich auf ihren Rädern. Bis auf leichte Schürfwunden blieb Dennis K. unverletzt.

9 Vergleicht Andys Bericht mit der Zeitungsmeldung: Andy berichtet mündlich. Woran kann man das merken?
Achtet auf Ausdrucksweise, Satzbau und Zeitformen.

10 Der Schulleiter von **Boxer und Stulle** fordert die beiden auf, sich zu dem Vorfall zu äußern. Schreibe den Bericht aus ihrer Sicht.

11 **Yezida** war Augenzeugin des Überfalls. Sie ist empört über das Verhalten von Boxer und Stulle. Das merkt man dem Bericht, den sie von den Ereignissen gibt, auch an. Schreibe ihren Bericht. Sieh dir dazu den Merkkasten in der Werkstatt Schreiben an (S. 106).

Das konnte Yezida als Zeugin des Überfalls beobachten:
– *drei Räder lagen auf der Erde*
– *Boxer und Stulle boxten und traten Dennis ...*

Gefühle und Gedanken, die Yezida aufschreiben könnte:
– *Ich hatte Angst um Andy.*
– *Erst wollte ich ihn davon abhalten, einzugreifen ...*

 Rechtschreibung – kurz nachgedacht

Groß- und Kleinschreibung

heute, gestern, ...
heute Morgen, gestern Abend ...
am nächsten Morgen, am frühen Nachmittag ...
Wann schreibt man Zeitangaben groß, wann klein?
Finde eine Antwort. Führe ein Rechtschreibgespräch. → Seite 265
Setze die Zeitangaben mit ähnlichen Beispielen fort.

Ohne Gewalt auskommen

Hans Manz
Lustprinzip

Ein glücklicher Mensch sagte:
Hatte immer Lust –
Lust auf Neugier,
Lust auf Zärtlichkeit,
5 Lust auf Gelächter.
Vor lauter
Fantasielust,
Tanzlust,
Arbeitslust
10 verlor ich
die Lust am Zerstören.
Hatte immer viele Freuden:
Freude am Wind,
Freude am Träumen,
15 Freude an allen
Farben und Formen der Welt.
Vor lauter
Lesefreuden,
Essfreuden,
20 Freundschaftsfreuden
blieb nichts mehr übrig
für die Freude an der Gewalt.

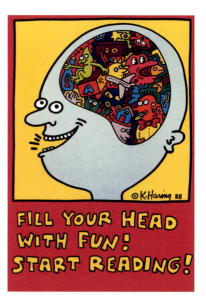

1 Lustprinzip heißt, dass man Lust und Freude an allem Möglichen haben kann. Was sagt der Text dazu? Schreibe heraus:
Ein Mensch freute sich an … Er war gern … … machte ihm Spaß.

2 Haben glückliche Menschen Lust am Zerstören und Freude an Gewalt? Welche Aussage macht das Gedicht dazu? Was haltet ihr von dieser Aussage?

3 Welche Verbindung seht ihr zwischen dem Text von Hans Manz und dem Bild von Keith Haring?

4 Schreibe ein Parallelgedicht über das, was dir Spaß macht. Die beiden Zeilen am Anfang, in der Mitte und am Schluss des Gedichts sollen erhalten bleiben. Wähle für dein Gedicht eine passende Überschrift.

→ Übertragt eure Texte oder das Gedicht von Hans Manz auf Plakatkarton und hängt es anschließend im Klassenraum auf.
Denkt vor der Textgestaltung über die Wahl des Papiers, der Stifte, der Schrifttypen und der Farben nach.

Werkstatt
Schreiben

Über Ereignisse berichten

Beim **Berichten** informierst du möglichst genau über ein Ereignis. Es wird sachlich und in der richtigen Reihenfolge wiedergegeben, was wirklich passiert ist. Die Zuhörer oder Leser erfahren,
- **wann** und **wo** sich etwas ereignet hat,
- **was** geschehen ist und **wer** beteiligt war,
- **wie** es sich zugetragen hat,
- **warum** es passiert ist und
- **welche Folgen** das Ereignis hatte.

Man verwendet in der Regel das Präteritum und vermeidet Meinungen und Wertungen. Deshalb solltest du auf Spannungsmacher (und plötzlich ..., auf einmal ...) und Andeutungen (wahrscheinlich, möglicherweise, ich denke, vermute, meine) verzichten.

Trotzdem gibt es zu einem Ereignis verschiedene Darstellungen. Das liegt daran, dass Personen einen Sachverhalt unterschiedlich wahrnehmen oder mit ihrem Bericht unterschiedliche Ziele verfolgen.

Den Text planen

1 Sieh dir die Bildfolge auf S. 107 oben genau an und mache dir klar, was passiert ist.
- Schreibe dir zu jedem Bild Notizen auf.
- Vergleicht eure Notizen und überlegt, ob ihr alles Wichtige genannt habt. Die W-Fragen helfen euch dabei.
- Liste als Schreibplan stichpunktartig die wichtigen Informationen auf.

Einen Schreibplan für einen Bericht erstellen

Gewalt? – Es geht auch anders!

Den Text entwerfen

2 Verfasse nun für die Schülerzeitung einen Bericht über das Ereignis. Beachte dabei die einzelnen Punkte aus dem Merkkasten.
- Du kannst am Anfang in einem Satz wiedergeben, wann und wo sich das Ereignis zugetragen hat.
- Anschließend schreibst du genau auf, was im Einzelnen passiert ist.
- Zum Schluss kannst du Auswirkungen oder Folgen darstellen.

Den Text überarbeiten

3 Sieh dir Leons Textentwurf an:
- Ist der Bericht vollständig? Sind alle W-Fragen beantwortet?
- Ist der Text sinnvoll aufgebaut?
- Steht der Bericht im Präteritum?
- Enthält der Text unpassende Spannungsmacher oder Andeutungen?
- Gibt es Rechtschreibfehler?

> **Tipp**
> *Ihr könnt beim Überarbeiten auch Expertengruppen bilden, die Texte nur nach einem Merkmal untersuchen.*

> Gestern wollte jemand vor der Marienschule ein Fahrrad stehlen.
> Ein Schüler aus der Klasse 7 hat das vom Fenster aus beobachtet und rief:
> „Was machen Sie hier? Finger weg von den Rädern!" Zwei ältere Schüler
> hörten das Rufen und sprachen den Mann an, der sich gerade mit dem
> gestohlenen Rad entfernen wollte. Als er nicht reagierte, hielten sie ihn
> fest. Gut war, dass gerade jetzt ein Polizeiwagen um die Ecke kam. Die
> Polizisten …

Nein sagen braucht Mut

Solange Nora denken kann, war Sabina ihre beste Freundin. Doch seit die Sommerferien zu Ende sind, ist alles anders. Sabina ist jetzt mit der Klassenschönheit Fanny und ihrer Clique zusammen und lässt Nora links liegen. Aber so schnell gibt Nora sich nicht geschlagen. Sie wird um Sabinas Freundschaft kämpfen, wenn es sein muss, mit Lippenstift und neuen Klamotten. Lästig ist nur, dass ihr die unmögliche Karin auf die Pelle rückt. Wenn sie sich mit ihr einlässt, ist sie bei Sabinas neuer Clique endgültig unten durch.

Annika Thor
„Duschst du eigentlich nie?"

Der ganze Aufruhr nach dem letzten Tor trug dazu bei, dass ich als Letzte in den Umkleideraum kam. Die anderen hatten schon angefangen, sich umzuziehen. Sabina hatte geduscht und trocknete sich gerade mit einem rosa Handtuch ab. Aus ihren schwarzen Haaren tropfte es. Fanny kam aus der Dusche. Sie hatte ein Handtuch um ihren Körper geschlungen. (...) 5
Ich hatte mich ausgezogen, nahm mein Handtuch und ging auf die Dusche zu. Karin zog sich in einer Ecke an. Sie hat eine besondere Art, sich nach dem Sportunterricht umzuziehen. Sie zieht sich nie ganz aus, sondern immer nur ein Kleidungsstück zurzeit, und dann zieht sie sofort ein neues an. Sie will nicht mal ihre Unterwäsche zeigen, so sehr schämt sie sich für ihren Körper. 10
„Karin?", hörte ich Fannys Stimme.
„Ja?"
„Duschst du eigentlich nie?"
Fanny wusste natürlich, dass Karin nie in der Schule duschte. 15
„Doch, ich ...", murmelte Karin.
„Was hast du gesagt? Ich hab dich nicht verstanden", sagte Fanny höhnisch. Sie ging in Karins Ecke und hielt sich die Nase zu.
„Doch, zu Hause ..."
Ich wollte nichts mehr hören. Ich ging in den Duschraum und hängte mein 20
Handtuch an einen Haken. Aus dem Umkleideraum hörte ich Fannys Stimme: „Wie eklig! Wenn jemand nach dem Match nicht duscht. Wahrscheinlich ziehst du wieder dieselben Klamotten an und sitzt damit in der Klasse und riechst."

Das war gemein. Karin riecht nicht schlecht. Im Gegenteil, sie riecht nach Seife und frisch gewaschener Kleidung. Dass sie nach dem Sportunterricht nicht duscht, macht überhaupt nichts, denn sie tobt nicht herum wie wir anderen und schwitzt nicht unter den Armen.

Ich stellte mich in die Dusche, drehte den Wasserhahn auf und seifte mich ein. Eine Weile ertränkte das Brausen der Dusche die Stimmen aus dem Umkleideraum. Aus den Augenwinkeln sah ich, dass Fanny und Sabina in den Duschraum zurückkamen. Sie hatten sich in ihre Handtücher eingewickelt und flüsterten miteinander. Ich kriegte nicht mit, was sie vorhatten, und ich wollte es auch gar nicht wissen.

„Karin!", rief Fanny. „Komm mal eben her!"

„Warum?", hörte ich Karin aus dem Umkleideraum antworten.

„Wir wollen dir was zeigen", sagte Fanny.

Ich drehte mich um und sah Maja an der Tür zwischen Dusch- und Umkleideraum. Sie nickte Fanny zu, die mitten im Raum stand. Mit dem Wasserschlauch. Er war auf die Tür gerichtet und Fanny nickte zurück. Sabina stand an der Wand, wo der Wasserschlauch befestigt war. Ihre Hand lag auf dem Wasserhahn.

„Komm endlich!", rief Fanny.

Karin erschien in der Tür, vollständig angezogen.

„Was ist?", fragte sie.

Alles ging so schnell. Maja machte die Tür von der anderen Seite hinter Karin zu. Fanny richtete den Schlauch auf Karin. Sabina drehte den Hahn auf.

Der eiskalte Wasserstrahl traf Karin voll.

Ich musste es mit ansehen. Ich wollte es nicht, aber ich musste. Das Wasser strömte über ihren Kopf und ihren Körper. Das Haar klebte an ihren Wangen und die Kleidung war schon durchnässt. Karin bibberte und weinte, aber sie versuchte nicht, zu fliehen.

„Aufhören!", sagte eine kleine dünne Stimme. Ich merkte, dass es meine eigene war.

Niemand hörte es.

Ich weiß nicht, wie lange sie das trieben. Es kam mir vor, als ob es eine Ewigkeit dauerte, aber vielleicht war es nur eine halbe Minute. Schließlich sagte Fanny: „Jetzt reicht es."

Sabina drehte das Wasser ab und Maja öffnete die Tür zum Umkleideraum. Karin stürzte hinaus und im nächsten Augenblick knallte die äußere Tür zu.

« EXTRA »

1 Nora, die Ich-Erzählerin, spürt genau, dass nach der Sportstunde etwas passiert, was nicht passieren darf. Trotzdem greift sie nicht ein.
– Welche Gründe könnte sie haben?
– Wann und wie hätte Nora eingreifen und Karin schützen können?

2 Am nächsten Tag möchte die Klassenlehrerin der Mädchen wissen, was nach der Sportstunde vorgefallen ist. Berichte aus der Sicht des Opfers (Karin), einer der Täterinnen (Fanny oder Sabine) oder der Zeugin Nora.

3 Stellt euch vor, Nora hätte eingegriffen und Karin geschützt. Stellt die Situation im Rollenspiel dar.
Sprecht anschließend über die Spielversuche: Hat euch die dargestellte Lösung überzeugt? Geht das in Wirklichkeit überhaupt?
Gab es überraschende Einfälle, an die ihr vorher nicht gedacht habt?

Ideen und Anregungen

→ **Eine Fotodokumentation erarbeiten**
In einer Fotoreihe könnt ihr friedliches und gewalttätiges Miteinander an eurer Schule (auf dem Pausenhof, im Klassenraum, im Flur, auf dem Schulweg ...) dokumentieren und unter ein Motto stellen:
Nein zu Gewalt! – Wir tun was – ...

→ **Mutmach-Texte schreiben**
Erinnere dich an Situationen, in denen du Angst überwunden und dich stark gefühlt hast. Schreibe sie auf und lies es den anderen vor.

→ **Lesetipp**
Für Robin ist Johns dunkle Hautfarbe kein Thema, bis sein Freund eines Tages von einer Gruppe rechtsorientierter Jugendlicher schikaniert wird, die fremdenfeindliche Parolen verbreiten und auch vor Gewalt nicht zurückschrecken. Als die schwarzen Adler John schließlich zum Opfer einer ihrer Mutproben erklären, wird es gefährlich. Aber Robin und seine Cousine Anja lassen sich nicht einschüchtern. Schützend stellen sie sich vor John und werden aktiv ...

Überprüfe dein Wissen und Können

1 Stelle für ein Merkblatt zusammen, welche Schreibhinweise du beim Berichten beachten musst.

Über Ereignisse berichten

2 Lies den Text „Sonst bist du dran" auf S. 94 noch einmal und schreibe für den Schulleiter einen Bericht über die Ereignisse auf der Schultoilette.

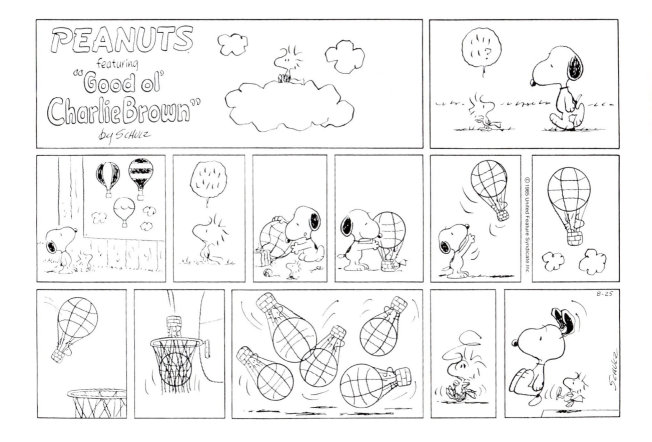

3 Sieh dir den Comic an und berichte, wie Snoopy und Woodstock ihre Freizeit verbringen.
Prüfe mithilfe des Merkkastens, ob der Comic dir alle notwendigen Informationen für einen Bericht liefert. Fehlende Informationen kannst du erfinden.

4 Schreibe eine Meldung zu dem Comic, die am nächsten Tag in der Zeitung stehen könnte.

Gemischte Gefühle

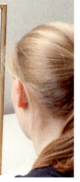

Es gibt die Kindheit. Es gibt das Erwachsensein. Und dann gibt es noch die Jugendzeit – die Zeit <u>dazwischen</u>. In dieser Zeit fühlt man sich häufig eher <u>daneben</u>. Man verändert sich, äußerlich und innerlich. Man weiß nicht, ob man <u>dazugehört</u>. Man muss sich neu finden. Auch das Zusammensein mit anderen ist in dieser Zeit nicht einfach und löst unterschiedliche Gefühle aus. Insgesamt ist die eigene Gefühlswelt sehr „gemischt".

In diesem Kapitel lernt ihr,
- über Gefühle und Stimmungen nachzudenken und Texte zu schreiben,
- aus verschiedenen Perspektiven zu schreiben,
- wie in Texten Personen beschrieben werden und wie man selbst Personen beschreiben kann.

> Wir können lachen und weinen,
> und zuweilen weinen wir,
> als könnten wir nie wieder lachen,
> oder wir lachen so herzlich,
> als hätten wir nie vorher geweint.
>
> *Erich Kästner*

1 Beschreibt, was ihr auf den Bildern seht.

2 Findet heraus, welche Gefühle und Stimmungen in den Gesichtern zum Ausdruck kommen.

3 Überlegt, was die Personen denken oder sagen könnten, und denkt euch zu einem der Bilder eine Geschichte aus.

→ Ihr könnt selbst Fotos von Personen machen, bei denen man unterschiedliche Gefühle erkennen kann.

Spiegelgeschichten

Die beiden folgenden Texte handeln von einem Mädchen und einem Jungen, die sich im Spiegel betrachten. Versucht, euch beim Lesen vorzustellen, wie sie aussehen, und achtet darauf, worüber sie sich Gedanken machen.

Achim Bröger
Michael

Ich habe mich im Badezimmer eingeschlossen. Das blöde Türschild ärgert mich ja immer noch. Trotzdem muss ich zugeben, dass das Badezimmer gar nicht schlecht ist, jedenfalls nicht so winzig wie das in unserer alten Wohnung.
Der Spiegel ist auch groß genug. Aber wen sehe ich darin? Mich ... als Brustbild, den Mann ohne Unterleib. Und ich habe etwas gegen mich im Spiegel. Den ganzen Tag denke ich nicht daran, ob ich nun schön oder hässlich oder viertelschön oder halbhässlich bin. Plötzlich stehe ich aus Versehen vor einem Spiegel und gucke rein. Im nächsten Augenblick erzählt mir das Glasding Sachen über mich, die ich gar nicht wissen will, zum Beispiel, dass ich garantiert nicht der Schönste bin.

Jetzt gehe ich ein Stück vom Spiegel zurück und kneife die Augen zu. Dann reiße ich sie blitzschnell und nur kurz auf, will mich als Momentaufnahme begucken. Vielleicht verschönt mich das. – Ne ... überhaupt nicht. Im Spiegel steht ein dicklicher Typ, das bin ich. Meine Mutter nennt die traurige Erscheinung „gut ernährt". Aber auf solche Trostlügen falle ich nicht rein.
Ich gucke noch mal. Und ich habe es geahnt, der Pickel auf meiner Nase ist gewachsen. Fürchterlich. Irgendwie sieht der aus, als würde sich mein ganzer Kopf dahinter verstecken können. Dabei wirkt der Pickel, realistisch betrachtet, nicht größer als ein größerer Stecknadelkopf. Aber auf Realistik kommt es dabei überhaupt nicht an. Ich habe den Eindruck, dass das rote Ding alles überstrahlt, und das reicht mir.
Selber schuld, warum lasse ich mich von solchen unwichtigen Äußerlichkeiten ablenken? Ich sollte aufräumen wie die anderen. Stattdessen stehe ich hier und habe mal wieder den Verdacht, dass es leider nicht nur auf das reiche Innenleben ankommt, sondern auch noch darauf, wie das Innenleben

äußerlich verpackt ist. Es nützt dir halt nicht viel, wenn du dir sagst: Du siehst zwar bescheuert aus, aber dein Charakter, der ist prima. Dabei weiß ich nicht mal, wie das mit meinem Charakter ist. Darüber muss ich auch nachdenken.

Ich stehe immer noch vor dem Spiegel. Irgendwann schmiere ich das Ding mit Zahncreme zu. Aus Rache?

Entsetzlich, dieser Pickel, den kann man nicht übersehen. Das heißt, wenn ich von rechts auf die Leute zukäme und die linke Pickelseite ein Stück wegdrehen würde, dann ginge es. Aber ich kann mich doch nicht immer nur von rechts an Leute ranmachen, wenn ich welche kennenlerne. Das wird eine Katastrophe. Als Neuer wirst du beguckt, du kannst nicht gleich deine inneren Werte auf den Tisch legen. Ich könnte natürlich auch meine Haare vor das Gesicht hängen lassen, als Pickel-Vorhang. Einfach zuziehen das Ganze, das wäre eine Lösung.

Meine Haare sind mit das Beste an mir. Blond und lang. Mutter möchte, dass ich sie abschneiden lasse, soo kurz. Aber ich finde, man soll den Dingen ihren Lauf lassen und nicht in die Natur eingreifen. (...) Zum Abschied gucke ich mich noch mal im Spiegel an, natürlich von rechts. So bin ich auszuhalten.

Mirjam Pressler

Eva

Eva stand im Badezimmer vor dem Spiegel. Zum Glück gab es in der ganzen Wohnung keinen großen Spiegel außer dem auf der Innenseite einer Tür des Schlafzimmerschrankes. Eva ging ganz nah an den Spiegel, so nah, dass sie mit ihrer Nase das Glas berührte. Sie starrte sich in die Augen, graugrün waren ihre Augen, dunkelgrau gesäumte Iris, grünliche, sternförmige Maserung. Ihr wurde schwindelig. Sie trat einen Schritt zurück und sah wieder ihr Gesicht, umrahmt von Odolflaschen und Zahnbürsten, rot, blau, grün und gelb. Mutters Lippenstift lag da. Eva nahm ihn und malte ein großes Herz um dieses Gesicht im Spiegel. Sie lachte und beugte sich vor zu diesem Gesicht, das so fremd war und so vertraut.

„Du bist gar nicht so übel", sagte sie. Das Gesicht im Spiegel lächelte. „Du bist Eva", sagte sie. Das Gesicht im Spiegel formte einen Kussmund. Die Nase war ein bisschen zu lang. „Das ist Evas Nase", sagte Eva. Sie öffnete ihren Pferdeschwanz, ließ die Haare auf die Schultern fallen, lange Haare, lockig, fast kraus. Sie zog sich mit dem Kamm einen Scheitel in der Mitte, kämmte die Haare mehr nach vorn. So war es richtig. Würde es Michel gefallen? Sie schob ihre Lippen etwas vor, warf sie auf, nur ein bisschen, und senkte die Lider. Schön verrucht sah sie jetzt aus, fast wie eine Schauspielerin in einer Illustrierten. Sie schminkte sich die Lippen. Sie machte es langsam, ganz vorsichtig, und biss dann auf ein Tempotaschentuch, drückte die Lippen auf dem Papier zusammen, wie sie es bei der Mutter gesehen hatte.

1 Versuche, Michael und Eva anhand der Texte zu beschreiben.
 – Wie sieht Michael sich selbst? Was mag er an sich und was nicht? Welches Problem hat er?
 – Was erfährst du über Evas Aussehen? Wie verändert sie ihr Aussehen und warum?

2 Stellt euch vor, Eva trifft bald darauf Michel: Wie könnte er auf Evas Aussehen reagieren? Wie könnte sie auf ihn reagieren?
Erfindet zu zweit ein Gespräch zwischen den beiden.

3 Michael befürchtet, dass es nicht nur auf „das reiche Innenleben" ankommt, sondern auch „darauf, wie das Innenleben äußerlich verpackt ist" (Z. 28/29).
Was meinst du dazu? Sprecht auch in der Klasse darüber.

4 Vergleicht die beiden Texte miteinander: Hauptfiguren, Erzählperspektive, wörtliche Rede, Gedankenrede.

5 Wähle eine der folgenden Aufgaben aus:
 a Guck selbst mal in den Spiegel und schau dich aufmerksam an. Schreibe dann auf, wie du dich siehst, und beschränke dich dabei nicht nur auf dein Äußeres.
 Du solltest dabei jeweils drei Dinge nennen,
 – die du an dir selbst gut findest,
 – die du an dir selbst nicht gut findest.
 b Stell deinem Spiegelbild Fragen und lass es darauf antworten.
 c Stell dir vor, du schaust in den Spiegel und siehst plötzlich völlig verändert aus (z.B. verzerrt, gealtert ...) oder du kannst dich selbst nicht mehr sehen. Was könnte passiert sein?
 Denk dir dazu Geschichten aus. So kannst du beginnen:
 Als ich in den Spiegel schaute, bemerkte ich zu meinem Erstaunen, dass ...

Gedanken – Gefühle – Stimmungen

Manchmal kennt man sich selber nicht genau und kommt mit seinen „gemischten Gefühlen" nicht ganz klar. Wenn du dich selbst besser kennenlernen willst, kannst du Folgendes tun, um dich selbst zu beschreiben:

1 Klebe ein (nicht zu altes) Foto von dir in die Mitte eines Papierblattes. Schreibe um das Foto herum alles auf, was dir zu dir selbst einfällt: wie du aussiehst, was du fühlst, was dich beschäftigt.

2 Teile ein Blatt in drei Spalten mit den Überschriften „Wie ich aussehe/Wie ich bin", „Was ich (einigermaßen) kann", „Was ich (noch) nicht kann".

Wie ich aussehe/ Wie ich bin	Was ich (einigermaßen) kann	Was ich (noch) nicht kann
– klein/groß	– Skateboard fahren	– Prozentrechnung
– cool/ängstlich	– Geschichten schreiben	– Portraits zeichnen
– …	– …	– …

3 Schreibe einen Brief an einen Brieffreund oder eine Brieffreundin, in dem du dich möglichst genau beschreibst und etwas über dich erzählst, damit er/sie dich besser kennenlernt:
Alter, Größe, Figur, Gesicht, Frisur, Haare, Eigenschaften, typische Verhaltensweisen, Auffälligkeiten, Fähigkeiten, Hobbys …
Verwende dabei die Stichworte aus den Spalten deiner Tabelle.

→ *Mit Adjektiven bewerten, S. 229*

4 Denke darüber nach, wie du gern sein/was du gern können möchtest (z B. keine Probleme beim Lernen, zaubern, Supersportler ...). Schreibe dann eine Fantasiegeschichte über einen deiner Wünsche und tue so, als sei dir der Wunsch erfüllt worden:

Jetzt kann ich endlich, was ich immer schon können wollte.
Es passierte ...

5 Jeder hat seine eigenen Wünsche und Gefühle. Manchmal werden sie klarer, wenn man sie aufschreibt. Entwerft kleine Gedichte über eure Wünsche und Gefühle.

Ich möchte gern ...   *Manchmal wünsche ich mir ...*
Ich möchte gern ...   *Manchmal wünsche ich mir ...*
Aber immer muss ich ...   *Aber dann ...*

6 Manchmal ist man gut drauf, manchmal ist man schlecht drauf. Oft hat man gute Laune, oft auch nicht. Es kann hilfreich sein, darüber nachzudenken, warum man in so einer Stimmung ist.

> **Tipp**
> Achte auf das Komma vor weil!

Ich bin gut drauf/schlecht drauf,
weil ...
weil ...
weil ...

Ich habe gute /schlechte Laune,
weil ...
weil ...
weil ...

Ich bin heute ganz schlecht drauf,
weil ich so früh aufstehn musste,
weil meine Hausaufgaben nicht in Ordnung waren,
weil meine Freundin unmöglich zu mir war,
weil meine Mutter schon wieder erwartet,
dass ich erzähle, warum ich schlecht drauf bin.
                                              Sina

Nach Mustern über eigene Gefühle und Stimmungen schreiben

Gemischte Gefühle

7 Wie man sich selbst sieht und wie man sich fühlt, hat auch Einfluss auf das, was man tut. Und manchmal muss man seine Gefühle und Stimmungen „ausleben".
Suche dir einen Anfang aus, der zu deiner Stimmung passt, und schreibe dazu einen kurzen Text. Du kannst auch zu mehreren Anfängen etwas ergänzen:

– *Wenn ich mich gut fühle, ...*
– *Wenn ich schlecht drauf bin, ...*
– *Wenn ich traurig bin, ...*
– *Wenn ich „im siebten Himmel" bin, ...*
– *Wenn ich schlechte Laune habe, ...*
– *Wenn ich mich toll finde, ...*
– *Wenn ich meine, dass keiner mich leiden mag, ...*
– *Wenn ich ...*

Die folgenden Wörter geben dir Anregungen für deinen Text:

*ausrasten   still auf dem Bett liegen   ein Lied singen
das Radio anstellen   fernsehen   ausgeflippte Sachen anziehen
gegen die Decke starren   schimpfen   aus dem Fenster gucken
weinen   um den Häuserblock joggen   laut schreien   Rad fahren
rausgehen   meinen Freund besuchen   tief Luft holen
laute Musik hören   die Fäuste ballen   Süßigkeiten essen
böse gucken   alles aufschreiben
mit meiner Mutter reden   tanzen
mit meiner Freundin telefonieren*

> **Tipp**
> *Achte darauf, die wenn-Sätze und deine Ergänzungen durch Kommas abzugrenzen.*

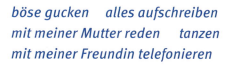

*Wenn ich gut drauf bin,
muss ich was losmachen,
zieh ich mir meinen Lieblingssong rein,
drehe ich die Lautsprecher so weit wie möglich auf,
gönne ich mir eine Cola,
muss ich unbedingt mit jemandem reden.*
                                                    Fabian

Nach Mustern über eigene Gefühle und Stimmungen schreiben

Darüber sprechen ist nicht leicht

Oft möchte man anderen etwas über sich selbst und seine Gefühle erzählen. Aber das ist nicht einfach. Manchmal weiß man nicht, wie man es sagen soll; manchmal ist man unsicher, wie es wirken wird.

Marianne Kreft
Sabine

Wenn Sabine Hunger hat, dann sagt sie:
Ich habe Hunger.
Wenn Sabine Durst hat, dann sagt sie:
Ich habe Durst.
5   Wenn Sabine Bauchweh hat, dann sagt sie:
Ich habe Bauchweh.
Dann bekommt sie zu essen,
zu trinken und auch
eine Wärmeflasche auf den Bauch.
10 Und wenn Sabine Angst hat,
dann sagt sie nichts.
Und wenn Sabine traurig ist,
dann sagt sie nichts.
Und wenn Sabine böse ist,
15 dann sagt sie nichts.
Niemand weiß,
warum Sabine Angst hat.
Niemand weiß, warum Sabine böse ist.
Niemand kann Sabine verstehen
20 und niemand kann Sabine helfen,
weil Sabine
nicht über Sabine spricht.

*Wenn Sabine Angst hat,
dann sagt sie:
…
Wenn Sabine …*

1 Worüber kann Sabine sprechen, worüber nicht? Warum mag sie wohl über bestimmte Dinge sprechen und über andere nicht?

2 Sabine möchte über sich selbst sprechen können. Helft ihr dabei. Ändert den zweiten Teil des Textes entsprechend um.

Ein Gedicht verstehen, Paralleltexte schreiben

Anja Tuckermann
Dorita

Peng! Und die ganze Klasse lachte. Philip rappelte sich hoch und stürzte sich auf Dorita. Diesmal wollte er zuschlagen, doch bevor er ausholen konnte, durchschnitt eine Stimme den Raum. „Philip! Setz dich hin! Wenn du schon ausnahmsweise durch Aktivität glänzt, musst du nicht noch stören!"

Paff! Die Worte von Herrn Niks waren wie ein Schlag.
Und die ganze Klasse lachte. Am meisten Dorita, die Philips Stuhl einen Stoß gegeben hatte, als er gerade kippelte.

„Du Affenarsch!", zischte er in ihre Richtung.

„Herr Niks, der sagt Schimpfwörter."

Wieder lachten viele. Herr Niks schaute nicht einmal.

„Ruhe jetzt! – Also wie war das? Wer kann die Dreifelderwirtschaft erklären?"

Dorita. Blauäugig, blonde, glatte Haare. So wie die meisten Jungen sich ihre zukünftige Freundin vorstellten. Schlank, groß, immer geschminkt. Mit schwarzem Lidstrich und viel Puder im Gesicht. Immer bauchfrei, so

tief, dass die Jungen nach Härchen spähten, aber keine entdeckten. Rückenfrei mit Blick auf die Unterwäsche. Mehrmals jeden Tag kämmte sich Dorita im Unterricht die langen Haare. Nicht etwa nebenbei und schnell, sondern langsam und ausführlich, bis alle zuschauten und die gefärbten Haare seidig glänzten. Dann warf sie sie über die Schultern, schwang sie mit einer Kopfbewegung hin und her, verströmte ihren Duft rundherum. Die Augen der Jungen hingen an ihr.

Anfangs hatte Herr Niks noch gesagt: „Kämm dich zu Hause."

„Wieso?", hatte Dorita gefragt. „Stört doch keinen."

„Mich stört es. Pack die Bürste weg."

„Nee, wieso denn? Ich störe durch Kämmen nicht den Unterricht. Ich höre Ihnen ja zu. Das ist doch wohl die Hauptsache? Oder fühlt sich hier jemand gestört?" Schweigen im Klassenzimmer. Kein Wort mehr darüber von Niks.
„Den hat sie kleingekriegt", sagten die anderen später auf dem Schulhof.
Das war Dorita. Alle fürchteten sie – auch die, die für sie schwärmten. Und alle Jungen schwärmten für sie. Träumten davon, einmal so ein schlankes blondes Mädchen in den Armen zu halten. So eine wie Dorita zu küssen oder sogar zu streicheln. Am liebsten Dorita selbst, einmal über ihren Bauch oder den Rücken streichen, die sie täglich vor Augen hatten.
Aber es blieb ein Traum, denn niemand durfte sie berühren. Wer sie auch nur versehentlich an der Schulter streifte, den schubste sie von sich. Und so himmelten die Jungen Dorita an und hofften auf ein Lächeln von ihr.
Außer Philip.
Er konnte das nicht begreifen. Weshalb schwärmten sie für ein Mädchen, das ihnen jeden Moment eins reinwürgen würde? Dorita brauchte nur einen Jungen anzulächeln, schon war er ihr ergeben. Philip nicht. Er hasste dieses zu einer Maske gepuderte Gesicht, von dem er noch nie die wahre Hautfarbe gesehen hatte. Er konnte solche aufgepäppelten Mädchen sowieso nicht anschauen. Diese mit schwarzer Farbe verklesterten Augen. Fand er nicht schön.

1 Richtig oder falsch? Begründe.
a) Philip ist vom Stuhl gefallen, weil er gekippelt hat.
b) Haare kämmen im Unterricht ist erlaubt.
c) Herr Niks sagt nichts mehr zu Doritas Verhalten.
d) Dorita wird von allen Mädchen und Jungen umschwärmt.
e) Nur Philip mag Dorita gar nicht.

2 Schreibe die Namen der Figuren, die du im Text findest, heraus und notiere stichwortartig, was du über sie erfährst (Aussehen, Verhalten …). Von wem erfährst du im Text auch etwas über seine Gedanken und Gefühle?

3 Überlege, warum Dorita sich wohl so verhält und warum Herr Niks es aufgegeben hat, Dorita das Haarekämmen zu verbieten.

4 Wähle eine der Figuren auf Seite 123 aus und versetze dich in sie hinein. Schreibe mögliche Gedanken und Gefühle der Person in einem <u>inneren Monolog</u> auf.

Innerer Monolog
Die Gedanken und Gefühle einer Textfigur werden in der Ich-Form wiedergegeben, in der Regel in der Zeitform Präsens.

Gemischte Gefühle

Dorita — Herr Niks — Mitschüler — Mitschülerin

5 Stell dir vor, dass du gerade neu in diese Klasse gekommen bist und das Geschehen von der letzten Bank aus beobachtet hast. Was würdest du am Nachmittag zu Hause erzählen?

 Rechtschreibung – kurz nachgedacht

Laute und Buchstaben

Führe ein Rechtschreibgespräch zu einigen Wörtern, die bei der Beschäftigung mit dem Thema „Gemischte Gefühle" besonders auffallen:

blond, glatt, Härchen, rundherum, langsam, kleingekriegt, schwärmten, anlächeln, kämmen, lockig, halbhässlich, bisschen, Kussmund, Süßigkeiten essen, Fäuste ballen, um den Häuserblock joggen …

Lest die Wörter. Markiert die Rechtschreibschwierigkeit in den Wörtern. Was muss man tun, um Fehler an dieser Stelle zu vermeiden? Findet passende Strategien. → Seite 251.

Warum schreibt man täglich mit -lich und schwindelig mit -ig? Mit welcher Rechtschreibstrategie lässt sich hier ein Fehler vermeiden? Sucht weitere ähnliche Wörter mit dieser Rechtschreibschwierigkeit.

Werkstatt

Schreiben

Aus verschiedenen Perspektiven erzählen

Texte werden oft aus der Perspektive einer bestimmten Figur geschrieben. Dabei erfährt man wenig von den Gedanken und Gefühlen der anderen Figuren. Wenn man den Text genau liest, kann man sich aber auch in diese hineinversetzen und das Geschehen aus ihrer Perspektive betrachten. Dies ist hilfreich, um sich ihre Situation besser vorstellen zu können und den Text besser zu verstehen.

Susann Allens
Heul doch!

Was wäre das wieder langweilig geworden in der Schule, wenn ich nicht die kleine Geschichte mit Svenja in Gang gesetzt hätte!

In der Pause nach der Erdkundestunde mussten wir vor dem Musikraum auf unsere Lehrerin warten. Sie ließ sich wieder mal endlos Zeit. „Ihr wartet ordentlich und ruhig auf dem Flur, bis ich komme", sagt sie immer. Aber das hat noch nie geklappt. Wenn es so langweilig ist, muss man sich was ausdenken. Manchmal passiert sogar etwas ganz von selbst.

Wie gestern: Zufällig kam ich an Svenja mit ihrem langen, neuen Angeberschal vorbei. Ich konnte gar nicht anders, meine Hand zuckte vor und schwupps – weg war der Schal. Svenja war ja noch nie die Schnellste, und bevor sie kapierte, was los war, hatte ich den Schal zusammengerollt und zu Milena rübergereicht. „Versteck das Ding, schnell!", konnte ich ihr gerade noch zuflüstern, da ging das Gemaule los: „Mensch, gib mir meinen Schal zurück, der ist ganz neu, ich krieg Ärger zu Hause, wenn da was kaputtgeht, blöde Kuh!"

Texte aus anderer Perspektive neu schreiben

Gemischte Gefühle

„Blöde Kuh? Das wollen wir doch mal sehen, wer hier blöd ist", dachte ich.
20 Ich sah, dass Milena den Schal unter ihrem Rucksack eingeklemmt hatte, aber ich tat so, als ob ich ihn bei mir versteckt hätte. „Hol ihn dir doch, deinen Superschal!", rief ich und rannte ein paar Schritte weg – immer genau so weit, dass Svenja mich nicht erreichen konnte. Sie wurde allmählich immer gereizter.
25 Plötzlich hielt Milena den Schal in der Hand. Die will ihn doch wohl nicht zurückgeben? Svenja war schon dicht bei ihr, da schnappte sich Julian den Schal, stopfte ihn in den Mülleimer und schubste Svenja weg, dass sie beinahe lang hingefallen wäre.
Jetzt war es aus: Svenja sagte gar nichts mehr und ließ Kopf und Arme hän-
30 gen. Julian konnte es nicht lassen. „Heul doch!", rief er ihr zu. Und wirklich, Svenja heulte los.

1 Überprüfe, ob du die Geschichte verstanden hast.
Bringe die Sätze des Erzählplans in die richtige Reihenfolge (1–10):

- Schüler warteten gelangweilt vor dem Musikraum.
- Ich-Erzählerin ärgerte Svenja und nahm ihr den neuen Schal weg.
- Ich-Erzählerin kam zufällig an Svenja vorbei.
- Svenja ärgerte sich fürchterlich und schimpfte.
- Ich-Erzählerin ärgerte weiter und rannte weg.
- Schal wanderte heimlich zu Milena. Das merkte Svenja nicht.
- Julian riss Milena den Schal weg und stopfte ihn in den Mülleimer.
- Julian schubste Svenja heftig zu Seite.
- Milena hielt den Schal in der Hand.
- Svenja wurde weiter geärgert und fing an zu weinen.

2 Die Geschichte ist aus der Perspektive einer Mitschülerin von Svenja erzählt (Ich-Erzählerin). Aus der Sicht von Svenja sieht dieselbe Geschichte ganz anders aus.

▸▸ Wenn du die Geschichte aus Svenjas Perspektive neu erzählen willst, musst du Folgendes bedenken:
- Svenja erzählt in der Ich-Form, d. h., sie wird jetzt zur neuen Ich-Erzählerin.
- Die Mitschülerin, die bisher die Ich-Erzählerin war, muss einen Namen bekommen, z. B. Vina.

> **Tipp**
> *Wenn du eine Geschichte aus einer anderen Perspektive erzählen willst, musst du sie zuerst gut kennen. Dann kannst du sie neu erzählen, etwas weglassen, etwas hinzufügen, etwas anders darstellen oder auch einen anderen Schluss finden.*

Texte aus anderer Perspektive neu schreiben

Werkstatt Schreiben

3 Schreibe jetzt die Geschichte aus Svenjas Perspektive nach deinem Erzählplan neu. Achte auf das Präteritum als Erzählzeit. Denke auch an eine neue Überschrift. So kannst du beginnen:

Gestern war wirklich nicht mein Tag. Als wir nach der Erdkundestunde vor dem Musikraum warten mussten, hatte ich gleich Angst, dass sich ein paar aus der Klasse wieder etwas ausdenken könnten, um mich zu ärgern. Besonders Vina hat es in letzter Zeit auf mich abgesehen. Und wirklich: Ich wollte mich gerade möglichst unauffällig neben die Tür stellen, als Vina vorbeikam …

4 Schülerinnen und Schüler einer 7. Klasse haben Teile ihrer Texte in einer Schreibkonferenz vorgestellt und Tipps zur Überarbeitung bekommen. Überarbeite die Textauszüge mithilfe der Tipps und Korrekturvorschläge.

Ricas Text: *… Plötzlich wurde ich wütend. Mensch, gib mir meinen Schal zurück, forderte ich Vina auf. Sie sagte aber nur schnippisch Na und? Macht mir doch nichts aus. Dann rannte sie weg. Hol dir doch deinen Superschal, meinte sie, wenn du kannst! Sie war einfach zu schnell für mich. Immer wieder wich sie mir aus. Was soll ich bloß machen? dachte ich …*

Das gefällt mir an deinem Text:	Hier fällt mir etwas auf, hier stört mich etwas:	Meine Tipps:
Durch die wörtliche Rede kann man sich gut vorstellen, was passiert.	*Man erkennt überhaupt nicht, wo etwas gesagt oder gedacht wird.*	*Setze die Zeichen für die wörtliche Rede ein.*

Sprache

Satzzeichen und Satzstellungen bei wörtlicher Rede

Ich sagte: „Gib mir meinen Schal zurück."
„Gib mir meinen Schal zurück", sagte ich.
„Gib mir", sagte ich, „meinen Schal zurück."
„Gibst du mir meinen Schal zurück?", fragte ich.

Einen Text mit neuer Perspektive überarbeiten

Ninos Text:

... Zuerst wusste ich überhaupt nicht, was ich machen sollte. Doch dann wurde ich auf einmal richtig wütend. Ich nannte Vina eine blöde Kuh und forderte sie auf, mir den Schal zurückzugeben. Sie gibt aber nur eine patzige Antwort und rennt weg. Immer wenn ich schon dicht bei ihr war, wich sie schnell aus. Aus sicherer Entfernung ruft sie mir blöde Bemerkungen über meinen Schal zu. Oder sie beleidigte mich, weil ich nicht so schnell war. Ich dachte nur immer daran, dass ich jetzt auf keinen Fall weinen dürfte ...

Das gefällt mir an deinem Text:	Das fällt mir auf, hier stört mich etwas:	Meine Tipps:
Du hast die Perspektive von Svenja gut durchgehalten.	Man weiß manchmal nicht genau, was die Personen denken und sagen. Du wechselst manchmal die Zeitformen.	Du könntest vielleicht noch wörtliche Rede einsetzen. Beachte dabei die Satzzeichen. Setze die Präsensformen ins Präteritum.

Diese Sätze kannst du einsetzen:
„Dein Superschal kann fliegen!"
„Lahme Enten sollten nicht fliegen!"

Diese Verben können in den Begleitsätzen vorkommen:
fordern, rufen, spotten, hänseln, schreien, meinen, schluchzen ...

5 Schreibe jetzt aus der Sicht von Milena eine dritte Geschichte. Bevor du mit dem Schreiben beginnst, erstelle einen Erzählplan. Entscheide, ob Milena eher auf der Seite von Vina und Julian steht oder ob sie zu Svenja hält und ihr gern den Schal zurückgegeben hätte. Finde eine neue Überschrift.

6 Stellt euch gegenseitig eure Erzählpläne und Texte vor:
– Wird klar, aus wessen Sicht erzählt wird?
– Sind alle wichtigen Einzelheiten in der richtigen Reihenfolge enthalten?
– Passen Ergänzungen und Änderungen gut in die Geschichte?
– Wird dargestellt, was die Personen sagen und denken?
– Wird das Präteritum als Zeitform durchgehalten?
– Passt die gewählte Überschrift?

Wie man andere wahrnimmt

In dem Roman „Floraliebling" von Dagmar Chidolue hat die Hauptperson Flora gegenüber ihrem Klassenkameraden Alex „gemischte Gefühle". Der erste Textabschnitt steht ziemlich am Anfang des Buches; der zweite Abschnitt fast ganz am Ende.

Dagmar Chidolue
Flora und Alex

Flora saß nun schon das dritte Jahr neben Alex. Es war immer reiner Zufall gewesen, jedenfalls nie von seiner Seite beabsichtigt. Und auch Flora hätte sich nicht getraut, so eine Konstellation bewusst herbeizuführen, denn – das war ihr klar – Alex tat ihr nicht gut.
Es war eine langsam wachsende Geschichte, die sie nicht anfangen wollte, doch nicht mit Alex!, aber eines Tages, an einem Dienstag, Mittwoch, Donnerstag in diesem Schuljahr, als sie sich zwei Minuten vor acht neben Alex setzte, war es passiert. Sie hatte kurz auf sein Gesicht gesehen (stoppelige, braunschwarze Haare, gerade Nase, hohe Backenknochen, schmaler Mund, Brille, darüber zwei verschieden geformte Augenbrauen), als es ihr wie Wasser im Mund zusammengelaufen war und sie bemerkt hatte, dass der liebe Gott bei der Erschaffung dieses Knaben einen guten Tag gehabt haben musste, ja geradezu seinen besten Tag.
Alex' Haare sahen gleichzeitig seidig und störrisch aus, eine Mischung, die einen verlocken konnte, die Hand auszustrecken und festzustellen, welche beider Eigenschaften überwog. Seine Nase war so ebenmäßig und gerade, dass sie seinem Träger einen fast abweisenden Ausdruck verlieh. Flora träumte davon, mit Alex nach Grönland zu fahren, wo man Nase an Nase rieb, um sich seine gegenseitige Bewunderung auszudrücken.
Alex' Backenknochen gaben dem Gesicht Charakter, einen leicht exotischen Anstrich, und sein Mund bewies Entschlossenheit. Wenn er ihn öffnete, zog sich hin und wieder ein zarter Spuckefaden von den Lippen bis zu den gleichmäßig geformten, strahlend weißen Zähnen, ein Faden wie aus Silber gesponnen. Bei jedem anderen hätte Flora das große Kotzen gekriegt, aber bei Alex war es, als ob sie etwas Intimes von ihm wüsste. Sie konnte sich dagegen wehren, wie sie wollte: Tag und Nacht erlebte sie in Gedanken, wie sich ihrer beider Lippen berührten (nach der Nasenreiberei, selbstverständlich), ihre Zäh-

ne leicht auf seinen kratzten und der Silberfaden sich in ihrem Speichel löste. Die Brille, die Alex trug, war ein ganz normales, grünliches Kunststoffgestell. Aber wie er sie trug! Seine Augen hinter den Gläsern hatten einen leicht hypnotisierenden Blick. Und dann die Brauen! Die rechte war leicht hochgezogen, und so blickte Alex Schwenke stets ironisch auf die Welt. Und auf Flora, in wenigen Momenten wie diesem.

Alex tat Flora seit besagtem Tag nicht gut. Die Kurve ihrer Schulnoten wies bedrohlich nach unten, und Flora war wie einem teuflischen Spiel ausgeliefert, das sie insgeheim Liebe nannte. (...)

Flora ging am nächsten Morgen in der Schule zunächst wie üblich an ihren Platz.

Zunächst!

Sie stellte ihre Tasche ab, sah Alex an, der neben ihr stand und ein glühendes Lächeln versuchte, und zeichnete mit ihren Augen sein Gesicht nach, als ob sie es das erste Mal sähe (stoppelige, braunschwarze Haare, gerade Nase, hohe Backenknochen, schmaler Mund, Brille, darüber zwei verschieden geformte Augenbrauen). Sie bemerkte, dass seine Haare eine schmutzig braune Farbe hatten und am Haaransatz fettig waren, und sie wischte sich instinktiv ihre Hände an der Hose ab. Seine Nase war so eng, dass sie sich nicht vorstellen konnte, sein Besitzer könne je einen Atemzug frischer Luft bekommen, die man eben braucht, damit das Gehirn ordentlich durchblutet wird und man gerade Gedanken bekommt. Alex' Backenknochen gaben seinem Gesicht einen dümmlichen Anstrich, halt, eher einen hinterhältigen Zug, und sein Mund war so schmal, als ob ein Bäcker einen Schnitt mit dem Messer getan hätte, ein Brötchenteig. Und im Mundwinkel, iii!, hing ein Spuckefaden, von der Oberlippe bis zur Unterlippe; es sah einfach widerlich aus.

„Du bist ein ausgesprochenes Arschloch, Alex Schwenke", sagte Flora und war wie befreit von einer Riesenlast. War das möglich, dass sie das mal Liebe genannt hatte, diese eigenartige, fiese, blödsinnige und total überflüssige Spannung zwischen ihnen? Was war daraus geworden? Peng.

Alex sah sie an. Seine Augen hinter den Brillengläsern zogen sich zusammen, wurden grau und grämlich. Und seine Augenbraue zog er hoch, mehr als je zuvor. Eine leichte Röte überzog sein Gesicht. Gut, es machte ihm wohl was aus, von Flora so genannt zu werden. Dieses Riesenschwein.

1 Schreibt zunächst stichwortartig auf, wie Alex im ersten Textauszug aus Floras Sicht beschrieben wird.
Notiert dann, welche Merkmale im zweiten Textauszug erwähnt werden.
Vergleicht die beiden Beschreibungen. Was fällt euch auf?

Tipp
Ihr könnt auch das Buch lesen, um mehr von Flora zu erfahren.

2 Überlegt, was wohl zwischen den Seiten 9 und 182 passiert sein könnte, und denkt euch dazu Geschichten aus, die die veränderte Wahrnehmung erklären.

3 Wie man andere sieht, hängt immer auch davon ab, wie die jeweilige Beziehung zu ihnen ist. Hier findet ihr unterschiedliche Beschreibungen derselben Person. Welche Formulierungen würde man wohl wählen,
 – wenn man mit der Person befreundet ist,
 – wenn man die Person nicht besonders mag?

Tina wirkt irgendwie geistesabwesend. Manchmal hat sie einen richtig irren Blick ...

Meine Freundin Tina sieht immer ein bisschen verträumt aus. Sie hat sehr schöne ...

verträumt
schlampige Hose
modischer Kurzhaarschnitt
pickeliges Gesicht
irrer Blick
voller Mund

etwas unreine Haut
dicke Lippen
verwaschene Jeans
stoppelig geschnittene Haare
schöne Augen
geistesabwesend

Ideen und Anregungen

→ Denke dir einen Freundschaftstext aus, in dem du beschreibst, warum du ein guter Freund/eine gute Freundin bist:
*Ich bin ein guter Freund/eine gute Freundin, weil ...
weil ...   weil...*

→ Beschreibe einen Fernsehstar/einen Popmusiker, den du gut findest/nicht gut findest.

→ Ihr könnt euch auch möglichst verrückt verkleiden und euch dann gegenseitig beschreiben.

→ Du willst deine Eltern davon überzeugen, dass ein bestimmter Junge/ein bestimmtes Mädchen auf jeden Fall/auf keinen Fall zu deiner Geburtstagsfeier eingeladen werden soll.
Beschreibe den Jungen/das Mädchen so, dass die Beschreibung zu deiner Absicht passt.

Überprüfe dein Wissen und Können

1 Lies den folgenden Text. Aus welcher Perspektive ist er geschrieben? Wessen Gedanken und Gefühle werden dem Leser mitgeteilt?

Philip war groß und dünn, mit braunen Haaren, blauen Augen und langen schwarzen Wimpern. Am ersten Tag in der neuen Schule hatten ihn die Mädchen „süß" gefunden wegen dieser Wimpern, bis der Direktor Philip in der Klasse blamierte. Er war
5 gut in Sport, rannte schnell, sprang weit und hoch, wurde für alle Spiele gern in die Mannschaft gewählt. Aber wenn Dorita plötzlich vor ihm stand und ausholte, erstarrte er. Sie verteilte oft Ohrfeigen. Bei Philip täuschte sie den Schlag nur vor und
10 schon zuckte er zur Freude von Dorita und ihren Freunden zusammen. Er hätte Dorita umschubsen können. Aber das tat er nicht. Auf dem Nachhauseweg dachte er, warum habe ich sie nicht hingeworfen? Er wollte aber kein Mädchen zu Boden werfen. Nicht einmal Dorita
15 wollte er wehtun. Nur ihr das Maul stopfen, das würde er gern. Ihr Gemeinheiten an den Kopf werfen, sodass es ihr endlich einmal die Sprache verschlug. Er hasste sie.

2 Warum erstarrt Philip wohl, wenn Dorita vor ihm steht?

3 Wie sieht wohl Dorita Philip? Warum reizt es sie, Philip immer wieder zu ärgern?

4 Erzähle den Text nun aus der Perspektive von Dorita. Schreibe ihre möglichen Gedanken und Gefühle in Form eines inneren Monologs auf.

Aus anderer Perspektive erzählen

5 Stelle eine Liste von Personen zusammen, die in deinem bisherigen Leben eine Rolle gespielt haben. Suche dir dann eine bestimmte Person aus, die für dich besonders wichtig war oder ist. Beschreibe diese Person möglichst genau und erwähne auch, warum du sie ausgewählt hast.

Personen beschreiben

Ran an die Bücher – Lesen und was dann?

Wenn Bücher richtig spannend sind, lese ich gern.

Was hat man eigentlich davon, wenn man Bücher liest?

Ich finde es toll, wenn man mit den Geschichten aus den Büchern noch etwas machen kann.

Ich hab früher viel gelesen, aber da gab es noch kaum andere Medien.

Dies sind unterschiedliche Meinungen zum Thema „Bücher lesen". Sicher habt ihr ähnliche oder ganz andere Erfahrungen mit Büchern gemacht und habt eure eigene Meinung zum Lesen. Auf den folgenden Seiten findet ihr Anregungen zum Lesen in der Schule und viele Ideen, was ihr selbstständig mit Büchern alles machen könnt.

In diesem Kapitel lernt ihr,
- wie ihr freie Lesezeiten in der Schule gestalten könnt,
- wie ihr ein Lesetagebuch zu einem gelesenen Buch erstellen könnt,
- was eine Lesekiste ist und wie man sie gestalten kann,
- wie man den Inhalt eines Textes oder eines Buches wiedergibt.

Ich finde Fernsehen viel besser. Das ist nicht so anstrengend.

Mir fällt das Lesen richtig schwer. Ich möchte es gern besser können.

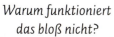

Warum funktioniert das bloß nicht?

1. Betrachtet die Bilder und lest, was die Personen sagen.

2. Welche der geäußerten Meinungen findet eure Zustimmung und welche nicht? Begründet, warum das so ist.

3. Notiert weitere Meinungen über Bücher und Bücherlesen.

4. Was meint ihr zu dem Jungen, der sein Buch mithilfe einer Fernbedienung zu lesen versucht?

Über das Bücherlesen nachdenken

Tipps für das freie Lesen

Zu Hause weiterlesen ist erlaubt.

In Florians Klasse dürfen die Schülerinnen und Schüler häufig während des Schulvormittags in Büchern stöbern und schmökern:
- Viele lesen in den Stunden, die für freies Arbeiten zur Verfügung stehen.
- Häufig werden mit dem Deutschlehrer Lesestunden verabredet, in denen jeder in Büchern lesen kann.
- Manche Schülerinnen und Schüler bleiben in den Pausen zum Lesen im Klassenraum.
- In der großen Pause kann man im Raum der Schülerbücherei lesen.
- Manchmal hat einer eine besondere Stelle aus einem Buch zum Vorlesen vorbereitet.

1 Besprecht, wie ihr das Lesen in eurer Klasse organisieren wollt.

Und woher bekomme ich Bücher?

▸ Falls ihr eine Schülerbücherei habt, könnt ihr dort Bücher ausleihen.

▸ Besucht auch eure Stadtbibliothek oder Gemeindebücherei. Erkundigt euch, wie ihr dort Bücher ausleihen könnt.

▸ Vielleicht habt ihr eine Klassenbücherei oder Leseecke. Wenn nicht, könnte jeder ein Buch dafür mitbringen, das die anderen dann ausleihen können.

Florian hat drei Bücher für die Klassenbücherei mitgebracht, die er selbst gelesen hat und gut findet. Für seine Klassenkameraden hat er für ein Buch eine Empfehlung geschrieben und eine Textstelle ausgesucht, damit die anderen Lust zum Lesen bekommen.

Anders Jacobsson / Sören Olsson

Berts gesammelte Katastrophen

Tagebuch schreiben ist für Jungs verboten. Das machen nur Mädchen. Die haben rosa Tagebücher mit einem roten Herz drauf. Mein Tagebuch ist blau. Für alle Fälle habe ich noch einen schwarzen grässlichen Totenkopf auf den Umschlag gemalt.

Zuerst wollte ich statt einem Herz ein Gehirn malen. Aber es sah aus wie sechs Bratwürste, die übereinanderliegen. Darum musste es ein Totenkopf werden.

Mein Name ist geheim. Ich hab den hässlichsten Namen der Welt. Er fängt mit einem B an und endet auf T. So wie der halbe Name von einem gewissen Onkel in Entenhausen. Wer will schon wie eine Ente hinten heißen. Darum schreibe ich meinen Namen in meiner Geheimsprache. Dann wird es TREB.

Im Tagebuch schreibe ich immer Treb und nie meinen richtigen Namen. Warum darf man nicht selber bestimmen, wie man heißen will? Dann würde ich niemals Treb heißen, sondern John oder Jeff, oder ich hätte einen anderen Kauboynamen. Corak wäre auch nicht schlecht. Oder Mr. Walker. Mr. Treb Walker.

Unsere Lehrerin (wir nennen sie die Pute, aber eigentlich heißt sie Puttin) sagt immer, wir sollen Bücher lesen. Dann werden wir intelligent, sagt sie. In unserer Klasse ist Johanna die Intelligenteste. Sie hat garantiert schon 9227 Bücher gelesen.

Diese Bücher habe ich gelesen: Phantomheft Nr. 2, Karlsson vom Dach, Kauboy-Kurt. Kauboy-Kurt zählt vielleicht nicht. Das habe ich selber geschrieben. Die Pute behauptet, Kauboy heißt Kuh-Boy. Sie sieht wohl keine Western. Sonst wüsste sie, dass Kauboys nicht auf Kühen reiten. Sie heißen Kauboys, weil sie immer Kaugummi kauen, ist doch klar.

Also Bücher. Jede Woche müssen wir zur Bibliothek und welche leihen. Ich nehme so drei, vier Stück, egal welche. Ich lese sie doch nie. Aber leihen muss man ja welche.

Buchempfehlung

Titel: Berts gesammelte Katastrophen
Autoren: Anders Jacobsson, Sören Olsson
Inhalt: Bert schreibt regelmäßig alles, was er mit seinen Freunden, in der Schule, zu Hause oder mit Mädchen erlebt, in sein Tagebuch.
Meinung: Berts Tagebucheinträge sind witzig geschrieben. Oft gerät er in Situationen, in denen er sich blamiert, und dann schreibt er so darüber, dass es komisch wirkt und man lachen muss.

Unbedingt lesen!
Sehr empfehlenswert!

Florian

2 Wie findest du diese Textstelle?

3 Was meinst du zu der Hauptfigur Bert und zu Berts Einstellung zum Tagebuchschreiben und Lesen?

4 Berts Lehrerin meint, man solle Bücher lesen, weil man dadurch intelligent wird. Was meint sie damit? Stimmst du ihr zu? Welche Gründe für das Bücherlesen findest du besonders überzeugend?

5 Bert fragt sich: „Warum darf man nicht selber bestimmen, wie man heißen will?" Denke über diese Frage nach. Tauscht euch anschließend in der Klasse darüber aus, was ihr dazu meint.

Sprache

Jeder von euch hat einen Vornamen und einen Familiennamen. Manche Personen haben mehrere **Vornamen**, einer von diesen Namen ist dann der **Rufname**, mit dem man normalerweise angesprochen wird. Zu jeder Zeit sind bestimmte Vornamen modern. 1980 hießen die beliebtesten Mädchennamen Julia, Katrin und Stephanie, bei den Jungen waren es Christian, Michael, Sebastian. 2009 waren die häufigsten Mädchennamen Mia, Hannah, Leoni, die beliebtesten Jungennamen Leon, Lucas, Jonas. Yasemin ist der häufigste Mädchenname in der Türkei, Can der häufigste Jungenname, in Polen Julia und Jakub, in Australien Mia und Jack. Vornamen haben eine Bedeutung: Bert ist eine Kurzform von Bertold und bedeutet so viel wie „glänzend" und „berühmt". Der türkische Mädchenname Yasemin ist abgeleitet vom Blumennamen Jasmin.

Jede Familie hat ihren eigenen **Familiennamen** (Nachname, Zuname). Viele Familiennamen sind abgeleitet von Vornamen (Familie Ludwig), von Orten (Familie Bach), von Berufen (Familie Bäcker), von menschlichen Eigenschaften (Familie Groß). Die drei häufigsten Familiennamen in Deutschland sind Müller, Schmidt und Schneider.

Die schwedischen Autoren der Geschichte „Berts gesammelte Katastrophen" heißen mit Familiennamen Jacobsson und Olsson: In Schweden, Dänemark, Norwegen oder Norddeutschland enden Familiennamen häufig auf -son oder -sen. Die Endung bedeutet Sohn, sodass Jacobsson „Sohn des Jacob" bedeutet. Die weibliche Form -dotter/-dóttir wird nur noch auf Island benutzt.

6 Schreibe für ein Buch, das du gelesen hast und anderen empfehlen möchtest, eine Buchempfehlung wie Florian (S. 135). Du kannst dich an seiner Gliederung orientieren.

Im Unterricht Bücher lesen

▸▸ Die Klasse 7b will im Deutschunterricht Bücher lesen. Damit jeder ein Buch findet, das er gern lesen möchte, gibt es vier Vorschläge zur Auswahl. Die Schülerinnen und Schüler haben sich die Bücher angesehen und darin geblättert; außerdem haben sie die Klappentexte gelesen und ihre ersten Eindrücke ausgetauscht. Dann gab es einen **Wahlzettel:**

		Mein Wahlzettel
☐		*Anja Tuckermann:* **Weggemobbt** Meine Begründung: _____ _____ _____
☐		*Andreas Steinhöfel:* **Paul Vier und die Schröders** Meine Begründung:
☐		*Doris Meißner-Johannknecht:* **Vogelfrei** Meine Begründung:
☐		*Jerry Spinelli:* **East End, West End und dazwischen Maniac Magee** Meine Begründung:
	Datum:	Unterschrift:

Sich für ein Buch entscheiden

▶▶ Außerdem hat die Klasse für das Bücherlesen einige **Regeln** verabredet:
– Jeder kann sein Lesetempo selbst bestimmen.
– Jeder fertigt ein Lesetagebuch an, in dem er alles aufschreiben oder malen kann, was ihm beim Lesen in den Sinn kommt.
– Wer will, kann sich auch zu zweit oder in einer kleinen Gruppe zusammentun, um gemeinsam an einer Aufgabe zu arbeiten.
– Hin und wieder setzen sich alle zusammen und sprechen über die gewählten Bücher und über das, was sie dazu gearbeitet haben.
– Am Schluss sollen zu den Büchern Lesekisten gestaltet werden.

Eine Schülergruppe hat sich für das Buch „Paul Vier und die Schröders" von Andreas Steinhöfel entschieden.

1 Lies zunächst den Klappentext des Buches und schau dir das Buchcover an.

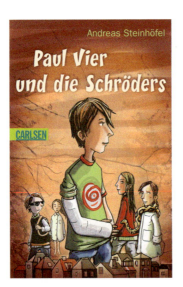

Andreas Steinhöfel
Paul Vier und die Schröders

Klappentext: *Die „Neuen" sind da!*
Weil die Schröders alles andere als eine normale Familie sind, ist in der gediegenen Ulmenstraße bald die Hölle los. Denn fast jeden Tag sorgt eins der vier Schröder-Kinder für Ärger und Aufregung in der Nachbarschaft. Nur Paul Walser, genannt Paul Vier, mag die Schröders, vor allem Delphine mit den wunderschönen grünen Chromaugen. Aber auch er muss hilflos mit ansehen, wie sich die Ereignisse dramatisch zuspitzen.

2 Nenne die Buchfiguren, von denen du im Klappentext bereits etwas erfährst.

3 Schreibe mindestens eine Frage auf, die dir in Bezug auf das Buch durch den Kopf geht.

4 Macht dich der Klappentext neugierig auf das Buch? Begründe.

5 Lies jetzt den Textauszug aus dem Buch.

An diesem wolkenlosen Donnerstag explodierte im Badezimmer des Schröderhauses der Wasserkessel. Das Badezimmerfenster war geöffnet. Das Fenster meines Zimmers, wo ich auf dem Bett lag und über meine Metzgerzukunft nachdachte, war es nicht. Jedenfalls so lange nicht, bis eine verrostete Schraubenmutter mit der Geschwindigkeit eines Abfangjägers klirrend das Glas durchbrach. Sie raste quer durch die Luft und landete mit einem lauten Platschen in meinem Aquarium: Als ich die Scherben zusammengekehrt hatte, klingelte es an unserer Haustür. Und so lernte ich Delphine kennen.

Delphine!

Sie hatten alle so komische Namen. Später wusste ich, warum. Aber an diesem Nachmittag, als Delphine sich mir vorstellte, tat sie mir leid. Wer will schon heißen wie ein Säugetier, das mit einem Loch auf dem Rücken durch die Gegend schwimmt und Makrelen frisst?

Mams war geschockt von der gewaltigen Explosion. Der Knall kündigte für sie zweifellos den Beginn von Straßenkämpfen an, die dem Einzug der neuen Nachbarn folgen würden. Sie war, mit Kehrblech und Besen bewaffnet, in mein Zimmer gestürmt, hatte wortlos die Zerstörung betrachtet und sich dann mit einem Migräneanfall ins Bett zurückgezogen. Also öffnete ich die Tür, als es klingelte.

Zuerst sah ich blonde Haare, und zwar so viele davon, dass Herr Gatzer vor Begeisterung durchgedreht wäre. Dann sah ich die Augen. Festzustellen, dass es schöne Augen waren, würde nichts aussagen. Sie waren grün, von dichten, hellen Wimpern umkränzt und sie funkelten wie polierter Chrom. Ich habe nie wieder schönere Augen gesehen. Ich habe auch nie wieder so hässliche Klamotten gesehen wie die, die von Delphine herunterhingen. Sie sah aus, als hätte sie den letzten Altkleidertransport überfallen und nur noch die Reste erwischt.

„Tag", sagte das Mädchen mit den Chromaugen und den langen Haaren und schüttelte mir die Hand. „Delphine Schröder. Der Wasserkessel in unserem Bad ist durchgeknallt. Ist bei euch eine Schraubenmutter gelandet?"

6 Was erfährst du über das Mädchen Delphine? Und was würdest du gern noch über Delphine erfahren?

7 Wie könnte die Geschichte mit Paul und Delphine weitergehen?

8 Pauls Mutter befürchtet den „Beginn von Straßenkämpfen". Was könnte das bedeuten?

Ein Lesetagebuch führen

Für ein **Lesetagebuch** nimmt man am besten ein DIN-A4-Heft oder eine Mappe. In einem Lesetagebuch kann man
- notieren, was man zu welcher Zeit gelesen hat,
- zu jedem Kapitel etwas schreiben oder zeichnen,
- den Inhalt von wichtigen Kapiteln kurz zusammenfassen,
- lustige, traurige oder spannende Textstellen aufschreiben,
- Aussagen über eine bestimmte Buchfigur sammeln,
- Buchfiguren zeichnen oder Steckbriefe entwerfen,
- aufschreiben, was einem gut oder nicht so gut gefällt,
- aus einzelnen Textstellen Bildergeschichten oder Comics machen,
- mit einer Buchfigur Kontakt aufnehmen, z. B. in einem Brief, Telefongespräch oder Interview,
- sich vorstellen und aufschreiben, was die Buchfiguren wohl denken und fühlen könnten,
- etwas so schreiben, als ob man selbst eine Buchfigur wäre.

Mittwoch, 5. März: 2. Kapitel

S. 17: Delphine ist wirklich ein komischer Name. Später will Paul ja noch erklären, warum die Schröderkinder solche Namen haben. Ich bin mal gespannt.
Und wie der Autor die erste Begegnung von Paul und Delphine beschrieben hat: eine verrostete Schraubenmutter fliegt „mit der Geschwindigkeit eines Abfangjägers", „rast durch die Luft" und landet ausgerechnet in Pauls Aquarium.
So möchte ich auch mal schreiben können. ☺☹

S. 18: Man merkt deutlich, dass es bei Paul so was wie Liebe auf den ersten Blick ist, z. B. weil er denkt: „Ich habe nie wieder schönere Augen gesehen."
Aber die hässlichen Klamotten sind doch wohl ein ziemlicher Gegensatz. Da fragt man sich, was die Schröders eigentlich für eine Familie sind.
Und wie geht es mit Paul und Delphine weiter? Delphine scheint ja ziemlich cool drauf zu sein. Eigentlich hätte sie sich doch erst mal entschuldigen müssen, oder?

Steckbrief von Paul

– Paul Walser, 14 Jahre alt
– Paul Vier = der Vierte in der Erbfolge der Metzgereibesitzer
– soll Metzger werden wie sein Vater und die Familienmetzgerei übernehmen
– protestiert dagegen, indem er sich vegetarisch ernährt
– hat sich in Delphine Schröder verliebt

Steckbrief von Delphine

– sieht sehr gut aus
– hat lange blonde Haare
– hat grüne Augen, die von dichten, hellen Wimpern umkränzt sind und funkeln wie polierter Chrom
– trägt Kleider, die aussehen, als kämen sie aus der Altkleidersammlung
– wirkt ziemlich cool

 Sprache

Gebrauch der Zeiten in Märchen, Erzählungen und Geschichten

Geschichten sind oft im **Präteritum** geschrieben, weil etwas erzählt wird, was längst vergangen ist: Und so lernte ich Delphine kennen. Wird von einem Ereignis erzählt, das vorher stattgefunden hat, dann steht das **Plusquamperfekt**: Als ich die Scherben zusammengekehrt hatte, klingelte es an unserer Haustür.
In Geschichten wird manchmal auch das **Perfekt** verwendet. Das Perfekt steht vor allem dann, wenn das Erzählte bis in die Gegenwart reicht: Ich habe nie wieder (bis heute nicht!) schönere Augen gesehen.
Wenn von etwas erzählt wird, was immer so ist, steht das **Präsens:** Wer will schon heißen wie ein Säugetier?
Manche Geschichten stehen nur im Präsens, z. B. die auf Seite 135.

Eine Lesekiste gestalten

Ihr könnt **Lesekisten** gestalten, wenn ihr ein Buch lest oder gelesen habt. Dazu müsst ihr überlegen, welche Gegenstände eurer Meinung nach etwas über den Inhalt des Buches oder über die Buchfiguren aussagen und für eine Lesekiste geeignet sind. Zum Beispiel:
- ein Stück Fensterglas für eine zerbrochene Scheibe,
- Baumrinde für ein Ereignis im Wald,
- ein Stück Schnur für einen Gefesselten,
- ein Stein für …,
- Bonbons für …,
- ein Stück Stoff für …,
- eine Gabel für …,
- eine Feder für …,
- eine Schraubenmutter für Pauls Erlebnis mit Delphine.

Wie kommt das Buch in die Kiste?

▸▸ Ihr braucht einen Schuhkarton, den ihr außen und innen passend zum Buch gestaltet (bekleben, bemalen …).

▸▸ In die Innenseite des Deckels klebt ihr eine kurze Zusammenfassung des Buches und Angaben zum Autor bzw. zur Autorin. (Informationen darüber findet ihr z. B. im Buch selbst oder im Klappentext, in verschiedenen Lexika, im Internet unter www.autoren.de.)

▸▸ In den Schuhkarton werden nun die gesammelten Gegenstände hineingelegt und zu einem Gesamtbild „komponiert".

Ich habe das Buch „ … " von „ … " gelesen.

In dem Buch geht es um …

Ich habe das Buch ausgewählt, weil …

Besonders gefallen hat mir …
Nicht so gut fand ich …

▸▸ Wichtig ist, dass ihr euch die Lesekisten gegenseitig vorstellt (z. B. innerhalb der Klasse oder in anderen Klassen). Führt dabei zunächst in das gelesene Buch ein und sagt etwas zum Inhalt, zu den Personen, zu Szenen, die euch besonders gut gefallen haben, …

▸▸ Dann zeigt ihr die einzelnen Gegenstände, die in eurer Kiste sind, und begründet, warum ihr sie ausgewählt habt. Vielleicht gelingt es euch, eure Präsentation so zu gestalten, dass eure Mitschüler neugierig werden auf das Buch.

Tipps:
- Eine Außenseite des Kartons mit wichtigen Informationen zum Buch beschriften, z. B. Titel, Verfasser, evtl. Verlag, Erscheinungsort und -jahr. (Wenn die Kartons geschlossen im Regal stehen, kann man auf diese Weise leicht eine bestimmte Lesekiste wiederfinden.)
- Einzelne Gegenstände evtl. mit Klebstoff befestigen.
- Die Gegenstände im Schuhkarton so anordnen, dass man sie sehen kann, wenn der Karton aufrecht auf einer Seite steht.
- Eine Lesekiste zu zweit oder in einer Gruppe erstellen, wenn mehrere das gleiche Buch gelesen haben. (Dann müsst ihr euch einigen, was hineinkommen soll.)
- Eine „Lesekistenausstellung" durchführen (in der Klasse, in der Schule, vielleicht auch in einer Bücherei oder Buchhandlung).

Hier siehst du Lesekisten, die von Schülern und Schülerinnen während des Lesens und nach dem Lesen von Büchern aus Schuhkartons gestaltet worden sind. Die Außen- und Innenseiten sind bemalt oder beklebt. In den Kisten befinden sich Gegenstände, die etwas mit dem Inhalt des Buches zu tun haben. Im Deckel ist der Inhalt des Buches kurz wiedergegeben.

Werkstatt
Schreiben

Den Inhalt von Texten und Büchern wiedergeben

Wenn man über Bücher sprechen will, ist es oft notwendig, den anderen kurz etwas über den Inhalt eines Buches oder eines Textauszugs mitzuteilen. Dazu fasst man den Text mit eigenen Worten zusammen.

Wie knapp oder ausführlich man einen Text zusammenfasst, hängt davon ab, was man mit der Inhaltswiedergabe erreichen will:
– Wenn man z. B. den Inhalt eines Buches oder Textauszugs vollständig wiedergeben will, muss man das Wichtigste aus dem gesamten Inhalt vom Anfang bis zum Ende zusammenfassen.
– Wenn man dagegen die anderen auf ein Buch neugierig machen will, bemüht man sich, nicht alles zu verraten, und gibt nur das Allerwichtigste wieder. So ist es z. B. bei Klappentexten.

1 Lies den Textauszug aus dem Anfang des Buches „Eine Brücke für Judith" von Anke de Vries.

Anke de Vries
Es war wieder so weit

Es war wieder so weit. Judith hörte es schon daran, wie die Haustür ins Schloss fiel, an den Schritten auf der Treppe.
Ihr Atem stockte und ihr Blick schweifte gehetzt durchs Zimmer. War alles in Ordnung? Gab es nichts, was auffiel? Das war das Wichtigste. Nichts durfte auffallen; sie selbst am allerwenigsten.
Ihr kleiner Bruder Dennis stapelte einen Turm aus Bauklötzen. Er war so in sein Spiel vertieft, dass er die Schritte nicht einmal hörte. Oder lag es an der Musik ... Das Radio!
Judith schnellte hoch und schaltete nervös das Gerät aus.

10 Zu spät! Ihre Mutter stand schon in der Türöffnung, noch im Mantel.
„Mama, Mama!" Dennis ließ seine Bauklötze sofort liegen und rannte mit ausgestreckten Armen auf sie
15 zu.
Die Miene ihrer Mutter veränderte sich; das geschah immer, wenn sie Dennis sah. Sie nahm ihn hoch und drückte ihn.
20 „Das nenne ich mir ein herzliches Willkommen", sagte sie.
Dennis schlang seine Arme um sie und drückte ihr klebrige Küsse auf die Wangen.

25 „Tag, Mama", murmelte Judith. Sie stand bloß da und schaute zu, die Arme hingen ihr schlaff am Körper herab.
Sie sah, wie Dennis die Kämme aus dem Haar ihrer Mutter zog und sie in seine eigenen dunklen Locken steckte.
„Dennis schöön", krähte er und lachte.
30 „Verrückter kleiner Bengel, gib mir die Kämmchen wieder!" Aber Dennis strampelte sich los und rannte in die Küche.
„Dennis Mamas Kämmchen", schrie er ausgelassen.
Das Haar fiel ihrer Mutter jetzt strähnig ins Gesicht; es war blond, genauso wie Judiths. Sie ging zu dem Schubladenschrank und suchte ein Gummi, um
35 es zusammenzubinden.
„Was stehst du da und guckst Löcher in die Luft? Hast du nichts Besseres zu tun?", raunzte sie in Judiths Richtung.
Schnell rückte Judith wieder an den Tisch. Dumm, dass sie sich nicht schon früher hingesetzt hatte. Sie beugte sich über ihr Heft, um den Aufsatz für
40 morgen weiterzuschreiben. „Ein freier Nachmittag" hatte sie sich als Thema ausgesucht. Sie hatte schon eine halbe Seite geschrieben, aber auf einmal war ihr Kopf völlig leer, ihr fiel nichts mehr ein. [...]

Judith klappte ihr Heft zu; den Aufsatz würde sie nach dem Essen fertig schreiben. Jetzt ging es sowieso nicht. Zuerst musste sie Dennis' Spielsachen wegräumen und ihn in die Wanne stecken.
Sie hob alles vom Fußboden auf und packte es in die Spielzeugkiste. Dennis war zum Glück nicht lästig. Er versuchte sogar mitzuhelfen.

Werkstatt Schreiben

Danach nahm Judith ihn mit ins Bad, wo sie die Plastikwanne mit Wasser füllte.

Dennis holte seine Schwimmente und fing an, sich auszuziehen. Mit seinen molligen kleinen Fingern pulte er an den Knöpfen seines Hemds. Das war zu schwer. Dann eben die Schuhe, das konnte er schon.

Als Judith einen Moment nicht hinschaute, warf er einen Schuh in die Wanne.

„Schuh auch schwimmen", brabbelte er triumphierend.

„Ach Dennis, was tust du da!", rief Judith und fischte den klatschnassen Schuh aus dem Wasser.

„Schuh auch Entchen", sagte Dennis.

Dabei sah er sie so strahlend an, dass Judith lachen musste. Manchmal konnte man ihm einfach nicht böse sein.

Plötzlich bemerkte Judith ihre Mutter in der Tür. Sie hatte sie nicht kommen hören, weil der Wasserhahn lief. Den tropfnassen Schuh konnte sie nicht verstecken: Ihre Mutter hatte ihn schon gesehen. Wütend riss sie ihr den Schuh aus der Hand.

„Das machst du absichtlich, bloß um mich zu ärgern. Ausgerechnet seine neuen Schuhe!" Sie zog Judith aus dem Bad und schüttelte sie.

„Nein, Mama ..." Judiths Stimme klang klein und verzweifelt. „Wirklich nicht!"

Der Schlag ins Gesicht traf sie hart. Dann eine Ohrfeige auf die andere Seite. Judith versuchte, den folgenden Schlägen auszuweichen.

„Nicht, Mama", flehte sie, „nicht ..."

Ihre Mutter zog sie grob an den Haaren. Nur nicht schreien, schreien durfte sie auf keinen Fall. Dann würde die Mutter noch blindwütiger zuschlagen.

„Du gemeiner Quälgeist!" Jetzt hagelte es Schläge und Hiebe. Judith spürte, wie etwas Warmes ihre Lippen entlangrann. Ihr Kopf fiel hin und her. [...]

1 In dem Buchauszug erfährst du, dass die Mutter Judith gegenüber handgreiflich wird und sie misshandelt.
Sprecht in der Klasse darüber, was ihr darüber denkt und welche Gefühle diese Textstelle bei euch ausgelöst hat.

2 Tauscht euch auch darüber aus, ob ihr schon Erfahrungen mit Gewalt gemacht habt und ob ihr von Fällen der Kindesmisshandlung gehört habt.

3 Lies jetzt die Hinweise und Formulierungen für eine Inhaltsangabe zum ersten Teil des Textauszugs „Es war wieder so weit" (Zeile 1–42).

Einen Jugendbuchauszug lesen und verstehen

Ran an die Bücher – Lesen und was dann?

▶▶ Meistens beginnt die Inhaltswiedergabe mit Informationen über den Autor bzw. die Autorin, den Titel und die Art des Textes (hier z. B.: Buchauszug).

> *Die Autorin Anke de Vries hat das Buch „Eine Brücke für Judith" geschrieben. Der Text „Es war wieder so weit" ist ein Auszug aus diesem Buch.*

▶▶ Danach fasst man kurz zusammen,
  – welche Figuren in dem Text vorkommen,
  – worum es in dem Text vor allem geht.

> *In diesem Textauszug geht es um Judith, die ihrer Mutter nichts recht machen kann und immer wieder bestraft und geschlagen wird. Ihr kleiner Bruder Dennis wird dagegen von der Mutter liebevoll behandelt.*

Schreibtipp 1
Weil die Inhaltswiedergabe das Geschehen kurz und sachlich zusammenfasst und nicht ausführlich nacherzählt, verwendet man als Zeitform in der Regel das Präsens.

▶▶ Schließlich wird mit eigenen Worten wiedergegeben,
  – wo und wann die Geschichte spielt,
  – wie das Geschehen verläuft.

> *Wenn die Mutter von der Arbeit nach Hause kommt, versucht Judith, alles so zu machen, dass die Mutter keinen Grund zum Ärgern hat.*
>
> *An diesem Tag hat sie vergessen, das Radio rechtzeitig leise zu stellen.*
>
> *Als Dennis auf die Mutter zuläuft und sie begrüßt, wird er liebevoll umarmt. Judith wird dagegen angeraunzt und ausgeschimpft.*

Schreibtipp 2
Manchmal kann man auch das Perfekt verwenden.

Schreibtipp 3
Wörtliche Rede wird in der Inhaltswiedergabe vermieden. Man benutzt entweder die indirekte Rede oder umschreibt das Gesagte mithilfe von passenden Verben (hier z. B.: begrüßen, anraunzen, ausschimpfen).

4 Fasse nun den zweiten Teil des Textauszugs (Zeile 43–74) mit deinen eigenen Worten zusammen und beachte dabei die Hinweise zur Inhaltswiedergabe.

Einen Buchauszug lesen

Michael Ende
Die unendliche Geschichte

*Bastian hat eine Leidenschaft – und das sind die Bücher. Eines Tages gerät er in einen geheimnisvollen Buchladen. Der Besitzer, Herr Koreander, der gerade in einem Buch liest, gibt ihm zu verstehen, dass er keine Bücher für Kinder habe, und will ihn wegschicken.
Vom Klingeln des Telefons wird er in einen Nebenraum, das Kabinett, gerufen und Bastian bleibt allein im Laden zurück. Er nähert sich langsam dem Ledersessel, auf dem Herr Koreander das Buch abgelegt hat ...*

Er hob das Buch hoch und betrachtete es von allen Seiten. Der Einband war aus kupferfarbener Seide und schimmerte, wenn er es hin und her drehte. Bei flüchtigem Durchblättern sah er, dass die Schrift in zwei verschiedenen Farben gedruckt war. Bilder schien es keine zu geben, aber wunderschöne, große Anfangsbuchstaben. Als er den Einband noch einmal genauer betrachtete, entdeckte er darauf zwei Schlangen, eine helle und eine dunkle, die sich gegenseitig in den Schwanz bissen und so ein Oval bildeten. Und in diesem Oval stand in eigentümlich verschlungenen Buchstaben der Titel: *Die unendliche Geschichte.*
Es ist eine rätselhafte Sache um die menschlichen Leidenschaften, und Kindern geht es damit nicht anders als Erwachsenen. Diejenigen, die davon befallen werden, können sie nicht erklären, und diejenigen, die nichts dergleichen je erlebt haben, können sie nicht begreifen. [...]
Wer niemals ganze Nachmittage lang mit glühenden Ohren und verstrubbeltem Haar über einem Buch saß und las und las und die Welt um sich her vergaß, nicht mehr merkte, dass er hungrig wurde oder fror –
Wer niemals heimlich beim Schein einer Taschenlampe unter der Bettdecke gelesen hat, weil Vater oder Mutter oder sonst irgendeine besorgte Person einem das Licht ausknipste mit der gut gemeinten Begründung, man müsse jetzt schlafen, da man doch morgen so früh aus den Federn sollte –
Wer niemals offen oder im Geheimen bitterliche Tränen vergossen hat, weil eine wunderbare Geschichte zu Ende ging und man Abschied nehmen musste von den Gestalten, mit denen man gemeinsam so viele Abenteuer erlebt hatte, die man liebte und bewunderte, um die man gebangt und für die man gehofft hatte und ohne deren Gesellschaft einem das Leben leer und sinnlos schien –

Wer nichts von alledem aus eigener Erfahrung kennt, nun, der wird wahrscheinlich nicht begreifen können, was Bastian jetzt tat.

Er starrte auf den Titel des Buches und ihm wurde abwechselnd heiß und kalt. Das, genau das war es, wovon er schon oft geträumt und was er sich, seit er von seiner Leidenschaft befallen war, gewünscht hatte: Eine Geschichte, die niemals zu Ende ging! Das Buch aller Bücher!

Er musste dieses Buch haben, koste es, was es wolle! [...]

Jetzt war ihm klar, dass er überhaupt nur wegen dieses Buches hierhergekommen war, es hatte ihn auf geheimnisvolle Art gerufen, weil es zu ihm wollte, weil es eigentlich schon seit immer ihm gehörte!

Bastian lauschte auf das Gemurmel, das nach wie vor aus dem Kabinett zu hören war.

Ehe er sichs versah, hatte er plötzlich ganz schnell das Buch unter seinen Mantel gesteckt und presste es dort mit beiden Armen an sich. Ohne ein Geräusch zu machen, ging er rückwärts auf die Ladentür zu, wobei er die andere Tür, die zum Kabinett, ängstlich im Auge behielt. Vorsichtig drückte er auf die Klinke. Er wollte verhindern, dass die Messingglöckchen Lärm machten, deshalb öffnete er die Glastür nur so weit, dass er sich gerade eben durchzwängen konnte. Leise und behutsam schloss er die Tür von draußen.

Erst dann begann er zu rennen.

Die Hefte, die Schulbücher und der Federkasten in seiner Mappe hüpften und klapperten im Takt seiner Schritte. Er bekam Seitenstechen, aber er rannte weiter.

Der Regen lief ihm übers Gesicht und hinten in den Kragen hinein. Kälte und Nässe drangen durch den Mantel, doch Bastian fühlte es nicht. Ihm war heiß, aber nicht nur vom Laufen.

Sein Gewissen, das sich vorher in dem Buchladen nicht gemuckst hatte, war nun plötzlich aufgewacht. All die Gründe, die so überzeugend gewesen waren, erschienen ihm plötzlich völlig unglaubwürdig, sie schmolzen dahin wie Schneemänner im Atem eines Feuer speienden Drachens.

Er hatte gestohlen. Er war ein Dieb!

Was er getan hatte, war sogar schlimmer als gewöhnlicher Diebstahl. Dieses Buch war bestimmt einmalig und unersetzlich. Sicher war es Herrn Koreanders größter Schatz gewesen. Einem Geigenspieler seine einzigartige Violine stehlen oder einem König seine Krone war noch etwas anderes als Geld aus einer Kasse nehmen.

Und während er so rannte, presste er das Buch unter seinem Mantel an sich. Er wollte es nicht verlieren, wie teuer auch immer es ihn zu stehen kommen würde. Es war alles, was er auf dieser Welt noch hatte.

1 Gib den Inhalt des Buchauszugs mit eigenen Worten wieder. Die Zwischenüberschriften helfen dir dabei:
– *Bastian findet ein rätselhaftes Buch.*
– *Dieses Buch muss er unbedingt haben.*
– *Bastian nimmt das Buch mit.*
– *Bastian läuft weg mit dem Buch.*
– *Bastian hat Angst und fühlt sich als Dieb.*

2 Suche eine der folgenden Aufgaben aus:
a Schreibe den Text weiter: Was könnte Bastian mit dem Buch erleben?
b Zeichne etwas Passendes zu dem Inhalt des Buchauszugs.

→ Ihr könnt natürlich auch das Buch ausleihen und lesen oder euch den Film dazu ansehen.

Ideen und Anregungen

→ Was ihr nach dem Lesen von Büchern noch machen könnt:
- Einen neuen Buchumschlag entwerfen.
- Andere Buchtitel erfinden.
- Illustrationen zum Buch anfertigen.
- Ein Werbeposter für das Buch gestalten.
- Ein Rätsel zum Buch ausdenken.
- Die Handlung des Buches weiterschreiben.
- Die Lieblingsfigur des Buches einen Brief an die Leser schreiben lassen.
- Einen Brief an die Autorin oder den Autor schreiben.
- Ein Fenster des Klassenraums zum Buchinhalt bemalen.
- Einzelne Szenen spielen: Pantomime, Stabpuppen, Theater.
- Ein Video dazu machen.
- Aus einer Szene ein Hörspiel oder einen Fotoroman machen.
- Eine Buchpräsentation für andere Klassen machen.
- Einen Vorlesewettbewerb durchführen.
- Eine Lesenacht organisieren.
- Einen Lesetipp als SMS entwerfen: Das Buch wird in höchstens 140 Zeichen so beschrieben, dass der Empfänger Lust bekommt, es zu lesen. Jeder kann für die SMS einen Empfänger auswählen. Oder man schreibt Handynummern von Mitschülern auf Zettel und zieht eine Nummer als Adressat.

Überprüfe dein Wissen und Können

1 Lies (noch einmal) den Text „Duschst du eigentlich nie?" auf S. 108.

2 Leon und Mara haben den Inhalt dieses Textes zusammengefasst, aber dabei die Regeln für eine Inhaltswiedergabe noch nicht hinreichend beachtet.
Lies ihre Entwürfe kritisch durch:

Eine Inhaltswiedergabe überarbeiten

Leons Zusammenfassung:

> *In dem Textauszug „Duschst du eigentlich nie?" wird Karin, die es nicht mag, sich nach dem Sportunterricht auszuziehen, wenn die anderen dabei sind, von einer Mitschülerin mit eiskaltem Wasser aus einem Wasserschlauch so bespritzt, dass ihre Kleidung völlig durchnässt ist und sie bibberte und weinte. Die Ich-Erzählerin Nora sagt zwar „Aufhören!", aber so leise, dass die anderen das nicht hören.*

Maras Zusammenfassung:

> *Die Ich-Erzählerin Nora beobachtet eine Szene, in der im Umkleideraum die Mitschülerin Karin, die sich nicht vor den anderen ausziehen mag, von einer Klassenkameradin mit Namen Fanny, die gerade aus der Dusche kommt, gefragt wird: „Duschst du eigentlich nie?" Diese Frage finde ich gemein, denn alle wissen, dass Karin immer sauber ist und zu Hause duscht. Mehrere Mädchen, die nach dem Sportunterricht gerade geduscht haben, sind dabei, wie Fanny Karin danach mit einem Wasserschlauch nass spritzt.*

3 Welche Tipps kannst du Leon geben, welche Mara?

4 Überarbeite einen der Texte und schreibe ihn zu Ende.
Beachte dabei die Hinweise zur Inhaltswiedergabe auf Seite 147.

5 Suche dir einen weiteren Text aus *wortstark 7* aus und fasse den Inhalt mit deinen eigenen Worten zusammen.

Eine Inhaltswiedergabe schreiben

Im Blickpunkt: Stars und Werbung

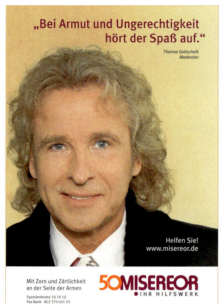

Einmal so bekannt und beliebt sein wie ein berühmter Sportler, Schauspieler oder Popstar – oder wenigstens in seine Nähe kommen! Sich alles kaufen können für ein Leben voller Abenteuer, Bewunderung, Freundschaft und Erfolg! Wer wünscht das nicht manchmal? Medienbilder und Werbebotschaften, die uns ständig umgeben, versprechen, dass das möglich ist. Was es mit Stars und Fans auf sich hat und welche Rolle Werbung im täglichen Leben spielt, darum geht es in diesem Kapitel.

Du lernst,
– welche Bedeutung Vorbilder und Idole haben,
– was für Fans wichtig ist,
– dich über Werbung zu informieren und dich mit anderen darüber auszutauschen,
– Werbung auszuwerten und zu beurteilen,
– Werbesprache selbst anzuwenden und Werbespots herzustellen.

Hier gibts eine Verlosung: „Backstage mit Bodo".

Das wär mein Traum. Der ist ja so süß!

Hallo Lisa, auf PLV3 singt Bodo. Scharf, seine neue Frisur! – Mach ich mir auch.

Voll stark, das Bodo-Konzert gestern.

Echt cool!

Ein ganz normaler Montagnachmittag. Tim und Lisa blättern Zeitschriften durch ...

Am nächsten Tag gibts ein Konzert im Fernsehen – Bodo satt!

Am Tag darauf ...

1. Schaut euch die Bilder auf Seite 152 an.
   Über diese Fragen könnt ihr miteinander sprechen:
   – Was fällt euch dazu ein?
   – Was haben Bilder und Kapitelüberschrift miteinander zu tun?

2. Was für einen Text möchtest du zu einem der Bilder schreiben?
   – Plane ihn und schreibe ihn auf.
   – Lies deinen Text vor. Was meinen die anderen dazu?

3. Sammelt weitere Beispiele, die zu den Bildern passen.
   Stellt sie in der Klasse vor. Vergleicht und besprecht sie.

Übrigens: Die Fotostory von S. 153 geht auf den Seiten 155–157 weiter ...

Stars und Fans

Wen bewunderst du?

Ich würde gern ein Musikstar sein wie Robbie Williams. Der ist auf der ganzen Welt bekannt und es ist cool, dass er ganz viele Mädchen hat, die ihn umschwärmen. Das würde mir gefallen. *Lennart (13)*

Ich würde gern wie mein Onkel Pilot werden. Jeden Tag legt er Tausende von Kilometern zurück und ist dafür verantwortlich, dass alle Fluggäste sicher an ihr Ziel kommen. Aus der Luft hat er schon ganz viele unterschiedliche Landschaften gesehen und hat mit seiner Crew fremde Städte kennengelernt. *Lena (13)*

Mein Idol ist Ben. Der ist ja wohl total süß. Außerdem ist seine Musik superschön. Man braucht einfach jemanden, an dem man sich irgendwie orientieren kann, denn es kann einem viel Mut geben. *Ayse (14)*

Idole habe ich keine. Ich habe keine Lust, irgendeinen Star zu kopieren. Da verliert man nur seine Persönlichkeit. Ich bin ich. *Benedikt (13)*

1. Erzähle davon, warum Lennart, Lena und Ayse von ihren Stars schwärmen – und wie Benedikt dazu steht.

2. Unterhaltet euch über die Ansichten der Befragten. Habt ihr Vorbilder und Idole? Sprecht darüber, was sie euch bedeuten.

3. Man kann doch mal träumen. Beschreibe, welche Eigenschaften oder Fähigkeiten berühmter Menschen du gern besitzen würdest.
   - *Ich wäre so gerne so ... wie ..., dann ...*
   - *Ich wünsche mir so eine ... wie ..., dann ...*
   - *Ich wollte, ich könnte so ... wie ..., dann ...*

Sachbezogen sprechen, Wünsche äußern

Im Blickpunkt: Stars und Werbung   **155**

4 Lies zunächst nur den ersten Abschnitt des folgenden Textes:
Was geht dir dabei durch den Kopf? Lies anschließend weiter.

Anika (13 Jahre)
Mein Polly-Konzert

Ich freute mich schon wahnsinnig. Endlich mal wieder zum Polly-Konzert! Ich musste mich aber beeilen, denn die Karten waren immer in wenigen Tagen ausverkauft. Es war einfach ein tolles Glücksgefühl, als ich die Karte schließlich in der Hand hielt. Und jetzt noch zwei lange Monate warten! Aber ich hatte noch viel zu tun: Ich musste doch noch das große Transparent malen und für jeden Polly einen Teddybär kaufen.

Als der lang ersehnte Tag dann endlich bevorstand, konnte ich nicht mal einschlafen. Deshalb stand ich auch schon um drei Uhr morgens auf, um noch mal alles nachzusehen, damit ich auch ja nichts vergaß. Ich konnte es kaum noch erwarten, bis es fünf Uhr war. Dann stieg ich endlich zu meinem etwas verschlafenen Bruder ins Auto. Es dauerte fast zwei Stunden, bis ich aufgeregt vor dem großen Stadion stand, wo heute Abend um acht meine Lieblinge auftreten sollten. Es waren nur ein paar Leute da, so etwa zehn, und in einer anderen Ecke lagen noch welche. Es sah so aus, als ob sie da übernachtet hätten. Die Zeit verging viel zu langsam. Es kamen immer mehr Leute. Nach einiger Zeit tauchten auch die Polly-Securitys auf. Es war einfach toll, dort mit den anderen Fans zu warten, Polly-Lieder zu singen und jede Menge neue Freunde zu finden. Abends um sechs sollte Einlass sein, aber weil der Andrang so groß war, wurden wir schon um vier Uhr reingelassen. Zum Glück hatte ich ziemlich weit vorne gestanden, sodass ich beim Einlass sofort losrennen konnte. Und ich hatte großes Glück, dass ich in die erste Reihe kam!

Jetzt noch vier Stunden in dieser Enge und prallen Sonne! Aber das alles nahm ich gern in Kauf, um meine Lieblinge zu sehen.

5-4-3-2-1!!!! Ein begeisterter Jubelschrei kam über die Menge. Endlich war es so weit, endlich sah ich sie wieder! Es war so ein wahnsinnig tolles Gefühl. Ich hatte tausend Schmetterlinge im Bauch. Wie sie die Lieder rüberbrachten! Einfach toll! Es waren zwei wundervolle Stunden. Ich merkte nicht, wie die Zeit verging.

Kultige Bodojacke.

Hab mir gerade seine Schuhe gekauft!

Lisa und Tim sind voll im Bodo-Fieber.

Beim Finale „We are the world" fassten wir uns alle an den Händen, waren glücklich und genossen das Zusammensein. Wie in einer großen Familie! Danach drängten alle nach vorne und schrien nach einer Zugabe.

Auf einmal wurde alles schwarz. Als ich wieder aufwachte, lag ich auf einer Liege in einem Sanitätszelt. Sofort kamen Sanitäter und fragten mich, wie es mir gehe und ob ich Hunger und Durst hätte. Als ich mich etwas erholt hatte, fuhr ich glücklich und müde mit meinem etwas brummigen Bruder nach Hause und träumte schon vom nächsten Konzert.

So ein Glück, dass wir gewonnen haben.

Ich bin schon ganz nervös!

Und dann die Überraschung!

5 Suche im Text Stellen, die für dich wichtig sind. Lies sie vor und begründe deine Textauswahl.

6 Anika verbindet mit dem Konzertbesuch besondere Erlebnisse.
- Notiere, wo das im Text deutlich wird.
- Sind Anikas Gefühle für dich nachvollziehbar oder eher nicht? Diskutiere es mit anderen in der Klasse.

7 Der ältere Bruder muss als Fahrer und „Aufpasser" mitkommen. Er ist kein Polly-Fan und hat Vorbereitung und Verlauf des Konzerts ganz anders erlebt.
Stellt in einem Rollenspiel dar, wie er seinem Freund davon erzählt. Bereitet das Rollenspiel vor und besprecht die Aufgabe der Zuschauer.

Wenn sich Psychologen darüber Gedanken machen, welche Rolle Stars und Idole für die Menschen spielen, dann gebrauchen sie dabei ihre eigene Fachsprache.

8 Untersucht den Text „Idole" (S. 157 oben) zu zweit. Nutzt die Angaben am Rand und die Hilfen zum Untersuchen von Sachtexten in Wissen und Können, Seite 291.

Im Blickpunkt: Stars und Werbung   **157**

Idole
Der Bewunderer identifiziert sich mit dem Erfolg des Idols. Er glaubt, dadurch selbst besser zu sein. Er projiziert eigene Wünsche in sein bewundertes Vorbild und schafft sich einen idealen Partner ohne Fehler, den es in Wirklichkeit so nicht geben kann. Ein Idol ist ein Traumbild. Es existiert in der Fantasie des Bewunderers.

identifizieren:
gleichsetzen, übereinstimmen

Idol:
Wunschbild, Vorbild

projizieren:
übertragen

ideal:
vollkommen

Fantasie:
Einbildungskraft, Einfallsreichtum, Wahnvorstellung

9 Was haben Foto und Text miteinander zu tun? Verdeutlicht einzelne Aussagen des Sachtextes mit eurem Wissen. Ihr könnt auch die Schüleräußerungen (S. 154) und Textstellen aus „Mein Polly-Konzert (S. 155/156) nutzen.

10 Schreibe zu der Fotostory (S. 153–157) eine Geschichte. Mache dir einen Schreibplan. Du kannst die Sprechblasentexte und die Bildunterschriften in deinen Text übernehmen. Achte darauf, dass am Schluss als Pointe deutlich wird, dass Bodo in Wirklichkeit nicht den Vorstellungen von Tim und Lisa entspricht.

So kannst du beginnen:

Ein ganz normaler Nachmittag. Tim und Lisa blätterten Zeitschriften durch. Auf einmal fand Tim eine interessante Meldung: „Sieh mal, hier gibt's eine Verlosung: Backstage mit Bodo." „Das wäre mein Traum", schwärmte Lisa …

Hallo – Bodo?!

Zwei Stunden vor dem Konzert: Tim und Lisa backstage bei ihrem Star …

11 Was hat man eigentlich davon, wenn man sich ein Vorbild sucht? Spricht auch etwas dagegen? Schreibe deine Meinung zu dieser Frage auf. Begründe sie ausführlich.

Sachtext und Foto vergleichen, eine Geschichte schreiben, Stellung nehmen

Fanartikel – Das muss ich haben!

1 Lest den Text mit verteilten Rollen. Macht durch Betonung, Mimik und Gestik deutlich, wie die beiden denken und fühlen.

Lisa: Hey, Hanno, was hast du denn für ein heißes T-Shirt an? Woher ist das?
Hanno: Das ist aus dem Fan-Shop meines Lieblingsvereins, aber ich hab noch ganz andere Sachen …
Lisa: Ist ja toll, erzähl mal!
Hanno: In meinem Zimmer steht eine Nachttischlampe in den Vereinsfarben und Ketschup gibt's bei uns nur noch aus der gelb-roten Tube. Mein Vater trägt Vereinskrawatten und meine Mutter hat ihr Auto umlackieren lassen und ein Kissen mit Mannschaftsfoto ins Rückfenster gelegt.
Lisa: Das ist ja noch gar nichts! Meine Schwester hat sich jetzt zum Geburtstag für ihr Pferd eine Decke gewünscht mit Starfotos aus „Gutes Reiten – Schlechtes Reiten". Ihre ganzen Schulsachen sind auch schon damit bedruckt: Mappe, Stifte, Hefthüllen … Sie verpasst keine Sendung. (…)
Hanno: Das wäre mir zu stressig, aber verstehen kann ich's. Meine Schwester schläft nur noch in Bettwäsche mit Bildern von Egbert P. aus der Nachmittags-Talkshow. Letzte Woche hat sie sich die Egbert-P.-Sonnenbrille gekauft – aber sie sieht damit irgendwie komisch aus. Sie hat sogar verlangt, dass ich mir eine Egbert-P.-Kappe aufsetze, aber ich finde, das geht zu weit.
Lisa: Aber wirklich! Auch dass wir neuerdings nur noch Fischstäbchen in Mickymausform zu essen bekommen und alle aus Batman-Tassen trinken müssen, finde ich eigentlich nicht so toll.
Hanno: Übrigens, sag mal, was hast du eigentlich für besondere Sachen?
Lisa: Ich? Ähmm … ich … also … ich habe Fotos von mir auf selbstleuchtende Folie kopieren lassen und über meinem Bett an die Decke geklebt …

2 Tauscht euch über eure Gedanken zum Dialog der beiden aus:
 – Worum geht es im Gespräch?
 – Was geht euch durch den Kopf, wenn ihr die Aussagen lest und hört?
 – Was denkt ihr über die Schlussbemerkung von Lisa?
 – (…) An dieser Stelle (Z. 13) könnt ihr das Gespräch ergänzen und dabei die Namen von Freunden und Bekannten einsetzen. Sicher findet ihr noch eine ganze Menge Fanartikel, die ihr hier erwähnen könnt.

Einen dialogischen Text lesen und verstehen

Im Blickpunkt: Stars und Werbung

Produkte anpreisen

1 Die Klasse 7a wollte wissen, wie Werbung funktioniert, und hat im Internet den Text „Alles so schön bunt hier" gefunden. Untersucht den Text zu zweit. Wenn ihr bei der Texterarbeitung Hilfe braucht, könnt ihr in „Wissen und Können" unter „Lesemethoden" (S. 291) nachschlagen.

„Alles so schön bunt hier"

Werbung könnt ihr eigentlich an jeder Straßenecke begegnen. Manchmal seid ihr auch selbst Werbeflächen, zum Beispiel wenn ihr bestimmte Markennamen
5 auf T-Shirts oder Schuhen, Taschen oder Hosen tragt.

Werbung hat nur ein einziges Ziel: euer Geld! Deshalb lenkt sie eure Aufmerksamkeit auf bestimmte Produkte – und
10 das mit immer raffinierteren Mitteln. Denn würden wir immer nur kaufen, was wir brauchen, ließen sich viele Produkte gar nicht verkaufen.

Die Werbung will also erreichen, dass
15 wir „unvernünftig" handeln und mehr Geld ausgeben als unbedingt nötig. Ihr sollt bestimmte Produkte kaufen oder eure Eltern so lange „nerven", bis sie euch eure Kaufwünsche erfüllen.
20 Dazu stellt die Werbung die Vorzüge eines Produkts in den Vordergrund – und verschweigt die möglichen Nachteile. Zu den angeblichen Vorteilen gehört, dass man sich neben dem Produkt
25 noch Gefühle wie Freiheit, „cool sein", Abenteuer oder Sicherheit sozusagen dazukauft. Besonders geschickt macht das zum Beispiel die Zigarettenwerbung. Die Models sehen alle supergesund aus
30 (obwohl Rauchen gesundheitsschädigend ist), und sie wirken entspannt, „cool" und „frei".

In den Werbefilmen zwischen den Sendungen werden euch möglichst viele
35 Produkte gezeigt. Aber nicht nur dort, sondern auch in Kinder- und Jugendzeitungen, durch SMS, im Internet oder durch E-Mails werdet ihr massiv mit Werbung bombardiert.

Natürlich seid ihr nicht völlig macht- 40 und schutzlos gegenüber den Versuchungen der Werbung. Deshalb ist es wichtig, zu wissen, was Werbung will 45 und wie sie ihr Ziel erreicht.

Und ihr solltet auch wissen, dass man mit Werbung nicht 50 nur Produkte besser verkaufen kann, sondern auch Ideen verbreiten, zur Beseitigung von Miss- 55 ständen aufrufen oder zum Nachdenken anregen kann.

Je nach Ziel, Zweck und dem Alter der 60 Kinder, die angesprochen werden sollen, taucht Werbung in verschiedenen Formen auf, zum Beispiel als Anzeige, Plakat oder Kinowerbung. Sie ist auch verschieden ge- 65 staltet, zum Beispiel laut oder aggressiv, wohltönend oder sanft, grell oder blass. Wisst ihr, dass es Spezialisten gibt, die eigens dafür bezahlt werden, den „richtigen" Klang für das Zuknallen einer 70 Autotür oder den Biss in Kartoffelchips zu entwickeln?

Einen Sachtext lesen und verstehen

2 Stellt die Informationen übersichtlich in einer Mindmap dar. Die Arbeitsschritte, wie eine Mindmap entsteht, lest auf Seite 273 nach.
- Vergleicht und diskutiert eure Mindmaps.
- Diskutiert auch den Satz „Die Werbung will also erreichen, dass wir ‚unvernünftig' handeln und mehr Geld ausgeben als unbedingt nötig." (Z. 14–16)

3 Habt ihr noch Fragen zum Thema Werbung?
Schreibt die Fragen auf und vergleicht sie in der Klasse:
- Warum gibt es Werbung auf Informationsseiten im Internet?
- Woran erkennt man, was Werbung, was Information ist?
- ...

Einige Fragen könnt ihr vielleicht sofort beantworten, auf andere könnt ihr in weiteren Texten zum Thema „Werbung" im Internet nach Antworten suchen. Nutzt dazu geeignete Suchmaschinen, z. B. www.helles.koepfchen.de.

Tipp: Die Texte könnt ihr auch mit der Methode des Partnerpuzzles bearbeiten und auswerten. Wie die Methode funktioniert, erfahrt ihr in der Werkstatt Methoden und Arbeitstechniken, S. 282.

4 Erkläre schriftlich so kurz wie möglich, was Werbung will und wie sie ihr Ziel erreicht.

 Rechtschreibung – kurz nachgedacht

Laute und Buchstaben

aggressiv, E-Mail, existiert, Fanartikel, Fantasie, Fotostory, funktionieren, ideal, identifizieren, Idole, massiv, Plakat, Produkt, projizieren, Psychologe, raffiniert, Spezialisten, T-Shirt, Werbespots ...

- Ergänze die Liste mit weiteren **Fremdwörtern** aus dem Kapitel.
- Sprecht darüber, was sie bedeuten. Schlagt auch im Wörterbuch nach.
- Markiere in den Wörtern die Rechtschreibschwierigkeit (Folie).
- Die Wörterliste ist alphabetisch geordnet. Welche anderen Möglichkeiten fallen dir ein? Probiere sie aus und vergleiche sie mit anderen in der Klasse. → Seite 260

→ *Fremdwörter gehören zum Wortschatz, S. 225*

Informationen aus einem Sachtext in einer Mindmap darstellen

Werbewünsche – Werbesprache – Werbespots

1 Stell dir vor: Am Schulkiosk werden kaum noch Kakaopäckchen verkauft. Das Getränk gilt bei den Schülerinnen und Schülern als „uncool". Du sollst das Getränk aufwerten und mit einem neuen Produktnamen als etwas ganz Besonderes anpreisen. Nutze dazu die Werbewörter-Bau-Maschine:

- Erstelle sie mithilfe der Illustration.
- Beschrifte die Scheibe. Du kannst die angegebenen Wörter auch durch eigene Ausdrücke ersetzen.
- Notiere alle Ausdrücke, die für dich infrage kommen.
- Wähle einen aus. Begründe deine Auswahl.

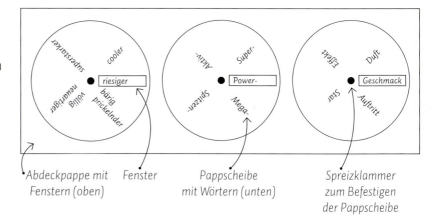

2 Nutze dieses Hochwertwort auf einem Werbeplakat. Überlege, ob du zusätzlich eine bekannte Persönlichkeit mit deinem neuen Ausdruck werben lässt. Stellt eure Ergebnisse anschließend in der Klasse vor.

Sprache

Wenn in Texten Personen oder Dinge angepriesen werden, werden unterschiedliche sprachliche Mittel verwendet:
- **Hochwertwörter** drücken etwas Positives aus: Goldbär, Fruchtgummi-Vergnügen, Gaumenfreude, herrlich, außergewöhnlich, sensationell …
- **Steigerungen/Superlative:** die edelsten, schönsten, größten …
- **Adjektive**, die verstärken: superleicht, hochaktuell, fruchtig prickelnd; bärig gut, tierisch fruchtig, völlig neuartig …

In der Werbung kommen auch häufig Hochwertwörter vor, die aus fremden Sprachen stammen (z. B. super, cool, trendy). Oft kann man nicht sagen, was sie genau bedeuten. Es sind **Modewörter**, die austauschbar und inhaltsleer sind. Modewörter kommen häufig aus dem Englischen und werden oft weiter gesteigert (z. B. coolste, trendy-trendy).

→ *Mit Adjektiven bewerten, S. 229*

Slogan:
kurzer, einprägsamer Spruch, der für eine Trendidee wirbt

3 Untersucht das Werbeplakat für eine Sportgruppe:
– Wohin sieht man zuerst? Was zieht den Blick an?
– Welche Textteile liest man zuerst? Welche später?
– Welche sprachlichen Besonderheiten entdeckt ihr? Nutzt die Angaben dazu im Kasten auf Seite 161.

4 In dem Interview mit dem Skispringer geht es nicht nur um Sport. Was ist mindestens genauso wichtig?

5 Sucht Beispiele für offene und versteckte Werbung in Jugendzeitschriften, in Soaps, in Fotoromanen, in Fernsehfilmen, in sogenannten Homestorys, im Internet ... und untersucht sie gemeinsam in der Gruppe wie oben.

6 Stellt eure Untersuchungsergebnisse übersichtlich zusammen, vergleicht sie miteinander und präsentiert eure Ergebnisse in der Klasse. Nutzt für diesen Arbeitsschritt die Anregungen auf Seite 270.

7 Entwirf eine Werbeanzeige für ein Produkt, das völlig überflüssig ist und das niemand braucht. Wende alle Werbemittel an, die du kennengelernt hast. Du kannst dabei besonders stark übertreiben. Es kann auch ein Drehplan für einen Werbespot werden.

Diskutieren – sich auseinandersetzen

> 1. Ohne Werbung wüssten wir nicht, dass neue Produkte auf dem Markt sind.
> 2. Werbung verführt dazu, etwas zu kaufen, was man gar nicht braucht.
> 3. Werbung kann auch guten Zwecken dienen: Beiträge für den Erhalt des Regenwaldes oder Sammeln für Betroffene bei Naturkatastrophen.
> 4. Werbung verspricht etwas, was das Produkt nicht halten kann.
> 5. Werbung will Bedürfnisse wecken.

1 Überlege dir, welchen Behauptungen (Thesen) auf dem Zettel du zustimmen möchtest. Du kannst sie auch abändern oder ergänzen oder ganz neue formulieren.

2 Führe mit anderen ein Streitgespräch und versuche, deine Meinung zu vertreten. Bleibe dabei nicht starrsinnig bei deiner Meinung, wenn andere Argumente vorbringen, auf die du selbst noch nicht gekommen bist.

Ihr könnt dazu auch das Schreibgespräch als Methode wählen:

Methoden und Arbeitstechniken

Gemeinsam lernen: Ein Schreibgespräch führen

1. Legt fest, wozu ihr das Schreibgespräch führen wollt.
2. Setzt euch möglichst zu viert in einer Gruppe zusammen.
3. Jede Gruppe bekommt ein großes Blatt Papier.
4. Schreibt zunächst jeweils die Behauptung mitten auf das Blatt Papier.
5. Jeder aus der Gruppe kann nun dazu etwas auf das Blatt Papier schreiben. Dabei wird nicht gesprochen – auch nicht nachgefragt.
6. Lest auch, was andere schreiben, und ergänzt, was ihr dazu meint. So entwickelt sich ein stummes Schreibgespräch.
7. Am Schluss werden alle Blätter ausgelegt oder ausgehängt. Die Gruppen erzählen, wie das Gespräch verlaufen ist.

6 Welche Position nimmst du ein? Nimm schriftlich Stellung.

Werkstatt
Lesen – Texte und Medien

Eine Werbeanzeige untersuchen und bewerten

Werbung will manchmal auch zum Nachdenken, Diskutieren und zur Verhaltensänderung anregen. Sie funktioniert dann genauso wie die Werbung, die uns zum Kauf von Produkten anhalten will.
So oder ähnlich könnte eine Aufgabe zum Untersuchen von Werbung lauten:

Schau dir die Abbildung genau an. Es handelt sich um eine Anzeige aus der Kampagne anlässlich des 50-jährigen Jubiläums der Hilfsorganisation Misereor. Beantworte die Fragen:

1. Wofür wird hier geworben?

2. Was entdeckst du und wirkt es auf dich?

3. Überzeugt dich die Werbung für die gute Sache Misereor?
   Könntest du dir vorstellen, einen Teil deines Taschengeldes der Hilfsorganisation zur Verfügung stellen?

Nutze zur Beantwortung der Fragen die Hilfen auf der nachfolgenden Seite.

Bevor du mit deiner Arbeit beginnst, informiere dich im Internet über die Hilfsorganisation Misereor (www.misereor.de).

Im Blickpunkt: Stars und Werbung

1. Schritt: *Wissen, was man tun muss*
- *Die gestellte Aufgabe genau lesen*
- *Wichtiges markieren*

1 Unterstreiche alles Wichtige in der Aufgabenstellung auf Seite 164, das du besonders beachten musst und nicht überlesen darfst (Folie).

2. Schritt: *Werbung genau anschauen und einzelne Elemente erkennen*
- *Wozu ruft die Werbeanzeige auf? Gibt es einen Slogan?*
- *Was fällt sofort ins Auge? Spielen Farben, Bilder, Schrift eine Rolle?*

2 Nummeriere in der Werbeanzeige die Bildelemente der Reihe nach, wie du sie mit den Augen erfasst, mit Zahlen von 1 bis 5 (Folie).

3 Notiere die Bildelemente.

3. Schritt: *Werbewirksames erkennen*
- *Wie ist die Werbung gestaltet? Wie wirken Farben und Bildteile?*
- *Welche sprachlichen Gestaltungsmittel werden verwendet?*
- *Welche Vorstellung wird ausgelöst?*
- *Worin besteht die besondere Idee?*

4 „Bei Armut und Ungerechtigkeit hört der Spaß auf."
- Wie verstehst du diesen Satz?
- Wem wird er hier in den Mund gelegt?
- Wieso ist das besonders werbewirksam? Begründe!

4. Schritt: *Die Werbung bewerten*
- *Wird man von dem überzeugt, wofür geworben wird?*

5 Was ist deiner Meinung nach an der Gestaltung und Aussage gelungen? Gibt es etwas, was du ändern würdest? Begründe!

6 Schlage eine andere bekannte Persönlichkeit vor, die für die Hilfsorganisation Misereor werben könnte. Ändere die Werbung so, dass sie zur ausgewählten Person auch passt und werbewirksam ist. Lass anschließend deine Werbeidee von anderen untersuchen und bewerten.

Werbeanzeigen mithilfe von Fragen untersuchen und bewerten

Was Fans und Stars verbindet

Michail Krausnick
Der Hauptgewinn oder Bären für die Ketchupboys

Gisi hat eine große Leidenschaft für ihre Boygroup, die Ketchupboys. Also gründet sie einen Fanclub. Ihr höchstes Ziel ist es, eine Karte für ein Konzert zu ergattern, auch wenn die Eltern dagegen sind. Doch wofür gibt es Preisausschreiben?

Die Geschichte vom Hauptgewinn ist eigentlich noch eine Geschichte aus Gisis Kindheit. Seit ein paar Wochen nämlich hat sich ihr Leben total verändert.
Gisi ist inzwischen nicht nur älter, sondern auch reifer geworden. Genau genommen seit dem Tag, an dem Ben in ihr Leben trat. Ben. Ben von den Ketchupboys – falls man das erklären muss.
Ihre Musik mochte Gisi schon lange. Und ihre Videoclips waren echt geil. Aber es gab eben noch andere Boygroups, die ihr gefielen. Zum richtigen Fan wurde sie erst durch Anja. Anja ist Gisis beste Freundin.
Wie meistens saßen sie bei Anja im Wohnzimmer, hatten den Musikkanal gedrückt und wie immer auf volle Lautstärke gestellt. Das machte nichts, denn Anjas Mutter war im Büro und die Wände des Hauses waren ziemlich dick. Der Rhythmus steckte sie so an, dass sie vor dem Fernseher mittanzten. Und Anja, die viele Songs auswendig konnte, sang sogar mit.
Wenig später, als sie kurz mal verschnaufen mussten und vor dem Fernseher auf dem Boden lagen, geschah es. „Na los, Gisi, such dir einen aus."
„Wie bitte?", fragte Gisi.
„Natürlich einen von den fünf! Freie Wahl! Also los. Wer ist dir der Liebste?"
„Der Liebste?"
„Ja. Du kannst jeden haben. Außer Phil. Der ist nämlich meiner."
Gisi überlegte nicht lange. Für sie war es keine Frage, wer am süßesten aussah und beim Tanzen die besten Bewegungen draufhatte: „Der da!"

An diesem Tag schrieb Gisi in ihr Tagebuch: „Wenn ich gewinne, werde ich Ben mit auf die Reise nehmen. Ihn ganz allein. Nach Bali oder Hawaii. Am besten aber auf eine total einsame Insel."

Es war unglaublich, wie toll er tanzen und singen konnte und dabei nie außer Atem kam, sondern ganz locker und cool wirkte und wahnsinnig lieb aussah.

Anja war einverstanden mit Gisis Wahl. Sie meinte zwar, er sei bei Weitem nicht so sexy wie Phil. Phil habe einen knackigeren Po und den optimalen Waschbrettbauch. Aber wenn Ben in Zukunft ein wenig mehr Bodybuilding treiben würde, könnte es ja noch werden. Trotz allem aber sei er bestimmt eine gute Wahl, intelligent und riesig nett. Für sie komme Ben sowieso nicht infrage; da sie gegen allzu blonde Jungen eine Allergie habe. Daran sei wahrscheinlich ihr Cousin Jonas schuld.

Gisis Zimmer macht ihre innere Veränderung mit. Nach und nach ziehen sämtliche Ketchupboys bei ihr ein: Hank, Andrew, Lester, Phil und Ben. Ihre Mutter schüttelt nur noch den Kopf. Weil Gisi nacheinander alle alten Bilder abhängt und um Reißzwecken bittet. Miró sei doch so ein großer Künstler, meint sie mit einem leichten Klageton in der Stimme, und die Giraffe von Mordillo habe ihr doch schon als Baby so gut gefallen. Doch Gisi braucht Platz für Plakate, Poster und Zeitungsausschnitte.

Seit Ben in Gisis Leben getreten ist, sind Mama und Papa plötzlich viel älter geworden. Sie sehen die falschen Programme, lesen die falschen Zeitungen, hören die falsche Musik, haben überempfindliche Ohren. Und überhaupt kein Feeling für erforderliche Lautstärken.

Hoffnungslos.

Ihr Bruder ist computermäßig weder klein noch blöd, sondern ein absolutes Ass. Fast schon ein Wunderkind. Das muss selbst Gisi zugeben.

Im Internet hat Taco sofort die Homepage der Ketchupboys entdeckt. Da finden sich jeden Tag die neuesten Infos über die große Welttournee. Man kann per Mausklick Fotos abrufen und auch erfahren, ob und wo es noch Karten gibt. Oder wie es heute um ihre Gesundheit steht: Ben zum Beispiel hat sich vorgestern beim Reiten den Knöchel verstaucht, musste gestern mit dem Fitnesstraining aussetzen und einen Autogrammtermin in Glasgow absagen. Aber inzwischen ist er zum Glück schon auf dem Weg der Besserung.

Anja ist schon wesentlich weiter als sie. Ein halbes Jahr älter. Da kann sie eine Menge lernen. Gut, dass es sie gibt. Mit ihr kann Gisi ganz offen über die Ketchupboys reden. Vor allem aber: tausend Pläne schmieden, wie man in ihre Nähe kommen könnte.

„Ich würde gern einmal backstage sein."

„Was???"

„Wenn wir sie erst mal kennen, dürfen wir bestimmt auch hinter die Bühne. Backstage. Hinter die Kulissen schauen ... mit dem Manager sprechen. Dabei sein bei den Proben, in der Garderobe, wenn sie geschminkt werden, wenn die Mikrofone und alles gerichtet werden, Lichtcheck, Soundcheck ... ganz cool und locker sollen sie da sein, richtig natürlich, und immer Witze machen, hat eine Reporterin geschrieben ... also richtig süß, vor allem Phil ... wär eine echte Ulknudel ..."

„Oje, wir werden sie wahrscheinlich niemals kennenlernen ... Millionen Mädchen auf der ganzen Welt wollen schließlich in ihre Nähe."

„Na ja ... Phil und Ben müssten natürlich irgendwie auf uns aufmerksam werden ..."

„Wie denn?"

„Wir müssen uns eben etwas einfallen lassen."

1 Gisi und Anja beschäftigen sich in ihrer Freizeit sehr intensiv mit ihrer Lieblingsband. Schreibe in Stichworten auf, was sie alles tun: Musikvideos ansehen, dazu tanzen ...

2 In dem Text erfährst du, wie sich Gisis Leben verändert hat, seitdem sie ein Fan der Ketchupboys geworden ist. Markiere Textstellen,
 – in denen ihre inneren Veränderungen,
 – äußere Veränderungen und
 – Veränderungen im Verhältnis zu ihren Eltern deutlich werden.

3 Ist Gisis und Anjas Verhalten typisch oder übertrieben? Nimm Stellung.

4 Wähle eine Aufgabe aus:
 a Was können Gisi und Anja anstellen, um Phil und Ben zu gefallen? Schreibe es auf und diskutiere es mit anderen.
 b Schreibe als Gisi oder Anja einen Brief an einen Freund oder eine Freundin und erzähle darin, wie begeistert du von Phil oder Ben bist.

Eine Geschichte erschließen: Handlungsmotive der Figuren erklären

Ein Standbild bauen

Standbilder könnt ihr zu Situationen, Geschichten und Gedichten bauen. Die Schülerinnen und Schüler auf dem Foto haben sich zum Verhältnis von Stars zu ihren Fans eine Situation ausgedacht und die Situation mit ihren Körpern nachgestellt.

- Ein solches Standbild können die Zuschauer von allen Seiten betrachten. Sie dürfen es auch verändern: Sie verschieben einzelne Personen oder ändern ihre Körperhaltung nach eigener Idee.

- Ein Standbild kann aber auch in Bewegung geraten und lebendig werden. Nach kurzer Zeit, nach einem Signal, erstarrt es wieder.

- Wenn das Standbild fertig ist, macht am besten ein Foto davon. Dann können es auch die Schülerinnen und Schüler betrachten, die es dargestellt haben.

1 Sucht eine Situation zum Thema „Star und Fans". Baut dazu ein Standbild. Ihr könnt aus den folgenden Ideen auswählen oder eigene finden:
   - Dem Star sind die Fans lästig. Er will sie nicht an sich heranlassen.
   - Die Fans bedrängen den Star so, dass nichts von ihm zu sehen ist.

2 Sprecht nach jedem Standbild darüber,
   - wie ihr euch als Darsteller in dem Bild gefühlt habt,
   - was euch beim Betrachten aufgefallen ist.

Ideen und Anregungen

→ Zu einer Produktwerbung könnt ihr auch einen **Werbespot** planen und drehen. Dazu braucht ihr eine Videokamera und einen Drehplan.

▸▸ Entwerft einen Drehplan. Die Bildinhalte könnt ihr mit einer Skizze zeichnerisch darstellen oder genau beschreiben. Berücksichtigt auch die Möglichkeiten der Kameraeinstellungen. Beispiel:

Bildinhalt	**beabsichtigte Wirkung**	**Kameraeinstellung und -perspektive**	**Ton, Geräusche, Sprache**
1. Szene: Kakaopäckchen mit bemaltem traurigem Gesicht	sie werden nicht gekauft und stehen gelassen	Nah Normalansicht	Pausengeräusche
2. Szene: …			

Die Kamera ist das „Auge" eures Werbespots. Aus ihrer Sicht nimmt später der Zuschauer die Werbung wahr. Wichtige Sehweisen sind: Kameraeinstellungen und Kameraperspektive.

▸▸ Dies sind drei geläufige **Kameraeinstellungen:**
 – Die Totale (T) zeigt den Gegenstand und die Umgebung.
 – Nah (N) zeigt nur den eigentlichen Gegenstand oder die Person.
 – Detail (D) konzentriert den Blick auf eine Einzelheit, z. B. den Namen.

▸▸ Die **Kameraperspektive** verhilft dem Zuschauer zu einer bestimmten Sicht auf Dinge und Personen:
 – Die Vogelperspektive ermöglicht einen Blick „von oben herab". Was gezeigt wird, erscheint kleiner.
 – Die Froschperspektive zeigt alles aus einer niedrigen Kameraposition. Es wirkt groß.
 – Die Normalsicht entspricht unseren üblichen Sehgewohnheiten. Sie zeigt die Person in Augenhöhe.

→ Ihr könnt Fotostorys wie die von S. 153–157 herstellen:
 – Überlegt euch eine Geschichte zu Stars und Fans in sechs bis acht Bildern, die ihr als Standbild darstellt und fotografiert.
 – Danach stellt ihr die Bilder in ein Textverarbeitungsprogramm und ergänzt Gedanken- und Sprechblasen sowie Zwischentexte.

Überprüfe dein Wissen und Können

1 Werbeanzeigen bestehen aus verschiedenen Teilen. Nenne einige wichtige. — *Aufbau von Werbung beschreiben*

2 Untersuche die folgende Werbung. Beantworte dazu die Fragen: — *Werbung untersuchen*
- Wofür wird geworben?
- Wie lautet der Slogan?
- Was zieht den Blick an?
- Welche sprachlichen Tricks fallen dir auf?
- Was fällt an der Bildgestaltung auf?
- Wirst du vom Produkt überzeugt? Begründe.

3 Warum nutzen Werbemacher Sportler, Schauspieler, Popstars oder Prominente aus dem Fernsehen für ihre Werbung? Schreibe dazu deine Meinung auf und begründe sie. — *Schriftlich Stellung nehmen*

4 Entwirf eine „ehrliche" Werbung, indem du über ein Produkt zweifelsfrei aufklärst. Nenne zum Beispiel die Nebenwirkungen oder Mängel des Produkts. Nutze einen Star als abschreckendes Beispiel. — *Werbung selbst gestalten*

Balladen und Moritaten –

Nun springt er ins Boot und mit ihm noch sechs:
Hohes, hartes Friesengewächs;
Schon sausen die Ruder.

Die ich rief, die Geister,
werd ich nun nicht los.

Hei, das gibt ein Ringelreihn,
Und die Brücke muss in den Grund hinein.

Mit Hacke, Karst und Spaten ward
Der Weinberg um und um gescharrt.

Auf den folgenden Seiten beschäftigt ihr euch mit spannenden Geschichten, die zugleich Gedichte sind. Solche Geschichten in Gedichtform bezeichnet man als Erzählgedichte oder Balladen. Viele bekannte Dichterinnen und Dichter haben Balladen geschrieben. Auch auf Jahrmärkten oder Straßen wurden früher gereimte Geschichten vorgetragen, in denen es meist ziemlich blutrünstig zuging. Deshalb werden diese Texte auch als Moritaten bezeichnet.

Auf den folgenden Seiten lernt ihr,
- worum es in Balladen und Moritaten geht,
- was die typischen Merkmale einer Ballade sind,
- wie man Balladen und Moritaten interpretiert,
- worauf es ankommt, wenn man eine Ballade vortragen möchte.

Dramatische Geschichten in Gedichtform

1 Auf Seite 172 seht ihr Abbildungen und Textzeilen, die zu den Balladen in diesem Kapitel gehören. Erzählt den anderen etwas darüber, wenn ihr sie kennt, oder sucht sie auf den folgenden Seiten.

2 Seht euch die Bilderfolge auf dieser Seite genau an. Welche Geschichte vermutet ihr dahinter?

→ Sucht euch zu zweit eine Ballade aus einem Balladenbuch oder aus dem Internet aus und stellt sie der Klasse vor: Ihr könnt berichten, worum es geht, und vielleicht eine spannende Strophe vorlesen.

Sabinchen – eine Moritat

1 Lies die Moritat „Sabinchen".
– Wo würdest du Strophen einteilen?
– Zu welchen Strophen passen die Bilder von Seite 173?

2 Richtige Dichter waren die Moritatenschreiber selten.
Deshalb klingen manche Reime komisch: *daher – Schuhmacher*.
Findet ihr weitere komische Reime?

3 Schlüpft in die Rolle eines Bänkelsängers und tragt die Moritat vor.
Wie ihr den Text zum Vortragen vorbereiten könnt, erfahrt ihr auf Seite 181.
Überlegt euch auch, wie ihr die komischen Reime lesen wollt …

4 Eine Zeitung hätte dieses Ereignis anders dargestellt:
in einem sachlichen Bericht, mit den wichtigsten Informationen
(Was ist passiert? Wer war beteiligt? Wo? Wie? Mit welcher Folge?).
Schreibe solch einen kurzen Bericht:
Ein Schuster aus Treuenbrietzen hat seine Freundin Sabine M. brutal ermordet. Vor dem Mord hatte sich Folgendes ereignet: …

Sprache

Alte Wörter verstehen

Wenn du einen alten Text liest, kommen manchmal Wörter vor, die du nicht kennst und nicht verstehst, z. B. hold, redlich oder Schlund. Versuche zunächst, aus dem Zusammenhang zu erschließen, was die Wörter bedeuten. Denk dir die Wörter einfach weg und überlege, was dort stattdessen stehen könnte.
Finde die Wortart heraus: hold muss ein Adjektiv sein, genau wie tugendhaft oder redlich. Aus dem Textzusammenhang wird auch klar, dass diese Adjektive Sabinchen positiv darstellen sollen.
Frauenzimmer ist ein Nomen und muss etwas wie „junge Frau" oder „ein Mädchen" bedeuten. Du kannst auch erraten, dass Schlund ein Körperteil ist.
Wenn du aber ganz sicher sein willst, musst du in einem Wörterbuch nachschlagen oder deine Lehrerin/deinen Lehrer fragen.

Sabinchen

Sabinchen war ein Frauenzimmer,
gar hold und tugendhaft.
Sie diente treu und redlich immer
bei ihrer Dienstherrschaft.
Da kam aus Treuenbrietzen
ein junger Mann daher,
Der wollte so gern Sabinchen besitzen
und war ein Schuhmacher.
Sein Geld hat er versoffen
in Schnaps und auch in Bier,
da kam er zu Sabinchen geloffen
und wollte welches von ihr.
Sie konnt' ihm keines geben,
da stahl sie auf der Stell'
von ihrer treuen Dienstherrschaft
sechs silberne Blechlöffel.
Doch schon nach siebzehn Wochen,
da kam der Diebstahl raus.
Da jagte man mit Schimpf und Schande
Sabinchen aus dem Haus.
Sie rief: „Verfluchter Schuster,
du rabenschwarzer Hund!"
Der nahm sein krummes Schustermesser
und schnitt ihr ab den Schlund.
Ihr Blut zum Himmel spritzte,
Sabinchen fiel gleich um.
Der böse Schuster aus Treuenbrietzen,
der stand um sie herum.
In einem finsteren Kellerloch,
bei Wasser und bei Brot,
da hat er endlich eingestanden
die schaurige Freveltot.
Und die Moral von der Geschicht':
Trau keinem Schuster nicht!
Der Krug, der geht so lange zum Wasser,
bis dass der Henkel bricht.

5 Schaut euch das Bild an und lest den Informationstext.
Welche Informationen aus dem Text findet ihr im Bild dargestellt?

Bänkelsang und Moritat

Bänkelsänger im Elsass (1892)

Ereignisse, die sensationell waren, haben Menschen schon immer interessiert. So auch im 17. Jahrhundert, als der Bänkelsang entstand. Dies machten sich Leute aus dem Schaustellergewerbe zunutze, denn sie kamen weit herum und konnten somit Neuigkeiten aus der großen Welt berichten.

Um die Aufmerksamkeit der vorübergehenden Leute auf sich zu lenken, traten sie häufig auf eine Bank (daher der Name „Bänkelsänger"), zeigten mit einem langen Stock auf eine Bildtafel, auf der die Geschehnisse in einzelnen Bildern aufgemalt waren, und trugen ihre Texte möglichst eindrucksvoll vor. Die Bilder waren sehr einfach gestaltet, und die Zuschauer wussten sofort, dass zum Beispiel eine Person mit einem Beil eine Bluttat begangen hatte oder begehen würde.

Mancher Bänkelsänger spielte bisweilen auf einer Drehorgel und trug die sensationellen Ereignisse singend vor. Liebe und Leid, Eifersucht und Mordtaten („Moritaten" genannt) waren beliebte Themen. Da die meisten Moritaten nicht von „richtigen" Dichtern verfasst wurden, wirken viele holprig und ungereimt. Was schauerlich gemeint war, bringt uns heute eher zum Lachen. Natürlich wollten die Bänkelsänger auch etwas verdienen. Deshalb wurden dem Publikum kleine Heftchen verkauft, die solche Geschichten aus der großen, weiten Welt enthielten.

6 Ihr könnt durch Quizfragen, die ihr euch gegenseitig stellt, überprüfen, ob ihr den Informationstext verstanden habt:
Wer hat früher Nachrichten überbracht? Wie machte man das? ...

7 Herumziehende Bänkelsänger gibt es heute nur noch als ganz seltene Attraktion (Foto links). Aber das Interesse an sensationellen Ereignissen ist geblieben. Sprecht darüber, in welchen Medien solche Meldungen heute verbreitet werden.

8 Warum ist „Sabinchen" (S. 175) eine Moritat? Belege deine Meinung aus dem Sachtext.

Einem Sachtext Informationen entnehmen

Eine Ballade untersuchen und verstehen

1 Lest die Ballade vom Zauberlehrling. Sprecht über das dargestellte Geschehen:
- Wer spricht in dieser Ballade?
- In welcher Situation befindet er sich?
- Was passiert dann?
- „Meistert" er die Situation?

Johann Wolfgang von Goethe
Der Zauberlehrling

Zauberlehrling redet hier; kommt sich ganz toll vor, ist überheblich

Hat der alte Hexenmeister
Sich doch einmal wegbegeben! //
Und nun / sollen seine Geister
auch nach meinem Willen leben! //
5 Seine Wort / und Werke
Merkt' ich / und den Brauch, /
Und mit Geistesstärke /
Tu' ich / Wunder auch. //

Z. probiert Zauberspruch aus

    Walle! walle
10   Manche Strecke, /
    Dass, zum Zwecke,
    Wasser fließe /
    Und mit reichem, / vollem Schwalle
    Zu dem Bade sich ergieße. //

15 Und nun komm, du alter Besen!
Nimm die schlechten Lumpenhüllen!
Bist schon lange Knecht gewesen;
Nun erfülle meinen Willen!
Auf zwei Beinen stehe,
20 Oben sei ein Kopf,
Eile nun und gehe
Mit dem Wassertopf!
    Walle! walle
    Manche Strecke,
25   Dass, zum Zwecke,

Wasser fließe
Und mit reichem, vollem Schwalle
Zu dem Bade sich ergieße.

Seht, er läuft zum Ufer nieder;
30 Wahrlich! ist schon an dem Flusse,
Und mit Blitzesschnelle wieder
Ist er hier mit raschem Gusse.
Schon zum zweiten Male!
Wie das Becken schwillt!
35 Wie sich jede Schale
Voll mit Wasser füllt!
   Stehe! stehe!
   Denn wir haben
   Deiner Gaben
40   Vollgemessen! –
Ach, ich merk' es! Wehe! wehe!
Hab' ich doch das Wort vergessen!

Ach, das Wort, worauf am Ende
Er das wird, was er gewesen.
45 Ach, er läuft und bringt behände!
Wärst du doch der alte Besen!
Immer neue Güsse
Bringt er schnell herein,
Ach! und hundert Flüsse
50 Stürzen auf mich ein.
   Nein, nicht länger
   Kann ich's lassen;
   Will ihn fassen.
   Das ist Tücke!
55   Ach! nun wird mir immer bänger!
Welche Miene! welche Blicke!

O, du Ausgeburt der Hölle!
Soll das ganze Haus ersaufen?
Seh' ich über jede Schwelle
60 Doch schon Wasserströme laufen.
Ein verruchter Besen,

behände
schnell, flink

Eine Ballade lesen und untersuchen

Der nicht hören will!
Stock, der du gewesen,
Steh doch wieder still!
      Willst's am Ende
      Gar nicht lassen?
      Will dich fassen,
      Will dich halten
      Und das alte Holz behände
      Mit dem scharfen Beile spalten.

Seht, da kommt er schleppend wieder!
Wie ich mich nun auf dich werfe,
Gleich, o Kobold, liegst du nieder;
Krachend trifft die glatte Schärfe!
Wahrlich, brav getroffen!
Seht, er ist entzwei!
Und nun kann ich hoffen,
Und ich atme frei!
      Wehe! wehe!
      Beide Teile
      Stehn in Eile
      Schon als Knechte
      Völlig fertig in die Höhe!
      Helft mir, ach! ihr hohen Mächte!

Und sie laufen! Nass und nässer
Wird's im Saal und auf den Stufen.
Welch entsetzliches Gewässer!
Herr und Meister! hör' mich rufen! –
Ach, da kommt der Meister!
Herr, die Not ist groß!
Die ich rief, die Geister,
Werd' ich nun nicht los.
      „In die Ecke,
      Besen! Besen!
      Seid's gewesen!
      Denn als Geister
      Ruft euch nur, zu diesem Zwecke,
      Erst hervor der alte Meister."

2 Lest die Ballade ein zweites Mal und achtet dabei besonders auf die Stimmung, in der der Zauberlehrling sich befindet.
Eine Schülerin hat dies am Rand der ersten Strophe notiert.
Verfahrt genauso in den folgenden Strophen (Folie).

3 In den letzten Zeilen lässt Goethe den Meister zu Wort kommen und nicht mehr den Zauberlehrling. Könnt ihr euch vorstellen, weshalb?

→ *Wie ihr das machen könnt, erfahrt ihr auf der nächsten Seite.*

4 Eine Ballade wird erst richtig lebendig, wenn man sie laut vorträgt. Bereitet den „Zauberlehrling" zum Vortragen vor.

Methoden und Arbeitstechniken

Ein Gedicht oder eine Strophe **auswendig vortragen** ist gar nicht so schwer. Hier ein paar Tipps, wie du dabei vorgehen kannst:
- Gedicht/Strophe mehrfach lesen. Alles verstanden?
- Die Strophe in Abschnitte einteilen und auswendig lernen.
- Stichwortzettel mit Strophenanfängen oder Reimwörtern anfertigen.
- Das Gedicht/die Strophe vor dem Spiegel zu Hause laut vortragen.

→ *Texte in Gruppen lesen und bearbeiten (S. 291)*

5 Lest den folgenden Sachtext gemeinsam in Gruppen oder stellt euch gegenseitig Fragen zum Inhalt.

Balladen

Balladen erzählen Geschichten, in denen es oft spannend zugeht. Die Personen befinden sich häufig in einer bedrohlichen Lebenssituation, die sie überstehen müssen. Aber auch von Gespenstern, Zauberei oder unerklärlichen Vorgängen ist besonders in älteren Balladen die Rede.

Balladen haben wie Gedichte Verse und Strophen, meistens auch Reime. Häufig lässt der Autor oder die Autorin die Figuren, die in der Ballade vorkommen, miteinander sprechen, also spannende Dialoge führen. Bildhafte Ausdrücke (*peitschende Wellen*), Vergleiche (*Wellen wie stampfende Hufe*) und Lautmalerei (den Schall nachahmende Wörter wie *huiii* ...) sorgen für Spannung.

Balladen wollen häufig etwas zeigen, auf falsche oder nachahmenswerte Verhaltensweisen hinweisen.
Viele Stücke der Rockmusik werden ebenfalls als Balladen bezeichnet. Sie handeln von Problemen, die uns Menschen angehen: von Umwelt und Wohnen, Partnerschaft und Liebe, von Trauer und Schmerz.

6 Warum ist der „Zauberlehrling" eine Ballade? Belege deine Ansicht am Text.

Eine Ballade zum Vortragen vorbereiten

▶▶ Damit die Zuhörer fühlen, welche Stimmung und Spannung in der Ballade herrscht, müsst ihr wichtige **Wörter und Sätze** besonders **hervorheben**:
 – Wörter, die wiederholt werden:
  Walle! walle …; Stehe! stehe!
 – Wörter vor Ausrufezeichen:
  Oh, du Ausgeburt der Hölle!
  Ach! nun wird mir immer bänger!
 – Spannende, dramatische Stellen:
  Ach, ich merk es! Wehe! wehe!
  Hab ich doch das Wort vergessen!

▶▶ Der Anfang der Ballade „Der Zauberlehrling" ist als **„Lesefassung"** mit allen Zeichen des sinngestaltenden Lesens aufbereitet. Dabei bedeuten:
 – Striche: kleine Atempausen (/),
 – Doppelstriche: größere Pausen: (//),
 – Unterstreichungen: Betonung der Sinnwörter oder Silben:
  Hat der alte Hexenmeister …
 – Bögen, dass man am Ende des Verses zwar eine kleine Pause machen muss, aber die Stimme nicht absenken darf: ⌣
  Hat der alte Hexenmeister ⌣
  Sich doch einmal wegbegeben! //

▶▶ Außerdem kannst du das **Lesetempo** gestalten.
 Z. B. wirst du den Zauberspruch
 Walle! walle / Manche Strecke, …
 eher langsam und bedächtig vortragen.

▶▶ Auch die **Lautstärke** und der **Klang der Stimme** ist unterschiedlich, je nach der Stimmung des Zauberlehrlings: angeberisch, erstaunt, erschrocken, in Panik. Und am Schluss der Ballade erklingt die ganz andere Stimme des Meisters: langsam, befehlend, selbstsicher.

1 Bereite weitere Strophen des „Zauberlehrlings" mit Lesezeichen und Randbemerkungen vor. Arbeite mit Folie oder einer Textkopie.

2 Suche dir eine andere Ballade aus und bereite sie zum Vorlesen vor.

Werkstatt

Lesen – Texte und Medien

Eine Ballade selbstständig erschließen

Es kommt im Unterricht immer wieder vor, dass dir zu Balladen oder anderen Lesetexten Fragen gestellt werden. Die Ergebnisse deiner Textuntersuchung sollst du dann oft im Zusammenhang aufschreiben. Am Beispiel der spannenden Ballade „Nis Randers" (S. 183/184) kannst du das hier noch einmal üben.

Die folgenden Lesetipps kannst du außerdem immer wieder verwenden, wenn du eine Ballade selbstständig untersuchst:

Lesetipp 1

Lies die Ballade einmal ganz durch. Lies auch weiter, wenn du etwas nicht genau verstehst. Finde heraus:
- *wer die handelnden Figuren sind,*
- *was passiert.*

Lesetipp 2

Finde heraus, um welches dramatische Ereignis es geht. Wie entwickelt sich das Geschehen? Was ist gefährlich, spannend, bedrohlich, unerklärlich?

Lesetipp 3

Was erfährst du über die Figuren der Ballade? Wie verhalten sie sich? Sind sie Helden, Vorbilder oder verhalten sie sich falsch? Warum?

Lesetipp 4

Achte auf die wörtliche Rede und die Dialoge, denn es sind spannende und dramatische Stellen.

Lesetipp 5

Achte auf die Sprache:
- *Sprachbilder (z. B.: Sturmesflug) zeigen das Dramatische und Spannende,*
- *Personifizierungen (z. B.: der Zug keucht vorbei) und Vergleiche (z. B.: wie zum heiligen Christ) machen die Situation anschaulich und lebendig,*
- *Wiederholungen (z. B.: Wehe! Wehe!) zeigen dir spannende und dramatische Stellen,*
- *Lautmalereien (z. B.: heulen, huii) verdeutlichen Stimmen, Geräusche oder Gefühle.*

Lesetipp 6

Überlege: Auf welche vorbildlichen oder falschen Verhaltensweisen will der Autor der Ballade hinweisen?

Lesetipps zum Verstehen von Balladen beachten

Balladen und Moritaten – Dramatische Geschichten in Gedichtform

So könnte eine Aufgabe lauten:

1. Untersuche die Ballade „Nis Randers". Kläre dabei Folgendes:
   – Was passiert in der Ballade?
   – Wie verhalten sich die Figuren in der Situation?
   – Wie gelingt es dem Autor, spannend zu erzählen?
   – Was will der Autor wohl mit der Ballade zeigen?

2. Fasse die Ergebnisse, die du bei deiner Untersuchung herausgefunden hast, schriftlich zusammen.

1 Schau dir das Bild an und lies die Ballade einmal durch. Um welches dramatische Ereignis geht es?

Otto Ernst
Nis Randers

Krachen und Heulen und berstende Nacht,
Dunkel und Flammen in rasender Jagd –
Ein Schrei durch die Brandung!

Und brennt der Himmel, so sieht man's gut:
5 Ein Wrack auf der Sandbank! Noch wiegt es die Flut;
Gleich holt sich's der Abgrund.

Nis Randers lugt – und ohne Hast
Spricht er: „Da hängt noch ein Mann im Mast;
Wir müssen ihn holen."

10 Da fasst ihn die Mutter: „Du steigst mir nicht ein!
Dich will ich behalten, du bliebst mir allein,
Ich will's, deine Mutter!

Dein Vater ging unter und Momme, mein Sohn;
Drei Jahre verschollen ist Uwe schon,
15 Mein Uwe, mein Uwe!"

Eine Ballade lesen und untersuchen

Werkstatt Lesen – Texte und Medien

Nis tritt auf die Brücke. Die Mutter ihm nach!
Er weist nach dem Wrack und spricht gemach:
„Und seine Mutter?"

Nun springt er ins Boot und mit ihm noch sechs:
20 Hohes, hartes Friesengewächs;
Schon sausen die Ruder.

Boot oben, Boot unten, ein Höllentanz!
Nun muss es zerschmettern …! Nein, es blieb ganz! …
Wie lange? Wie lange?

25 Mit feurigen Geißeln peitscht das Meer
Die menschenfressenden Rosse daher;
Sie schnauben und schäumen.

Wie hechelnde Hast sie zusammenzwingt!
Eins auf den Nacken des andern springt
30 Mit stampfenden Hufen!

Drei Wetter zusammen! Nun brennt die Welt!
Was da? – Ein Boot, das landwärts hält –
Sie sind es! Sie kommen!

Und Auge und Ohr ins Dunkel gespannt …
35 Still – ruft da nicht einer! – Er schreit's durch die Hand:
„Sagt Mutter, 's ist Uwe!"

Seenotkreuzer „Nis Randers"

Eine Ballade lesen und untersuchen

Balladen und Moritaten – Dramatische Geschichten in Gedichtform

2 Erkläre, wer Nis Randers ist und welche anderen Figuren vorkommen.

3 Was erfährst du aus den Dialogen zwischen Mutter und Sohn über das Geschehen?

4 Wodurch gelingt es dem Autor, Spannung herzustellen? Nenne Beispiele aus dem Text und nutze dazu die Lesetipps 4 und 5.

5 Welche Verhaltensweise stellt der Autor der Ballade als vorbildlich dar? Woran erkennt man dies?

6 Für die schriftliche Zusammenfassung der Ergebnisse gibt es unterschiedliche Formen. Wende eine der beiden Formen an:

Notizen	Zusammenfassung
Autor: Titel: Textart: Thema:	„Nis Randers" ist eine Ballade. Sie wurde von Otto Ernst geschrieben. Es geht darin um …
Ort/Zeit/Situation: Handlung: Ausgang:	Die Handlung spielt am Meer … Bei großem Sturm … Die Figuren setzen sich damit auseinander, ob und wie sie … Nis Randers ist anderer Ansicht als …
Die Figuren:	Nis und die Fischer … Als …
Spannende Stellen:	Spannend sind besonders die Textstellen, wo das Meer beschrieben wird, z. B.: …
Worauf die Ballade hinweisen möchte:	Auch der Dialog zwischen Mutter und Nis …
Meine Meinung:	Die Ballade will uns klarmachen … Ich finde, dass …

7 Lies noch einmal den Sachtext auf S. 180. Kannst du bestätigen und begründen, dass Nis Randers eine typische Ballade ist?

Eine Ballade untersuchen, Ergebnisse schriftlich darstellen

Ballade und wirkliches Geschehen

1 Betrachtet die Zeichnung und den Titel der folgenden Ballade.
Stellt Vermutungen an, was in der Ballade vorkommen könnte.

2 Lest die Ballade „Die Brück' am Tay" einmal durch:
- Wer spricht in der ersten Strophe miteinander?
- Weshalb sprechen dieselben Figuren in der letzten Strophe noch einmal miteinander?
- Was bedeutet der Satz, der in englischer Sprache am Anfang steht?

3 Bearbeitet die Ballade mithilfe der Lesetipps von Seite 182.

Theodor Fontane
Die Brück' am Tay

(28. Dezember 1879)

When shall we three meet again?
Macbeth.

„Wann treffen wir drei wieder zusamm'?"
    „Um die siebente Stund', am Brückendamm."
        „Am Mittelpfeiler."
            „Ich lösche die Flamm'."
5 „Ich mit."
      „Ich komme vom Norden her."
  „Und ich von Süden."
        „Und ich vom Meer."

Eine Ballade selbstständig untersuchen

„Hei, das gibt ein Ringelreihn,
Und die Brücke muss in den Grund hinein."
„Und der Zug, der in die Brücke tritt
Um die siebente Stund?"
      „Ei der muss mit."
„Muss mit."
    „Tand, Tand,
Ist das Gebilde von Menschenhand!"

     *

Auf der Norderseite, das Brückenhaus –
Alle Fenster sehen nach Süden aus,
Und die Brückersleut' ohne Rast und Ruh
Und in Bangen sehen nach Süden zu,
Sehen und warten, ob nicht ein Licht
Übers Wasser hin „Ich komme" spricht,
„Ich komme, trotz Nacht und Sturmesflug,
Ich, der Edinburger Zug."

Und der Brückner jetzt: „Ich seh einen Schein
Am anderen Ufer. Das muss er sein.
Nun Mutter, weg mit dem bangen Traum,
Unser Johnie kommt und will seinen Baum,
Und was noch am Baume von Lichtern ist,
Zünd' alles an wie zum heiligen Christ,
Der will heuer zweimal mit uns sein, –
Und in elf Minuten ist er herein."

Und es war der Zug. Am Süderturm
Keucht er vorbei jetzt gegen den Sturm,
Und Johnie spricht: „Die Brücke noch!
Aber was tut es, wir zwingen es doch.
Ein fester Kessel, ein doppelter Dampf,
Die bleiben Sieger in solchem Kampf,
Und wie's auch rast und ringt und rennt,
Wir kriegen es unter: das Element.

Eine Ballade selbstständig untersuchen

Und unser Stolz ist unsre Brück';
Ich lache, denk ich an früher zurück,
An all den Jammer und all die Not
Mit dem elend alten Schifferboot;
45 Wie manche liebe Christfestnacht
Hab ich im Fährhaus zugebracht,
Und sah unsrer Fenster lichten Schein,
Und zählte, und konnte nicht drüben sein."

Auf der Norderseite, das Brückenhaus –
50 Alle Fenster sehen nach Süden aus,
Und die Brücknersleut' ohne Rast und Ruh
Und in Bangen sehen nach Süden zu;
Denn wütender wurde der Winde Spiel,
Und jetzt, als ob Feuer vom Himmel fiel',
55 Erglüht es in niederschießender Pracht
Überm Wasser unten ... Und wieder ist Nacht.

„Wann treffen wir drei wieder zusamm'?"
   „Um Mitternacht, am Bergeskamm."
     „Auf dem hohen Moor, am Erlenstamm."
60 „Ich komme."
  „Ich mit."
    „Ich nenn' euch die Zahl."
„Und ich die Namen."
    „Und ich die Qual."
65 „Hei! Wie Splitter brach das Gebälk entzwei."
  „Tand, Tand,
Ist das Gebilde von Menschenhand."

4 Überprüft die folgenden Aussagen zu der Ballade.
Begründet, welcher ihr zustimmen könnt.
a) Der Mensch soll sich gegen die Naturgewalten wehren.
b) Menschen werden die Natur immer beherrschen.
c) Naturgewalten können mächtiger sein als menschliche Technik.
d) Brücken sind gefährliche Konstruktionen.

5 Bereitet die Ballade zum Vorlesen vor. Denkt an die dramatische Situation
und die Gefühle der Figuren, als sich der Zug der Brücke nähert.

Der Unfall am Tay ist tatsächlich passiert. Diese Ereignisse hat Theodor Fontane in seiner Ballade „Die Brück' am Tay" aufgegriffen:

Firth of Tay (Schottland) –
Zug stürzt in Fluss

28. Dezember 1879 – Um circa 19:14 Uhr stürzte in Schottland zwischen St Andrews und Dundee ein Teil der drei Kilometer langen Brücke über den Firth of Tay (erbaut
5 1877) ein, als ein Postzug Burntisland–Dundee sie während eines Orkans überquerte. Der Zug wurde in den Mündungsfjord des Flusses Tay gerissen und versank. Alle 75 Reisende und Zugbedienstete ertranken im
10 eiskalten Wasser. Ursachen des Einsturzes waren die Unterdimensionierung der Brücke bei gleichzeitiger Überbeanspruchung durch höhere Fahrgeschwindigkeiten, die mangelhafte Qualität des Materials und schlechte
15 Wartung. Am 11. Juli 1887 wurde ein Neubau der Brücke eröffnet, neben dem die Sockel der alten Pfeiler heute noch zu sehen sind. Das Ereignis war Thema der Ballade „Die Brück' am Tay" von Theodor Fontane.

6 Erschließt euch den Sachtext über W-Fragen: Was ist passiert? Wer war beteiligt? Wo? Wie? Mit welcher Folge?

7 Vergleicht die Zeitungsmeldung mit der Ballade.
Was trifft auf die Ballade zu, was auf den Sachtext?
 a) Der Text informiert sachlich darüber, wer am Geschehen beteiligt war.
 b) Der Text lässt die beteiligten Personen zu Wort kommen.
 c) Der Text nennt die Folgen des Geschehens.
 d) Der Text stellt das Ereignis dramatisch, rätselhaft und geheimnisvoll dar.
 e) Der Text enthält Personifizierungen, Bilder und Vergleiche.
 f) Der Text nennt die Ursachen des Geschehens.
 g) Im Text werden die Gefühle der Personen ausgedrückt.
 h) Der Text enthält eine Lehre.

Ideen und Anregungen

→ Hier einige **Balladen-Lesetipps**:

» Johann Wolfgang von Goethe: Erlkönig. – *Nachts reitet ein Vater mit seinem Kind durch den Wald. Unvorhergesehenes geschieht …*

» Friedrich Schiller: Der Handschuh. – *Ein Ritterfräulein stellt ihren Verehrer auf die Probe – wird er den Handschuh aus dem Raubtierkäfig holen?*

» Annette von Droste-Hülshoff: Der Knabe im Moor. – *Der Gräberknecht, die unselige Spinnerin, die verdammte Margret: Sie lauern im Moor – und da muss der Junge durch …*

» Theodor Fontane: John Maynard. – *Eine spannende Geschichte über ein Schiff, das auf hoher See in Brand gerät.*

» Detlev von Liliencron: Trutz, Blanke Hans. – *Eine unheimliche Schifffahrt auf der Nordsee – der Mordsee …*

» Bertolt Brecht: Der Schneider von Ulm. – *Ulm 1592: Ein Schneider meint, er könne fliegen. Ob es ihm gelingt?*

» Erich Kästner: Die Ballade vom Nachahmungstrieb. – *Kinder spielen Erwachsene, ein Unglück geschieht …*

» Wolf Biermann: Die Ballade von dem Briefträger William L. Moore aus Baltimore. – *Unvorstellbar: Mord an einem Briefträger …*

→ Bringt Aufnahmen oder Texte bekannter **Rocksongs** oder **Raps** mit, die von heutigen Problemen erzählen. Sprecht darüber, welche dieser Stücke man als Balladen bezeichnen könnte.

→ Im Internet-Portal youtube könnt ihr **gerappte Versionen von Balladen ansehen und anhören**, z. B. den „Zauberlehrling" als Rap.

→ Natürlich könnt ihr **Balladen** auch **selbst rappen** …

Balladen kennenlernen, Anregungen zur Gestaltung aufgreifen

Überprüfe dein Wissen und Können

Gottfried August Bürger
Die Schatzgräber

Ein Winzer, der am Tode lag,
Rief seine Kinder an und sprach:
„In unserm Weinberg liegt ein Schatz,
Grabt nur darnach!" – „An welchem Platz?"
Schrie alles laut den Vater an ...
„Grabt nur!" ... O weh! da starb der Mann.

Kaum war der Alte beigeschafft,
So grub man nach aus Leibeskraft.
Mit Hacke, Karst und Spaten ward
Der Weinberg um und um gescharrt.
Da war kein Kloß, der ruhig blieb;
Man warf die Erde gar durchs Sieb
Und zog die Harken kreuz und quer
Nach jedem Steinchen hin und her.
Allein, da ward kein Schatz verspürt,
Und jeder hielt sich angeführt.

Doch kaum erschien das nächste Jahr,
So nahm man mit Erstaunen wahr,
Dass jede Rebe dreifach trug.
Da wurden erst die Söhne klug
Und gruben nun jahrein, jahraus
Des Schatzes immer mehr heraus.

→ *Versuche, unbekannte Wörter mithilfe der Tipps auf Seite 174 zu entschlüsseln.*

1 Begründe, dass es sich bei dem Text „Die Schatzgräber" um eine Ballade handelt.

Eine Ballade untersuchen

2 Auf welches falsche (oder richtige) Verhalten will Bürger mit seiner Ballade hinweisen?

3 Bereite die Ballade zum Vortragen vor.

Eine Ballade vortragen

Gedichte – Bilder aus Worten

```
                        Worte
                        Worte
                        Worte
                        Worte
                        Worte
                        Worte
                        Worte
                        Worte
                        Worte
                        Worte
              ich       Worte       du
         ich  ich       Worte  du   du
         ich  ich       Worte  du   du
         ich  ich       Worte  du   du
         ich  ich       Worte  du   du
         ich  ich       Worte  du   du
         ich  ich       Worte  du   du
         ich  ich       Worte  du   du
         ich  ich       Worte  du   du
         ich  ich       Worte  du   du
                        Worte
```

Václav Havel

In diesem Kapitel lernt ihr unterschiedliche Gedichte kennen.
Die Gedichte haben alle etwas damit zu tun, wie Menschen miteinander leben: Sie teilen sich mit, sie brauchen einander, wünschen sich Harmonie, aber streiten auch miteinander.
Auch ein bestimmtes Gestaltungselement verknüpft die Texte miteinander: in allen Gedichten ist der Text besonders angeordnet. Einige Gedichte lassen sich lesen wie Bilder aus Worten.

Ihr lernt,
– eine Notiz so anzuordnen, dass ein Gedicht daraus wird,
– dass ein Gedicht nach einem bestimmten Bauplan gebaut ist,
– Fragen an ein Gedicht zu stellen, um es besser zu verstehen,
– ein Gedicht durch den gestalteten Vortrag lebendig werden zu lassen,
– nach Vorgaben ein eigenes Gedicht zu schreiben.

William Carlos Williams
Nur damit du Bescheid weißt

Ich habe die Pflaumen
gegessen
die im Eisschrank
waren

du wolltest
sie sicher
fürs Frühstück
aufheben

Verzeih mir
sie waren herrlich
so süß
und so kalt

1 Aus einer Mitteilung ist hier ein Gedicht geworden.
Schaut euch an, was verändert worden ist.
Wie ist der Text in Zeilen gegliedert?

2 Probiert das nun selbst einmal aus:
– Schreibt eine alltägliche Mitteilung an …
– Ordnet den Text nun so an, dass er zum Gedicht wird.
– Wenn ihr mit dem Computer schreibt, könnt ihr auch verschiedene Schriftarten ausprobieren.

3 Stellt euch gegenseitig eure Textanordnung vor und begründet, warum ihr es so gemacht habt.

Die Textanordnung in Gedichten

Hans Manz
Der Stuhl

Ein Stuhl,
allein.
Was braucht er?
Einen Tisch!

5 Auf dem Tisch
liegen Brot, Käse,
Birnen,
steht ein gefülltes Glas.

Tisch und Stuhl, was brauchen sie?
10 Ein Zimmer,
in der Ecke ein Bett,
an der Wand einen Schrank,
dem Schrank gegenüber ein Fenster,
im Fenster ein Baum.

15 Tisch, Stuhl, Zimmer ...
Was brauchen sie?
Einen Menschen.

Der Mensch sitzt
auf dem Stuhl,
20 am Tisch,
schaut aus dem Fenster
und ist traurig.
Was braucht er?

1 In diesem Gedicht sind Alltagsbilder festgehalten.
Die Gegenstände und das Zimmer kannst du dir sicher vorstellen.
Aber da gibt es noch eine Frage im Gedicht, die immer wieder auftaucht.
Untersuche, wie diese Frage die Strophen verbindet.

2 Erst in der letzten Strophe wird der Mensch in das Zimmer gesetzt.
Er schaut traurig aus dem Fenster. Was braucht er?
So endet das Gedicht. Versuche, diese Frage zu beantworten.

3 Notiere, was dir an der Textanordnung auffällt.
Wie wird eine „Ordnung" im Text hergestellt?

4 Wähle einen anderen Ort aus. Stell ihn dir vor:
Welche Besonderheiten sind typisch für diesen Ort? Schreibe ein
Parallelgedicht über diesen Ort. In der Randspalte findest du zwei
Textanfänge. Du kannst einen Anfang weiterschreiben oder einen
eigenen Text versuchen.

*Ein Grashalm,
allein.
Was braucht er?
...*

*Ein Theatersessel,
allein.
Was braucht er?
...*

Gedichte – Bilder aus Worten

1 Lies die folgende kurze Notiz:

> *Eine Düne auf ihr einsam ein Haus draußen Regen ich am Fenster hinter mir tiktak eine Uhr meine Stirn gegen die Scheibe nichts alles vorbei grau der Himmel grau die See und grau das Herz*

2 Dir wird aufgefallen sein, dass die Notiz aus Stichwortsätzen besteht. Die Satzzeichen fehlen. Setze als Verständnishilfe Schrägstriche, die Sinnabschnitte markieren (Folie).

3 Stell dir vor, jemand schaut aus dem Fenster und beschreibt, was er sieht, hört und empfindet. Lies den Text noch einmal und versuche dich in seine Stimmung hineinzufühlen.

4 Sprecht euch den Text nun gegenseitig halblaut vor. Ihr werdet feststellen, dass ihr Wörter oder Textstellen beim Sprechen hervorhebt, die die Stimmung verstärken.

5 Du kannst durch die Textanordnung hervorheben, welche Wörter dir wichtig sind. Auf diese Weise entsteht ein modernes Gedicht. Das kann dann z. B. so beginnen wie in der Randspalte.

Eine Düne
auf ihr
einsam
ein Haus
draußen Regen
…

Probiere auch andere Möglichkeiten der Textanordnung aus. Wenn du die Wirkung einzelner Wörter oder Textstellen verstärken willst, kannst du sie auch wiederholen. Erprobe die Wirkung solcher Wiederholungen, indem du den Text sprichst.

6 Vergleicht eure Texte zum Schluss mit dem Originaltext (S. 203).

7 Stell dir vor, du schaust aus dem Fenster auf die Düne. Deine Stimmung ist aber ganz anders, nicht so traurig. Wenn du einige Wörter im Text durch andere ersetzt oder auch mal ein Wort weglässt, wird es dir gelingen, die Stimmung zu verändern. Probiere es aus!

Textanordnung erproben, Gedicht gestaltend sprechen und umschreiben

Bilder aus Sprache

Claus Bremer

1. Sieh dir den Text genau an. Es ist ein visuelles Gedicht. Wenn du das Textbild aus einiger Entfernung anschaust, erkennst du ganz deutlich ein Wort. Wie ist es entstanden?

2. Nur zwei Wörter sind hier zusammengebracht – aber es gibt viele mögliche Bedeutungen, z. B.:
   Wir sind eine Klasse. Wir sind eine Familie …
   Schreibe weitere Gedanken zu dem Gedicht auf.

3. Das haben Schülerinnen und Schüler über das Gedicht gesagt:
   a) Wer zu einer Gemeinschaft gehören will, muss sich anpassen.
   b) Tausend kleine Fische werden ein Schwarm – und der Hai kriegt Angst.
   c) Auch schwache Ichs sind in der Gemeinschaft aufgehoben.
   Wähle eine dieser Aussagen aus und formuliere deine Meinung dazu.
   Du kannst auch aufschreiben, wie du das Gedicht verstehst.

4. Versuche, selbst ein visuelles Gedicht mit einem Wortpaar zu gestalten:
   ich – du, Mensch – Natur, Ebbe – Flut, Tag – Nacht, Arbeit – Freizeit …
   – Du kannst ein Wort einmal, mehrmals oder immer wieder als Wortblock benutzen. Probiere unterschiedliche Anordnungen aus.
   – Sprecht anschließend darüber, welche inhaltliche Aussage die Anordnung der Worte vermitteln soll.

Gedichte – Bilder aus Worten

Gerri Zotter/Mira Lobe
Widerstand

jajajajajajajajajajaja
jajajajajajajajajajaja
jajajajajajajajajajaja
jajajajajajajajajajaja
jajajajajajajajajajaja
jajajajajajajajajajaja
jajajajajajajajajajaja
jajajajajaneinjajajajaja
jajajajajajajajajajaja
jajajajajajajajajajaja
jajajajajajajajajajaja
jajajajajajajajajajaja
jajajajajajajajajajaja
jajajajajajajajajajaja
jajajajajajajajajajaja
jajajajajajajajajajaja

Ernst Jandl
der kuss

ja   ja
ja   ja
ja   ja
ja   ja
  ja
ja   ja
ja   ja
ja   ja
ja   ja

1 Auch in dem Text *Widerstand* sind zwei Wörter zusammengebracht. Sprecht über die Textanordnung. Stellt den Bezug zur Überschrift her.

2 Obwohl dies ein visuelles Gedicht ist, könnt ihr probieren, die inhaltliche Aussage durch Sprechen noch deutlicher zu machen. Vorschläge:
– Chorisches Sprechen: ja ja ja ja … – Einzelstimme: nein!
– Verändert die Lautstärke der Stimme: ein lautes klares Nein – oder ein schüchternes? Wie eindringlich sind die Ja-Stimmen?

3 Sprecht über Situationen, in denen ihr Widerstand geleistet oder erlebt habt, wie andere Widerstand geleistet haben.

4 In dem Gedicht *der kuss* ist nur das Wort „ja" mehrmals wiederholt. Es bekommt durch die Textanordnung eine festgelegte Bedeutung. Äußert euch dazu, was ihr in diesem Textbild seht.

5 Probiert aus, ob das mit dem Wort „nein" auch möglich ist. Ihr könnt auch mit der Schriftgröße spielen. Gebt dem Textbild eine Überschrift.

6 Erprobt mit der Anordnung anderer Wörter die Gestaltung von Textbildern.

Werkstatt
Lesen – Texte und Medien

Zugang zu Gedichten finden

In dieser Werkstatt sind zwei moderne Gedichte abgedruckt, die euch zunächst vielleicht etwas ungewöhnlich erscheinen werden. Aber auch zu solchen Texten könnt ihr auf unterschiedliche Weise Zugang finden.

Hans Manz
Fürs Familienalbum

Mama auf der Alm.
Klick.

Der Vater
stramm auf dem Berggrat.
Klick.

Die Tochter unterm
Wasserfall.
Klick.

Aber kein Film
im Apparat.
Klick.
Und die Ferien dahin,
für die Katz, ohne Sinn?

Ernst Jandl
familienfoto

der vater hält sich gerade
die mutter hält sich gerade
der sohn hält sich gerade
der sohn hält sich gerade
der sohn hält sich gerade
der sohn hält sich gerade
der sohn hält sich gerade
die tochter hält sich gerade
die tochter hält sich gerade

Gestaltungselemente erkennen, gestaltend sprechen, Paralleltexte schreiben

Gedichte – Bilder aus Worten

1 Lies dir die Gedichte durch und äußere deine Gedanken zu den Texten. Vielleicht hast du auch **Fragen**, z. B.
- *Fürs Familienalbum:* Ohne Sinn – wieso? ...
- *familienfoto:* Warum halten die sich alle gerade? ...

2 Schau dir den **Aufbau** der Gedichte genauer an:
Nach welchen Bauplänen sind die Texte angeordnet? Gibt es Strophen?

3 Welche **sprachlichen Mittel** fallen dir besonders auf?
- Welche Rolle spielen Wiederholungen?
- Welche Bilder entstehen beim Lesen der Gedichte in deinem Kopf?
- Welche Situationen stellst du dir vor?

4 Die Situationen könnt ihr deutlich machen, wenn ihr das Gedicht sprecht. Probiert **Sprechmöglichkeiten** aus:
- Markiert, was ihr hervorheben wollt (Folie).
- Überlegt, in welcher Stimmung ihr sprechen wollt: ernsthaft, fröhlich, mit wechselnder Stimmung ... Macht sich der Sprecher womöglich lustig?
- Tragt euch die Gedichte gegenseitig vor.

5 Lasst euch anregen, mit den Gedichten **etwas zu tun,** z. B. Paralleltexte zu schreiben:

▸▸ Ein Paralleltext zum Gedicht *Fürs Familienalbum* könnte so beginnen:

Herr und Frau Meier am Pool auf Mallorca.
Klick.
Herr und Frau Meier am Pool ...
...

▸▸ In einem Paralleltext zu dem Gedicht *familienfoto* könnt ihr die Ordnung ruhig einmal unterbrechen. Stellt euch dazu die Familie vor, die hier fotografiert wird: Halten sich wirklich alle gerade? Macht vielleicht einer Faxen oder ein genervtes Gesicht? So könnte ein Paralleltext beginnen:

Der Vater lächelt in die Kamera.
Die Mutter ...
...

Gestaltungselemente erkennen, gestaltend sprechen, Paralleltexte schreiben

Mit Worten malen: Ein Bild wird zum Textbild

Das Gleichnis von den Blinden (1568)

Blinde erfahren das, was wir sehen können, anders: über das Hören, Tasten und Riechen. Diese Sinne sind feiner ausgebildet, weil sie das Sehen ersetzen müssen. Die Blinden auf dem Gemälde von Pieter Breughel (um 1525–1569) halten sich zur Sicherheit aneinander fest:

1 Probiert aus, wie ihr, ohne zu sehen, wahrnehmen könnt:
a Geht paarweise durch den Raum, aus dem Raum hinaus, durch das Gebäude, auch über Treppen usw. Dabei führt ein Sehender zunächst einen Blinden, dann lässt er ihn selbstständig tasten, greift nur unfallverhütend ein. Wechselt nach einer Weile die Rollen.
b Bildet eine Blindenreihe (Hand auf die Schulter legen) und geht so vorsichtig durch den Raum. Ein Sehender passt auf, dass kein Unfall passiert.

2 Schaut euch den Bildaufbau genau an:
– Sprecht darüber, was abgebildet ist: Wie ist die Situation der Blinden?
– Versucht, den Bildaufbau in Sprache zu übersetzen. Gestaltet einen visuellen Text, indem ihr „mit Worten malt": Überlegt euch eine Anordnung von Worten, die etwas mit dem Bildaufbau und der Bildaussage zu tun haben. Ihr könnt z. B. von den Worten *führen* und *halt* ausgehen.

Bilder in Sprache „übersetzen"

3 Hier seht ihr visuelle Texte, die der Autor Gisbert Kranz und ein Schüler zu dem Bild von Breughel entworfen haben: Vergleicht sie mit euren eigenen Schreib- und Gestaltungsversuchen zum „Gleichnis von den Blinden".

Gisbert Kranz
Breughels Blinde

```
     augenlos, der sich                                l
       hält am stab von                                i
         augenlos, der sich                            n
           hält am leib von                           ks
             augenlos, der sich                     liegen
               hält am leib von                  lässt die Kirche
                 augenlos, der sich
                   hält am stab von
                     augenlos, der sich
                       hält am leib von
                         augenlos, der
                             stürzt
                             boden-
                              los
```

halthalthalt^halt_halt^halt_halt^halt_halt h
                                            a
                                             l
                                              t

4 Sprecht darüber, was sich mit Sprache und was sich als Bild ausdrücken lässt.

Ideen und Anregungen

→ Informiere dich über „Blinde früher und heute" und halte dazu einen Kurzvortrag.

Überprüfe dein Wissen und Können

Ein Gedicht untersuchen

1. Untersuche das Gedicht *Eine Düne* genauer:
   a) Wie ist der Text angeordnet? Hat das Gedicht Strophen, Verse und Reime?
   b) Was wird in dem Gedicht beschrieben: eine Stimmung, ein Verhalten, eine Handlung?
   c) Was denkt und empfindet das lyrische Ich?

Gedichte gestaltend sprechen

2. Beim genauen Lesen wirst du dir sicher auch den Sprechton vorstellen:
   – Ist er eher ruhig oder lebendig?
     Gibt es einen Wechsel im Sprechton?
   – Unterstreiche Wörter, die du beim Vorlesen hervorheben willst (Folie).
   – Sprich den Text nun so, dass Stimmung und Sprechabsicht deutlich werden.

3. Lies den Text *Zornig*. Beim ersten Lesen wird er dir sicher etwas merkwürdig vorgekommen sein. Untersuche genauer. Notiere, was dir auffällt.
   Nutze die Fragen von S. 199, Aufgaben 2 und 3, als Anregung.

4. Du hast sicher bemerkt, dass dieser Text ein Sprechtext ist.
   Die Stimmung der beiden Gesprächspartner wird erst deutlich, wenn er zum gesprochenen Dialog wird. Bereitet in Partnerarbeit einen Vortrag vor:
   – Setzt im Text Betonungszeichen und Pausenzeichen (Folie).
   – Erprobt unterschiedliche Möglichkeiten des Sprechausdrucks. Allein das „o" kann auf sehr unterschiedliche Weise Zorn zum Ausdruck bringen. Sprecht es z. B.: *mit den Zähnen knirschend, leise und immer lauter werdend, knurrend, weinerlich …*
   – Denkt daran, dass euch für den Vortrag neben Stimme und Sprechausdruck noch Mimik und Gestik zur Verfügung stehen.

Ein Parallelgedicht schreiben

5. Schreibe ein Parallelgedicht zu einem anderen Gefühl, bei dem sich ein Sprecher auch verhaspeln könnte, z. B.: *verlegen, verliebt, betrunken …*

Annemarie Wietig
Zornig

OOOOOOOOOOOOOOOOOOOOOOOOOH!
O
du
bist
aber
wirklich
o
ein ganz fieser
o
ein ganz mieser
Typ
OOOOOOOOOOOOOOOOOOOOOOOOOH!
O
du
bist
ein echtes
o
ein Mistvieh ein Stinkvieh ein bequackter
Tunkerstunk
das
bist
du
o
eine stingende Kausgekurt das bistu ein
verkarkter ein verhissener Zwiftgerg ein
echter Margmagel
das pistu
ehrlich
OOOOOOOOOOOOOOOOOOOOOOOOOH!
O
dir
piept
es hohl im Gehirnkasten
du Tinkstier mit Meisenmack du gargräu-
gender kekelkatzer Keißscherl o du unbe-
zogenes Grind o du unverbogenes Krind
o du Säuschal o du Scheusaaaaaaaaaaal!

Sag
mal
hast du sie nicht alle!

Arno Holz
Eine Düne

Auf ihr,
Einsam,
Ein Haus,
Draußen Regen,
Ich am Fenster.

Hinter mir
Tiktak,
Eine Uhr,
Meine Stirn
Gegen die Scheibe.

Nichts.
Alles vorbei!

Grau der Himmel,
Grau die See,
Und grau
Das Herz.

Theaterspiel kann überraschen und verzaubern

Spielideen mit Hüten

Einen Hut muss man nicht unbedingt auf den Kopf setzen. Man kann mit ihm ganz verrückte Sachen machen:

▶▶ Warum den Hut nicht mal als Topf benutzen, in dem eine Suppe gekocht wird?
▶▶ Oder zum kleinen Hund werden lassen, den man auf den Arm nimmt und streichelt?
▶▶ Der Hut wird zum Lenkrad ...
▶▶ ...

Spiegelspiel mit Hut

Mit einem Hut lassen sich auch Stimmungen ausdrücken. Stellt euch dazu in einen Kreis. Einer stellt mit dem Hut eine Stimmung dar, z. B. drückt er den Hut heftig an die Brust und schluchzt. Der nächste Spieler wiederholt diese Stimmung und erfindet eine neue dazu, wirft also beispielsweise den Hut vor Freude in die Luft.
Und so weiter.

In diesem Kapitel sind ganz unterschiedliche Texte abgedruckt. Ihr sollt euer Textverständnis zeigen, indem ihr sie szenisch darstellt. Zwei Texte sind schon als Rollentext geschrieben. Es gibt aber auch Geschichten, die ihr erst zu Theaterstücken neu gestalten müsst. Gemeinsam ist allen Texten, dass etwas Überraschendes, nicht Erwartetes passiert.
Ehe es mit dem Darstellen von Geschichten losgeht, könnt ihr ein paar Einspielübungen mit Requisiten ausprobieren.

Ihr lernt,
– mit einfachen Requisiten eine Szene zu gestalten,
– den Anfang eines Spielstücks weiterzuentwickeln,
– einen Text durch Fragen zu erschließen,
– einen Text als Rollentext zu inszenieren,
– eine Geschichte durch Umschreiben in ein Theaterstück neu zu gestalten.

Spielideen mit anderen Requisiten

» Ein Regenschirm wird zur Gitarre, zum Schutzdach …
» Ein Karton wird zum Ruderboot, zum Rennauto, zum Versteck, zum Roboter …
» Ein Stab …

Gestaltet zu zweit oder in Kleingruppen aus diesen Spielideen kleine Szenen. Anregungen findet ihr auf dieser Seite.

Ein Karton verwandelt sich

» Jemand bringt einen Umzugskarton durch den Zoll. Darin ist ein Mensch versteckt, der über die Grenze gebracht wird.
» Schmuggler bringen ihre Ware in einem Karton über die Grenze. Sie verstehen sich auf Ablenkungsmanöver.
» Ein Karton als Ruderboot. Vom Ufer winkt ein Mensch mit beiden Armen …
» …

Szene mit Stäben

Bildet zwei Gruppen. Sie stehen in einiger Entfernung voneinander. Jeder Spieler hält einen Stab senkrecht vor sich auf den Boden. Eine Gruppe klopft einen Rhythmus auf den Boden. Sie nähert sich der anderen Gruppe mit diesem Rhythmus. Die weicht etwas zurück, setzt dann aber einen anderen Rhythmus dagegen. Ein spannendes Bewegungstheater entwickelt sich.

Spiele mit Requisiten

Gegenstände verwandeln sich in der Vorstellung von Spielern und Zuschauern, ihre Fantasie wird geweckt. Das ist der erste Schritt, die Zuschauer in die Welt der Imagination zu holen, sie zu verzaubern.

Im Theater gibt es eine Menge wandlungsfähiger Requisiten. Die wichtigsten davon sind Hut, Stock/Stab, Stuhl und Tuch. Aber auch mit Kissen, Schirmen, Kartons und Bilderrahmen könnt ihr fantasievoll improvisieren.

1 Probiert einige der Ideen aus, die auf dieser Doppelseite stehen.

Ein Spielstück ausgestalten

Abenteuer im Warenhaus

*Das Innere eines Warenhauses, Spielwarenabteilung.
Ein großes Zelt. Geheimnisvolle Musik. Es ist Nacht. Die Bühne wird in regelmäßigen Abständen von einer Neon-Reklameschrift beleuchtet. Zwei Hände erscheinen aus dem Innern des Zeltes und öffnen den Reißverschluss. Mario schiebt vorsichtig seinen Kopf aus der Öffnung, schaut sich um und kommt langsam und leise aus dem Zelt heraus. Er hält den Spalt für Guido und den Hund offen.*

Mario:	Du kannst herauskommen, Guido. Die Luft ist rein.
Guido:	Sind alle weg?
Mario:	Ja, du brauchst keine Angst zu haben. Aber Tom müssen wir anbinden, sonst läuft er weg und stellt noch irgendetwas an. *(Mario nimmt den Hund und bindet ihn irgendwo an.)*
Guido:	…

1 Die Regieanweisungen machen den Leser schon neugierig:
   – Was machen Jungen und Hund wohl nachts in einem Warenhaus?
   – Warum haben sie sich in einem Zelt versteckt?
   – …

2 Gestaltet den Anfang des Spielstücks nach euren Ideen weiter aus:
Was tun die Jungen in der Warenhausabteilung?
Ihr könnt natürlich statt der Jungen Mädchen in euerm Stück auftreten lassen – oder ein Mädchen und einen Jungen.

3 Hier folgt eine weitere Szene aus dem Stück. Untersucht zunächst wieder den Spieltext:
- Wie wird im weiteren Verlauf der Geschichte Spannung erzeugt?
- Welche Gefühle haben die Jungen? Welche Ideen entwickeln sie?

(Mario hebt den Kopf und lauscht ins Dunkle. Er steht auf, packt Guido am Arm.)

Mario: *(flüsternd)* Psst ... Sei still!
Guido: Warum?
Mario: Ich habe Geräusche gehört.
Guido: Was? – Ich habe Angst. Komm, wir hauen ab.
Mario: Nein, nein. Wir verstecken uns im Zelt.

(Guido schlüpft vor Mario und Tom ins Zelt. Stille. Dann hört man Schritte. Man sieht das Licht einer Taschenlampe über das Zelt und die Spielsachen huschen und erlöschen.)

1. Stimme: *(leise)* Hier sind nur Spielsachen.
2. Stimme: Tatsächlich. Wir haben uns getäuscht. Verdammt, jetzt verlieren wir Zeit.

(Der Scheinwerfer beleuchtet nun die beiden Einbrecher. Sie tragen graue, verbeulte Jacken und Hosen, auf den Köpfen bis an die Augen heruntergezogene Hüte und schwarze Schals bedecken von unten das halbe Gesicht. Einer der beiden hält die Taschenlampe in der Hand.)

1. Dieb: Zuerst sagst du, du hättest einen genauen Plan, und jetzt hast du schon den Kopf verloren.
2. Dieb: *(nervös)* Ha, da braucht es mehr, bis ich den Kopf verliere. Komm hier herüber.
1. Dieb: Aber wohin wollen wir jetzt gehen?
2. Dieb: Ich habe dir gesagt, du sollst kommen.
1. Dieb: Kommen, immer kommen ... Ich mache nichts anderes, als dir hinterherzulaufen. Und wenn uns der Wächter findet und einsperrt?
2. Dieb: *(zischt vor Wut)* Du bist es, der den Kopf verloren hat. Dir schlottern ja die Knie. Das ist garantiert das letzte Mal, dass ich mit dir arbeite. Kommst du jetzt oder nicht?
1. Dieb: Was bleibt mir anderes übrig ...

(Die beiden Diebe verschwinden. Der Scheinwerfer beleuchtet das Zelt, aus dem die Jungen vorsichtig ihre Köpfe strecken.)

Mario:	Das sind Diebe.
Guido:	Diebe? Ich habe Angst.
Mario:	Ich auch.
Guido:	Was machen wir?
Mario:	Wir müssen ganz still sein, sonst entdecken sie uns.
Guido:	Und wenn sie uns entdecken?
Mario:	Ich weiß nicht ...

(Die Jungen verharren bewegungslos dicht nebeneinander. Nach einer Weile beginnen sie wieder zu flüstern.)

Mario:	Weißt du, was wir machen müssen? Wir müssen den Wächter holen!
Guido:	Aber wie?
Mario:	Wir fangen einfach an zu schreien.
Guido:	Aber die Diebe bringen uns um.
Mario:	*(bestürzt)* Da hast du recht. Aber – wenn die Wächter zuerst kommen und sie einsperren, sind wir gerettet.
Guido:	*(ganz verschüchtert)* Ich habe Angst. Ich will weg von hier.

(Guido öffnet ruckartig das Zelt. Tom springt heraus und beginnt zu bellen. Guido verliert den Kopf und schreit.)

Guido:	Still, Tom! Still! *(Der Hund bellt weiter.)*
1. Dieb:	Was ist los? Da bellt ein Hund.
2. Dieb:	Wo?
1. Dieb:	Dort. *(zeigt in die Richtung)*
2. Dieb:	Verdammt. Meinst du, es ist der Wächter?
1. Dieb:	Mist. Wir müssen uns beeilen.

(Plötzlich geht das Licht über der ganzen Szene an. Man hört eine Stimme.)

Wächter:	Hallo, ist da jemand?

(Die beiden Diebe verstecken sich schnell hinter einem Regal in der Ecke. Die Jungen bleiben irritiert stehen und rühren sich nicht mehr vom Fleck. Langsam kommt ein Mann mittleren Alters in einer Wächteruniform die Treppe herunter. Er trägt am Gürtel einen großen Schlüsselbund und in der Hand einen Revolver.)

4 Überlegt, wie es weitergehen könnte, und schreibt die Szene zu Ende.

5 Probt euern Rollentext in kleinen Gruppen und spielt ihn der Klasse vor.

6 Habt ihr Ideen für andere Abenteuer – nachts im Warenhaus ...?

Eine Geschichte zu einem Spielstück ausgestalten

1 Als Vorbereitung auf die Ausgestaltung des Spielstücks sollt ihr euch erst einmal einspielen. Probiert dazu die folgenden Einspielübungen aus:

Du und dein Spiegelbild
Ihr steht euch paarweise gegenüber und blickt euch in die Augen. Sprecht kurz ab, wer der Spieler und wer der Spiegel ist.
Der Spieler bewegt sich langsam vor dem Spiegel und verändert dabei seinen Gesichtsausdruck (lächelnd, wütend, traurig ...). Der Spiegel macht gleichzeitig alles so genau wie möglich mit. Die Zuschauer sollen Original und Spiegelbild kaum auseinanderhalten können. Deshalb: Keine plötzlichen, heftigen Bewegungen! Sie sind von dem Spiegel nur schwer nachzumachen.
Nach einigen Minuten tauscht ihr die Rollen. Probiert fließende und abgehackte, weiche und harte Bewegungen aus. Spiegelt euch im Stehen, Sitzen, Liegen. – Wechselt mehrmals. Mit Musik wird euch das Spielen leichterfallen.

Ein Spiegel, der sich bewegt
Verabschiedet euch von euerm Spiegelpartner. Entdeckt einen weit entfernten Partner durch Blickkontakt. Spielt mit ihm weiter, indem ihr euch zu zweit „spiegelnd" im Raum bewegt. Findet jetzt beim Spiegeln einen Rhythmus, nach dem ihr euch bewegt. Ihr könnt wieder Musik einsetzen: Rap, Hip-Hop ...

Wählt rhythmische Bewegungen, die euch Spaß machen.

Ein Vielfachspiegel
Bildet Kleingruppen von etwa fünf Spielern. Ein einzelner Spieler steht jeweils vor der Gruppe und gibt eine Bewegung vor, die von der Gruppe gespiegelt wird.
Die Vervielfachung der Bewegung wird euch auf neue Spielideen bringen!
Setzt auch für diese Übung Musik ein.

Weitere Spielvorschläge

→ Jemand träumt, dass er einen Spiegel durchschreitet und an einen Ort gelangt, an dem er noch nie gewesen ist.

→ Jemand gerät auf merkwürdige Weise in ein Spiegellabyrinth. Wie kommt er wieder heraus?

2 Die folgende Geschichte könnt ihr als **Erzählpantomime** inszenieren:

Oswald Waldner
Der Zauberspiegel

Ein Kaufmann fand einst auf einem Trödlermarkt einen Spiegel, der ihm über alle Maßen gefiel.
„Was kostet dieser Spiegel?", fragte er den Händler.
„Halb so viel!", war die Antwort.
Der Kaufmann verstand nicht und fragte noch einmal.
„Halb so viel!", wiederholte der Mann.
Der Kaufmann legte einen Taler auf den Tisch, und der Trödler gab ihm einen halben Taler heraus.
„Das ist kein gewöhnlicher Spiegel!", fügte der Verkäufer hinzu. „Das ist ein Zauberspiegel! Wer ihn besitzt, wird für alles, was er tut, nur die halbe Zeit benötigen. Aber sei vorsichtig. Wenn der Spiegel zerbricht, schlägt er um ins Gegenteil!"
So ein Ding kommt mir gerade recht, dachte der Kaufmann, nahm den Zauberspiegel vorsichtig unter den Arm und ging.
Zu Hause stellte er den Spiegel auf einen Schrank und begann, seinen Laden aufzuräumen. Er staunte nicht schlecht, als er nach getaner Arbeit feststellte, dass er nur halb so viel Zeit gebraucht hatte wie sonst! Den ganzen Tag verbrachte er mit Arbeit und freute sich am Abend, dass er doppelt so viel geleistet hatte wie an früheren Tagen.
„Ich bin der reichste und glücklichste Mann der Welt!", rief er.
Am Abend hatte er noch Zeit, einen seiner zwei Gesellen rufen zu lassen. „Ich brauche dich nicht mehr!", sagte er zu dem Gesellen. „Du kannst gehen!"
Der Kaufmann wurde der reichste und angesehenste Bürger der Stadt. Eines Tages sagte er: „Nun will ich mich zur Ruhe setzen und meinen Reichtum genießen!"
Als er sich in den Lehnstuhl setzte, stieß er gegen den Zauberspiegel. Dieser fiel zu Boden und zersplitterte in tausend Scherben. Da erinnerte sich der Mann an die Warnung des Trödlers: „Wenn der Spiegel zerbricht, schlägt er um ins Gegenteil!"
Der Kaufmann kroch auf dem Fußboden umher und wollte die Scherben einsammeln. Nach mehreren Stunden aber gab er sein Vorhaben verzweifelt auf. Er setzte sich zum Essen hin, ließ aber vor Erschöpfung und Zorn bald wieder den Arm sinken. Denn alles, was er von nun an tat, dehnte sich ins Endlose …

▶▶ Wenn ihr dem Handlungsverlauf folgt, ergeben sich drei Szenen:
- **1. Szene:** Der Kauf des Spiegels
- **2. Szene:** Der Kaufmann bei der Arbeit
- **3. Szene:** Der Spiegel zerbricht

▶▶ Spielt diese Szenen pantomimisch, also ohne Sprache. Dabei müsst ihr euch nicht in allen Einzelheiten an den Text halten. Deutlich werden muss aber das sehr unterschiedliche Arbeitstempo in der 2. und 3. Szene: Erst geht alles ganz schnell, dann dauert alles sehr lange. Das kommt noch besser zum Ausdruck, wenn der Spiegel von einer anderen Person dargestellt wird: Der „Spiegel" macht alle Bewegungen des Kaufmanns im gleichen Tempo nach. Wenn der Spiegel zerbricht, fällt die Spiegel-Person einfach in sich zusammen.

▶▶ Arbeitet in Kleingruppen und probt die Szenen. Besonders wirkungsvoll für die Spiegelung ist der „Vielfachspiegel". Dann machen mehrere Personen die Bewegungen des Kaufmanns nach.
Erprobt Zeitlupe und Zeitraffer, um ein unterschiedliches Tempo der Bewegungsabläufe deutlich zu machen.

▶▶ Vier Spieler stellen das Haus des Kaufmanns dar – so, wie es auf dem Foto zu sehen ist. Einer der mittleren Spieler liest mit dem Rücken zum Publikum den Erzähltext. Zwei Spieler (Kaufmann, Händler) und ein oder mehrere Spieler als Spiegel stellen dazu pantomimisch die erzählte Handlung dar:

- **1. Szene:** Der Kaufmann kauft den Spiegel auf dem Markt.
- **2. Szene:** Der Kaufmann stellt pantomimisch den Spiegel im Haus ab und arbeitet dann sehr schnell, hektische Bewegungen.
- **3. Szene:** Der Spiegel geht entzwei, der fröhliche Gesichtsausdruck des arbeitenden Kaufmanns schlägt in einen sehr betrübten um.
Ohne die Bewegungen zu unterbrechen, arbeitet er weiter. Sie werden ganz langsam, Zeitlupentempo. Dazu setzt er jetzt verstärkend Sprache ein, auch überbetont langsam: „Was ist passiert? ...",
bis Sprechen und Bewegungen erstarren und er umfällt.

Werkstatt
Sprechen und Zuhören

Aus einer Geschichte entsteht ein Theaterstück

In dieser Werkstatt erarbeitet ihr, wie aus einer Geschichte ein witziges Theaterstück wird. Dabei wendet ihr als Theatertechnik das Simultantheater an. Das ist ein Spiel auf zwei Bühnen. Es wird aber immer nur auf einer Bühne gespielt. Auf der anderen Bühne friert das Geschehen ein, bis die Bühne gewechselt wird.

▸▸ Lest die Geschichte „Eine gemütliche Wohnung" (S. 54) und arbeitet dann in kleinen Gruppen weiter:
 – Überlegt, was sich witzig übertrieben darstellen lässt.
 – Unterteilt den Text in Szenen. Jede Szene soll überraschend enden. So könnte das Stück zum Beispiel beginnen:

Der kreative Handwerker oder Das tägliche Theater

Bühne 1 Herr Knorps klingelt. Er wird freundlich begrüßt, stellt seine Werkzeugkoffer ab und macht sich an die Arbeit. Schweigend repariert er eine Weile. Dann ...

Bühne 2 ▸▸ Nachdem einige Szenen der Geschichte gespielt worden sind, friert das Bild ein. Es wird auf einer zweiten Bühne weitergespielt, z. B. so:

Zwei Wohnzimmer: In einem Raum sitzt eine alte Dame inmitten mehrerer Werkzeugkästen auf einem Stuhl, im anderen sitzt eine Frau mittleren Alters in einem gemütlichen Sessel, beide halten einen Telefonhörer in der Hand.

Die alte Dame: Hallo Gertrud, wie geht's dir denn so?
Gertrud: Gut – und dir?
Die alte Dame: Überhaupt nicht gut.
Gertrud: Wieso? Was ist denn los?

Eine Geschichte zu einem Theaterstück um- und weiterschreiben

Die alte Dame: Du kannst dir nicht vorstellen, was ich hier mitmache.

Gertrud: Wieso? Ich denke, du besuchst deine netten Kinder und Enkel?

Die alte Dame: Ja, ja, ja, nette Kinder und Enkel. Ich sage dir, ich bin am Ende: Dies Haus ist so irre, dass ich am liebsten sofort verschwinden würde. Weißt du, wo ich schlafe? – In einem Wasserbett!

Gertrud: Entschuldige mal, das ist doch optimal! Traumhaft, mal in einem Wasserbett zu schlafen. Wenn ich mir das leisten könnte!

Die alte Dame: Von wegen traumhaft! – Das Wasser fließt aus der Matratze, wenn jemand an der Wohnungstür läutet. Sie ist schon ganz platt. Ich schlafe praktisch auf dem Boden. Morgen kommt dieser Handwerker wieder, der jetzt täglich hier ist, und wird versuchen, das zu reparieren.

Gertrud: Moment mal: ein Wasserbett, das auf Klingeln reagiert! Das hast du wohl geträumt? Du erzählst doch sonst nicht solche Märchen.

Die alte Dame: Du hast ja keine Ahnung, was hier los ist. Sie haben einen Handwerker bestellt, der den Kühlschrank reparieren sollte. Frag mich nicht, was dabei nach einem ganzen Tag Arbeit rausgekommen ist!

Gertrud: Na, was denn?

Die alte Dame: Ein Kühlschrank, der aufheizt wie ein Herd.

Gertrud: Das glaub ich nicht.

Die alte Dame: Es kommt noch viel besser. Aus dem Elektroherd kommt jetzt Musik, das schmutzige Geschirr räumen wir in den Herd, das Licht im Treppenhaus geht an, wenn man die Zeiger an der Uhr stellt. Oder das Klo: Wenn man die Spülung drückt, läuft die Dusche – und umgekehrt. Das ist echt ... ooooooooooooooh!!

Gertrud: Das glaub ich einfach nicht. Deine Fantasie geht mit dir durch!

Die alte Dame: Von wegen. Aber das Beste kommt noch: Der Kühlschrank ist ein Fahrstuhl geworden, der an den Wänden eine Eisschicht hat – und das alles wegen diesem Handwerker, der, der, der ... Kannst du dir vorstellen, was diese täglichen Reparaturen für einen Lärm machen? Täglich steht dieser Knorps mit seiner Bohrmaschine an der Tür – und wird auch noch freundlich reingelassen.

(Telefon: Tuuuuuuut – Pausenzeichen)

So, jetzt hat sie aufgelegt. Warum glaubt die mir das nicht?

▶▶ Die Telefonszene friert ein. Auf der anderen Bühne wird weitergespielt. Überlegt euch, was Herr Knorps sonst noch alles „reparieren" könnte ...   *Bühne 1*

Frau Meier: Guten Morgen, Herr Knorps. Na, was reparieren Sie denn heute? Kommen Sie, nehmen Sie erst mal einen Kaffee! ...

Das Simultantheater im Spiel erproben

Marionettenspiele

Das Marionettentheater ist eine sehr alte Form des Puppentheaters, in dem die Figuren vom Marionettenspieler mithilfe von Fäden geführt werden. Diese sind an den einzelnen Gliedern der Puppe befestigt. Das Lebendigwerden einer Figur an Fäden hat die Menschen schon immer fasziniert. Aber dieses Lebendigwerden lenkt der Spieler: Die Marionette kann sich nur so bewegen, wie er es will.
Im übertragenen Sinne bezeichnet man auch eine Person, die leicht lenkbar ist, einem andern willenlos folgt oder sogar von andern wie ein Werkzeug benutzt wird, als Marionette. Hier sollt ihr selbst einmal zu Marionetten und Marionettenspielern werden.

Puppenspieler und Marionette
Der Puppenspieler steht erhöht, z. B. auf einem Stuhl, die Marionette steht vor ihm. Die beiden tun so, als würde der Puppenspieler an den Fäden der Marionette ziehen und diese sich entsprechend bewegen. In Wahrheit bewegt sich aber die Marionette langsam und der Puppenspieler reagiert darauf. Er muss also genau aufpassen, was die Marionette tut, und ohne Verzögerung reagieren. – Tauscht die Rollen!
Variation: Die Marionette liegt auf dem Boden. Der Marionettenspieler versucht, sie zum Aufstehen und Gehen zu bringen. Was kann sie noch?

Nachts erwachen die Marionetten
Szenische Darstellung nach Musik

Jeder Mitspieler braucht eine Decke, Matte oder andere weiche Unterlage. Außerdem benötigt ihr einen Kassettenrekorder oder CD-Spieler sowie eine Kassette bzw. CD mit ruhiger und mit lebendiger Musik.

▶▶ Die Spieler legen sich einzeln auf ihre weiche Unterlage. Sie machen es sich bequem und schließen die Augen. Gleichzeitig spielt eine ruhige Musik. Nach zwei bis drei Minuten wird die Musik abgestellt. Ein Spielleiter erzählt jetzt langsam folgende Fantasiereise. Sie wird von den Spielern gleichzeitig wie eine **Erzählpantomime** gespielt:

Eine Fantasiereise als Erzählpantomime darstellen

Stell dir den dunklen Dachboden eines Marionettentheaters vor. Du bist eine hölzerne Marionette und liegst mit vielen anderen Marionetten auf dem Boden herum. Plötzlich öffnet sich die Tür und ein Marionettenspieler kommt herein. Er schaut sich um und sucht sich eine Marionette aus.
Du bist die Marionette, die er sich ausgesucht hat und die er jetzt ausprobiert. Er bewegt deine Hände, die Arme, die Beine. Er richtet deinen Körper auf … Er probiert aus, wie er dich bewegen, zum Umhergehen und sogar zum Tanzen bringen kann …

▶▶ Bewege dich entsprechend: Erst sind die Bewegungen noch ungeschickt und abgehackt, dann werden sie immer fließender, du beginnst zu tanzen …

▶▶ Behutsam legt der Marionettenspieler dich wieder an deinen Platz zurück. Er verlässt den Raum und schließt die Tür hinter sich. Es wird Nacht. Ihr Marionetten träumt davon, einmal ohne den Spieler tanzen zu können.

▶▶ Ihr versucht, eigene Bewegungen zu machen, ohne dass euch jemand führt. Ihr bewegt einen Finger, das sieht zuerst ganz eckig aus, dann wird die Bewegung gelöster … Stellt euch vor, dass ihr diese Bewegungen noch nie vorher gemacht habt, und probiert sie aus.

▶▶ Nach einiger Zeit stellt der Spielleiter wieder Musik an, jetzt ist es lebendige Musik. Ihr versucht, immer lebendiger zu tanzen, bis der Spielleiter die Musik abstellt. Dann sinkt ihr langsam in euch zusammen und bleibt bewegungslos am Boden liegen.

▶▶ Erzählt euch anschließend von euern Erlebnissen und Empfindungen als Marionetten.

Ideen und Anregungen

→ **Menschen verhalten sich wie Marionetten**
Stellt eine Situation szenisch dar, in der sich Menschen gegenüber ihrem Chef, gegenüber einem Menschen, von dem sie abhängig sind, gegenüber einem, der ihnen Angst macht, wie Marionetten verhalten: gehorsam, ohne eigenen Willen, ohne nachzudenken …
Überlegt anschließend, warum Menschen sich so verhalten.

Überprüfe dein Wissen und Können

Der beste Lügner

Der Pascha von Rhodos, der sich häufig langweilte, ließ eines Tages in der Hauptstadt seiner Insel verkünden: „Wer von meinen Untertanen imstande ist, mir eine Geschichte zu erzählen, von der ich behaupte, das ist eine Lüge, erhält als Preis eine Kugel aus reinem Golde!"

Da sich keiner der vielen Lügner, die es in der Stadt gab, den reichen Lohn entgehen lassen wollte, gab es bald vor dem Tor des Palastes ein großes Gedränge. Es wurde jedoch nur einer nach dem anderen eingelassen und jeder zog mit langem Gesicht wieder ab. Der Pascha fand wohl an all den dummen, erlogenen Geschichten sein Vergnügen, am Ende aber sagte er jedes Mal: „Das ist schon möglich!"

Die Männer, die den Palast des Sultans enttäuscht verließen, berichteten den anderen, die noch vor dem Tore standen und auf Einlass warteten, wie es ihnen ergangen war, und fügten erbost hinzu: „Unser Pascha glaubt alles! Ihr könnt ruhig nach Hause gehen, denn die goldene Kugel bekommt ja doch keiner!" Trotzdem wollte es jeder versuchen, und wenn er dann vor dem Pascha stand, log er, dass sich die Balken bogen. Doch keiner hatte Glück, denn selbst als einer fest und steif behauptete, er wäre soeben vom Himmel gefallen, und ein anderer beteuerte, das Meer wäre ausgetrocknet, erklärte der Pascha mit ernster Miene: „Warum nicht? Das ist schon möglich!"

Nun lebte in Rhodos ein uralter, verschmitzter Mann, den es ebenfalls nach dem Preis gelüstete. Er lud sich einen riesigen tönernen Topf, den die Rhodesier Pithos nennen, auf die Schulter, trug ihn keuchend zum Palast des Paschas und begehrte von der Torwache, vor den Herrn geführt zu werden. Als er bald darauf vor dem Pascha stand, fragte ihn dieser erstaunt: „Weshalb bringst du denn diesen großen Pithos zu mir?"

Da sagte der listige Alte: „Ich komme zu dir, erhabener Gebieter, um eine alte Schuld einzutreiben. Mein Vater hat nämlich deinem Großvater, als der einmal in arger Bedrängnis war, eine gewaltige Summe Geldes geliehen. Er brachte sie ihm in lauter Goldstücken, die diesen Pithos bis zum Rande füllten. Dein Großvater versprach zwar, die riesige Schuld so bald als möglich zu begleichen, tat es aber bis zu seinem Tode nicht. Auch dein Vater hat das Geld nicht zurückgezahlt. Ich glaube, dass es an der Zeit wäre, die Sache zu begleichen, die dein Großvater wie dein Vater zu tilgen unterließen."

Jetzt sprang der Pascha auf und rief empört: „Das ist eine Lüge!"

35 Da erwiderte der Greis triumphierend: „Du hast recht, erhabener Gebieter, es ist eine Lüge! Weil du aber von meiner Geschichte behauptet hast, dass sie erlogen sei, gebührt mir nun die goldene Kugel!"
Der Pascha machte zuerst ein verblüfftes Gesicht, dann aber musste er lachen. Er befahl seinem Diener, die goldene Kugel zu bringen, und reichte sie
40 dem listigen Alten als wohlverdienten Preis.

Ihr habt in diesem Kapitel Möglichkeiten kennengelernt, aus unterschiedlichen Spielvorgaben Szenen zu entwickeln. Nun sollt ihr diese Geschichte in ein Theaterstück umschreiben und anschließend spielen. Arbeitet dazu in Kleingruppen (ca. 8 Spieler).

Eine Geschichte als Theaterstück umschreiben

1 Lest den Text genau und untersucht ihn auf die Sprechrollen:
- Unterstreicht auf einer Kopie oder Folie, was gesprochen wird.
- Notiert, wer spricht, und zusätzliche Hinweise zum Sprechausdruck.
- Im Text gibt es Hinweise, welche Textstellen sich noch als Dialoge ausgestalten lassen. Markiert sie und schreibt sie als Rollentext auf.

2 Schreibt den Anfang des Theaterstücks weiter.
- Fügt Regieanweisungen in euern Text ein.
- Überlegt, welche Requisiten und Kostüme ihr braucht.

Der beste Lügner

Ein Theaterstück in drei Szenen

Personen: Der Pascha von Rhodos, Boten des Paschas, Torhüter, Lügengeschichtenerzähler, ein uralter listiger Mann, ein Diener

1. Szene
Ort: Innenstadt der Stadt Rhodos. Ausrufer, Boten des Paschas
Ausrufer: Bürger der Stadt Rhodos, wir kommen im Auftrag des Paschas. Unser ehrwürdiger Herrscher macht euch ein Angebot: Wer von euch imstande ist, ihm eine Geschichte zu erzählen, von der er behauptet, das sei eine Lüge, der erhält als Preis eine Kugel aus reinem Golde!
(Die Menschen werden aufmerksam. Sie beginnen, miteinander zu reden ...)
1. Lügner: Ich kann die besten Lügengeschichten erzählen. Natürlich lasse ich mir das Angebot nicht entgehen.
2. Lügner: Das wollen wir ja mal sehen, ob du hier der Beste bist.
(Die Menschen bewegen sich in Richtung des Palastes.) ...

Werkstatt
Sprache

In der Werkstatt Sprache beschäftigst du dich mit der Sprache und ihrem Gebrauch: Du experimentierst mit Sprache, arbeitest an Wörtern, Sätzen und Texten und denkst darüber nach, wie Sprache in verschiedenen Situationen verwendet wird. Du lernst dadurch, Texte besser zu verstehen, Texte zu überarbeiten und angemessen zu formulieren.

Zu Beginn dieser Werkstatt kannst du noch einmal die Erweiterungs-, Ersatz- und Umstellprobe üben und die Wortarten wiederholen.

Außerdem lernt ihr,
- *über Wörter, Wortbedeutungen und Wortverwendungen nachzudenken,*
- *Satzglieder und Texte zu ergänzen,*
- *Hauptsätze und Nebensätze zu gebrauchen.*

Und du kannst dich mit der Jugendsprache beschäftigen.

Auch in den verschiedenen Kapiteln des Buches wirst du aufgefordert, über die Sprache und den Sprachgebrauch nachzudenken: S. 16, 33, 57, 59, 83, 87, 102, 126, 136, 141, 161, 174.

> Wie kann ich die Sätze erweitern und zusätzliche Informationen ergänzen?

> Wie kann ich den Vorgang genauer beschreiben?

> Wie kann ich Sätze sinnvoll miteinander verbinden?

> Hier könnte ich Vermutungen anstellen!

Das verbrannte Haus
Eine Familie wohnt in einem großen Haus.
An einem verregneten Tag fängt das Haus Feuer.
Die Feuerwehr holt die Leute raus und löscht die Flammen. Die Familie übernachtet in einer Wohnung, bis sie ein Haus gefunden hat.

1 Lara hat eine Geschichte geschrieben und ist noch nicht zufrieden damit. Ihre Ideen stehen in den Gedankenblasen. Gehe auf ihre Ideen ein und gib ihr Ratschläge, wie sie ihren Text überarbeiten kann.

Texte überarbeiten

Werkstatt Sprache

Texte überarbeiten:
Erweitern, ersetzen, umstellen

Ein Reporter hat zu dem Foto einen Entwurf für einen Zeitungsbericht geschrieben. Darin sind die wichtigsten Informationen erwähnt, aber der Entwurf muss noch überarbeitet werden.

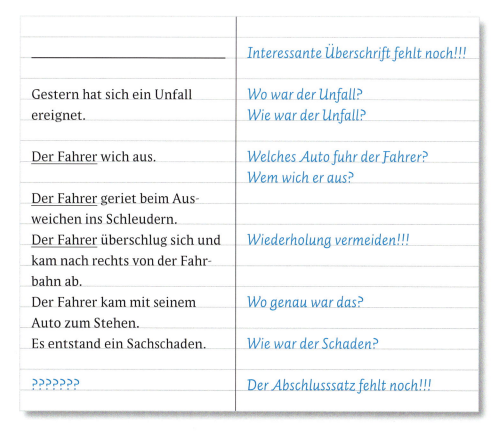

1 Überarbeite den Entwurf und benutze dabei den Notizzettel des Reporters. Diese Informationen solltest du in den Text einbauen. Du kannst auch Satzglieder umstellen.

*kurioser   niemand wurde verletzt   einem Reh auf der Fahrbahn
eines Peugeot   in Konz   hoher   auf dem Parkplatz
in Seitenlage zwischen den Fahrzeugen*

_____	*Interessante Überschrift fehlt noch!!!*
Gestern hat sich ein Unfall ereignet.	*Wo war der Unfall?* *Wie war der Unfall?*
Der Fahrer wich aus.	*Welches Auto fuhr der Fahrer?* *Wem wich er aus?*
Der Fahrer geriet beim Ausweichen ins Schleudern.	
Der Fahrer überschlug sich und kam nach rechts von der Fahrbahn ab.	*Wiederholung vermeiden!!!*
Der Fahrer kam mit seinem Auto zum Stehen.	*Wo genau war das?*
Es entstand ein Sachschaden.	*Wie war der Schaden?*
???????	*Der Abschlusssatz fehlt noch!!!*

2 Vergleicht eure Ergebnisse: Wo habt ihr Satzglieder ergänzt, ersetzt oder umgestellt? Hinweise auf die Erweiterungs-, Umstell- und Ersatzprobe findet ihr in „Wissen und Können", S. 292/293.

Texte durch Proben überarbeiten

Werkstatt Sprache

Wortarten wiederholen

Für forscher, abenteurer und entdecker

Wir menschen nehmen den tieren immer größere teile ihrer rückzugsräume weg, aber die tiere brauchen ihre ruhe.

Deshalb gibt es in deutschland mehr als 100 schutzgebiete. Hier können tiere ungestört jagen und brüten. Diese naturschutzgebiete sind keine sperrzonen. Jeder darf diese urwüchsigen flecken erde besuchen. Emanuel Schmid ist junior-ranger im nationalpark bayerischer wald. Dort ist der elfjährige mit anderen jungen und mädchen mindestens einmal im monat unterwegs. Sie erforschen die umgebung, haben sich schon ein wildnis-camp gezimmert und bei einer nachtwanderung scheue tiere beobachtet. junior-ranger gibt es bereits in mehr als 30 schutzgebieten über ganz deutschland verteilt. Hast du lust darauf bekommen, die natur zu erforschen, zu schützen und dort abenteuer zu erleben? Wenn du auch junior-ranger werden willst, kannst du dich unter www.junior-ranger.de informieren.

→ *Signalwörter zur Bestimmung von Nomen, S. 261/262*

1 Im Text sind alle Wörter kleingeschrieben – mit Ausnahme der Satzanfänge.
   – Übertrage den Text in dein Heft und schreibe alle Nomen groß.
   – Woran hast du die Nomen erkannt?
   – Vergleicht eure Lösungen.
   – Wo habt ihr Schwierigkeiten gehabt? Warum?

2 Welche anderen Wortarten kennst du? Suche jeweils ein passendes Beispiel aus dem Text. Vergleicht eure Lösungen.

3 Welche Wörter kannst du in die vier Fälle setzen?
   Welche Wörter stehen im Satz in der Personalform?

4 Suche im Text Wörter, die nie verändert werden. Nenne drei Beispiele.

5 Schau dir die Wortarten-Tabelle auf der nächsten Seite an und überprüfe deine Ergebnisse aus den Aufgaben 2 bis 4.

Wortarten bestimmen

Werkstatt Sprache   221

6 Lies die folgende Geschichte. Welche Wörter hat der Autor erfunden?

Martin Auer
Kim erzählt eine Geschichte

Gestern war ich im Schlumperwald. O Gott, war das schrug! Ich bin jetzt noch ganz zerbrisel davon! Der Wald war so schlumper und alles war so schierlig und ich ganz allein mittendrin! In der Ferne hab ich den Gmork harruchzen gehört und die Zirrelise hat ganz grabl genötscht! Und rund um mich sind die ganze Zeit lauter kleine Zwinken herumgezirgelt, dass mir ganz zimpel davon geworden ist.
Ich bin gegangen und gegangen und der Wald ist immer schlumperer und schlumperer geworden. Und plötzlich steht vor mir ein Garlwocht. Ein richtig zumpler Garlwocht und plunkt mich an mit seinen girren Strugen!

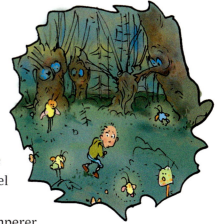

7 Ersetze die erfundenen Wörter durch normale Wörter. Achte darauf, dass die Wörter in der richtigen Form stehen.

8 Schreibe Kims Geschichte weiter. Achte darauf, dass sie spannend ist.

Wortarten unterscheiden

Aus Verben werden Nomen

1 Lies den Internet-Bericht und ordne die Überschriften den passenden Abschnitten zu:

Klimaerwärmung überall in der Arktis   Gefährliche Wanderungen
Kaiserpinguine vom Aussterben bedroht

Klimaerwärmung bedroht Kaiserpinguine

Wissenschaftler warnen, dass die majestätischen Kaiserpinguine vom Aussterben bedroht sind. Falls das antarktische Seeeis weiter schmilzt, wird es in der Antarktis bald keine Kaiserpinguine mehr geben.

Bis vor Kurzem war noch nicht klar, wie stark sich die Antarktis erwärmt. Untersuchungen hatten vor allem einen Temperaturanstieg auf der westlichen Antarktischen Halbinsel gezeigt. Doch eine Studie hat nun bewiesen, dass die Klimaerwärmung die Antarktis überall trifft.

Für die Kaiserpinguine könnte das gefährlich werden. Die Tiere sind bekannt für ihre langen Wanderungen zwischen Brut- und Nahrungsplätzen. Auf dem sicheren Festland paaren sich die Tiere und brüten. Anschließend wandern sie auf das geschlossene Meereis, um ihre Jungen aufzuziehen. Für die Nahrungssuche begeben sich die Tiere an die Packeisgrenze. Ein frühes Aufbrechen oder Verschwinden des Eises wird die Fortpflanzung dramatisch senken und den Pinguinen ihre Nahrungsgrundlage nehmen.

2 Schau dir die unterstrichenen Nomen in den ersten beiden Abschnitten an. Welche Verben kannst du entdecken? Übertrage die Tabelle in dein Heft und ergänze sie:

Nomen	Verben
Aussterben	*aussterben*

3 Suche auch im dritten Abschnitt alle Nomen heraus, in denen du ein Verb entdecken kannst. Unterstreiche sie (Folientechnik) und ergänze deine Tabelle.

4 Unterstreiche die Nomen-Signale im Text (Folientechnik).

Nominalisierungen finden

Werkstatt Sprache

> Aus Verben können Nomen werden (**Nominalisierung**):
> Viele Tiere sterben aus. → Umweltschützer beklagen das Aussterben dieser Tiere.
> Es gibt verschiedene Möglichkeiten, aus Verben Nomen zu bilden:
> – aus dem Infinitiv (Grundform) des Verbs: aussterben → das Aussterben,
> – Nomen mit der Endung -ung: wandern → die Wanderung.
> In Fachtexten gibt es häufig auch Zusammensetzungen mit Nominalisierungen:
> Klimaerwärmung, Temperaturanstieg.
> Du erkennst Nominalisierungen an den Nomen-Signalen (z. B. an den Artikeln: das Aussterben). Nominalisierungen werden großgeschrieben.
> Du kannst Sätze durch Nominalisierungen miteinander verbinden.
> Forme dazu Verben in Nomen um: Pinguine wandern vom Brut- zum Nahrungsplatz.
> Diese Wanderungen dauern sehr lange.

5 Verbinde die folgenden Sätze. Forme dazu die unterstrichenen Verben in Nomen um und schreibe den Text in dein Heft.
  a) In der Antarktis forschen zahlreiche Wissenschaftler. ▨ in der Kälte ist sehr anstrengend.
  b) Die Forscher wohnen in riesigen Containern. Das ▨ in diesen Containern ist aber sehr angenehm.
  c) Um das Klima zu erforschen, wird das Wetter rund um die Uhr genau beobachtet. Die ▨ werden aufgezeichnet.
  d) Diese ▨ werden von den Wissenschaftlern ausgewertet.
  e) Die ▨ werden in Studien veröffentlicht.
  f) Die Wissenschaftler untersuchen auch, wie dick das Eis ist. Diese ▨ sind wichtig für die Wettererforschung.

6 Sag es kürzer und mache dir Stichpunkte wie im Beispiel. Schreibe in dein Heft. Beispiel:
Die Experten werden befragt. → die Expertenbefragung.
  a) Die Luft ist verschmutzt.
  b) Der Wald stirbt.
  c) Die Arten sterben.
  d) Die Erde erwärmt sich.
  e) Das Klima verändert sich.
  f) Wir sammeln Ideen.
  g) Wir trennen den Müll.
  h) Wir sparen Energie.
  i) Wir vermeiden den Müll.
  j) Wir schützen die Umwelt.

7 Finde eigene Beispiele wie in den Aufgaben 5 und 6 und gib sie einem Partner zur Bearbeitung.

Werkstatt Sprache

Zusammensetzungen enthalten viele Informationen

Stellt euch mal vor, es gäbe keine **Müllabfuhr** oder keine Altglas-Container und die Mülltonnen würden nicht abgeholt. Es würde nicht lange dauern, und wir würden im Müll ersticken. Doch zum Glück kommen die Müllmänner mit ihren großen Müllwagen regelmäßig auch zu euch. Was macht ihr aber mit einer kaputten Playstation, mit einem alten Sofa oder mit Bauschutt? Dies alles und noch viel mehr nimmt der Recyclinghof (sprich: „rießeikling") in einer Stadt oder Gemeinde an. In manchen Gemeinden nennt sich dieser Hof auch Abfallwirtschaftsbetrieb oder Restmüllwerk. Das Wort „Recycling" bedeutet, dass etwas wiederverwendet wird.
Noch besser ist es natürlich, wenn ihr Abfälle vermeidet. Das fängt schon beim Einkaufen an, z. B. Mehrweg- statt Einwegflaschen, Papier aus Altpapier verwenden, Einkaufstaschen statt Plastiktüten, Flohmarkt statt Sperrmüll, Nachfüllpacks kaufen.

1 Lies den Text und gib ihm eine passende Überschrift.

2 Unterstreiche alle zusammengesetzten Nomen, in denen „Müll" vorkommt.

> **Zusammengesetzte Nomen** (z. B. Müllmänner) bestehen aus Grund- und Bestimmungswort: Das **Grundwort** (Männer) steht rechts und wird durch das **Bestimmungswort** (Müll) genauer erklärt: Müllmänner sind Männer, die den Müll abtransportieren.
> In Fachtexten kommen oft Zusammensetzungen vor, weil man mit wenig Worten viele Informationen übermitteln kann. Manchmal enthalten sie auch Fremdwörter (Altglascontainer).

Mülleimer, *der*; ein Behälter, in den man Abfälle wirft: Kannst du bitte mal den Mülleimer leeren?

3 Suche dir aus dem Text fünf zusammengesetzte Nomen aus und schreibe Wörterbucherklärungen wie im Beispiel.

4 Unterstreiche und erkläre die Zusammensetzungen in folgendem Text:

Wertstoffe wie Glas, Papier oder Metall können gesammelt und wiederverwertet werden. Schadstoffe müssen mit besonderer Vorsicht entsorgt werden. Deshalb gehören sie auch nicht in die Mülltonne. Batterien, alte Medikamente oder Altöl können dorthin zurückgebracht werden, wo sie gekauft wurden. Was ihr dort nicht loswerdet (zum Beispiel Farb- und Lackreste, Energiesparlampen), könnt ihr beim Schadstoff-Mobil oder eben auf dem Recyclinghof abgeben. Dort gibt es immer eine spezielle Schadstoffannahmestelle.

Werkstatt Sprache

Fremdwörter gehören zum Wortschatz

Schülerwettbewerb

Bundesweiter Schülerwettbewerb: Bio find ich kuh-l

Ihr wollt was gewinnen? Dann macht mit beim Schülerwettbewerb des Bundesministeriums für Verbraucherschutz: Bio find ich kuh-l! Findet heraus, was eigentlich „öko" am ökologischen Landbau ist und schaut euch einmal um in der Welt der Bioprodukte.
Ihr könntet zum Beispiel Biohöfe, Bioläden oder Biobäckereien besuchen und euch angucken, wie die Lebensmittel hergestellt werden, die dann später auf eurem Teller landen. Was ihr dabei erlebt, könnt ihr dann aufmalen, basteln, mit der Videokamera filmen, ins Internet stellen oder auf eine Kassette aufnehmen. Eurer Fantasie sind keine Grenzen gesetzt. Für euren Beitrag könnt ihr natürlich auch tolle Preise gewinnen: Eine Klassenfahrt, Bücherkisten und T-Shirts winken den Gewinnern.
Weitere Informationen unter www.bio-find-ich-kuhl.de

1 Lies den Aufruf zu einem Schülerwettbewerb und erkläre die Überschrift „Bio find ich kuh-l".

2 Versucht zu zweit herauszufinden, welche Wörter in diesem Text Fremdwörter sind. Sucht Erklärungen für Fremdwörter, die ihr nicht versteht.

→ *Schlage in einem Wörterbuch oder Fremdwörterbuch nach, wenn du nicht weißt, was ein Fremdwort bedeutet oder wie man es schreibt.*

3 Recherchiert, aus welchen Sprachen die Fremdwörter stammen. Nutzt ein Fremdwörterbuch oder das Internet.

Fremdwörter sind Wörter, die aus anderen Sprachen stammen und übernommen wurden. Fremdwörter gehören zu unserer Sprache und erweitern unseren Wortschatz. Ihr könnt sie häufig an der Aussprache (kul) und Schreibung (cool) erkennen. Fremdwörter sind aber auch oft an die deutsche Sprache angepasst, sodass nur noch schwer zu erkennen ist, aus welcher Sprache sie stammen: Paradies (griechisch Paradeisos: Tiergarten), intelligent (lateinisch intelligens: klug), brutal (französisch brutal: roh).
Fremdwörter kommen besonders oft in Fachsprachen, in der Werbung und in der Jugendsprache vor.

→ *Hinweise zum Gebrauch von Fremdwörtern in Fachtexten findest du auf Seite 224 und zum Gebrauch in der Jugendsprache auf Seite 226.*

4 Lege dein eigenes Fremdwörterbuch an. Trage Fremdwörter, die du beim Lesen in Zeitungen, Zeitschriften, Büchern oder im Internet findest, ein und erkläre ihre Bedeutung mit Beispielsätzen. Mache dir Hinweise zur Aussprache.

Fremdwörter bestimmen und erklären

Aus dem Lexikon der Jugendsprache: Lass uns chillen ...

1 Erkläre das Bild mithilfe des Lexikonartikels:
– Was ist daran komisch?
– Was ist mit „coolem Typ" gemeint?
– Wann gebraucht ihr das Wort „cool"?

cool kühl, gelassen, über den Dingen stehend, unbeeindruckt, klug, überlegt
cool, Mann, cool: bleib ganz ruhig, reg dich bloß nicht auf!
cooler Job: angenehme, wenig stressige Tätigkeit; viel Geld für wenig Arbeit
cooler Typ: kluger Mensch, harter Brocken, gerissene Type

2 Lies den folgenden Sachtext über die Kennzeichen der Jugendsprache. Was versteht man unter „Jugendsprache"? Unterstreiche die Definition (Folientechnik).

Jugendsprache

Die Jugendsprache ist eine Variante der Umgangssprache, die nur von Jugendlichen gesprochen wird. Sie veraltet rasch: Was früher *klasse* war, ist heute *cool* oder *buffig*.
Jugendliche verwenden eine eigene Sprache, um sich von den Erwachsenen abzugrenzen. Ein Wort wie *chillen* hebt sich deutlich vom Wortschatz eines Erwachsenen ab; *entspannen* würde hingegen nicht auffallen, da es der erwachsene Zuhörer selbst gebraucht.
Als auffälliges Merkmal der Jugendsprache gilt ihr besonderer Wortschatz.

Jugendliche verwenden:
– Modewörter, z. B. *krönungsbedürftig* für *super, sehr gut*,
– Sprachspiele und Redensarten, z. B. *Lass uns einen Abflug machen* für *Lass uns gehen*,
– Sprachbilder, z. B. *Minifackel* für *Streichholz*,
– Entzückungs- und Verdammungswörter, z. B. *de luxe* für *super*, *keimig* für *eklig*,
– Wörter aus dem Englischen, z. B. *cool*, oder
– neue Wörter, z. B. *Digger* für *Freund*.
Der Wortschatz zeigt, wie fantasiereich und kreativ Jugendliche ihre Sprache gebrauchen.

3 Was ist besonders am Wortschatz der Jugendsprache? Übertrage die Tabelle auf der nächsten Seite in dein Heft.

Werkstatt Sprache

Besondere Merkmale	Beispiele
Modewörter	*krönungsbedürftig*
	Lass uns einen Abflug machen
	Minifackel
	de luxe, keimig
	cool
	Digger

Seit dem 19. Jahrhundert kann man belegen, dass Jugendliche anders sprechen als Erwachsene. Die **Jugendsprache** enthält vor allem einen besonderen Wortschatz, der sich von dem der Standardsprache unterscheidet.
Die Jugendlichen wollen sich durch die Sprache von den Erwachsenen abgrenzen und ihre eigene Gruppenzugehörigkeit verstärken.
Die Jugendsprache verändert sich sehr schnell: Wörter verschwinden, andere werden Teil der Standardsprache (z. B. keinen Bock haben, Pauker oder echt, stark).

4 Sucht weitere Wörter aus der Jugendsprache und macht einen Test:

Dieses Wort ...	habe ich noch nie gehört.	kenne ich, verwende ich aber nicht.	verwende ich selbst.
cool			

→ Legt für eure Klasse ein Jugendsprache-Wörterbuch an. Überlegt vorher, was die Wörterbuchartikel alles enthalten sollen.

> **Tipp**
> *Es gibt auch Wörterbücher der Jugendsprache – gedruckt und im Internet.*

5 Verstehst du folgenden Text? Übersetze ihn in „normales" Deutsch:
Die ganze Story fing damit an, dass Whitys schwerreicher Alter es nicht ohne Weib aushalten konnte und sone geile Alte in die Bude brachte. Das war ne unheimliche Chaotin, nur Schminke und Klamotten in der Birne. Und wenn sie ein anderes Weib sah, was dufter aussah als sie selber, dann wurde sie rattendoll. Die Whity sah wahnsinnig scharf aus, deswegen wollte die Alte sie um die Ecke bringen. Selber hatte sie Schiss, deswegen kaufte sie nen Typ. ...

→ Wenn du Lust hast, kannst du eine Fortsetzung schreiben.

Werkstatt Sprache

Wörter können wehtun

1. Lies den Ausschnitt aus einem Lexikonartikel und unterstreiche die Namen, mit denen die Ureinwohner Grönlands bezeichnet werden (Folientechnik).

Das Wort *Eskimo* gibt es in der Sprache der Grönländer gar nicht. Es stammt aus dem Wortschatz der kanadischen Montagnais-Indianer: *Ayaskimju* heißt übersetzt *Schneeschuhflechter*. So bezeichneten sich die Montagnais mitunter selbst. Anfang des 17. Jahrhunderts muss sich ein Mönch wohl verhört haben. Er sprach von den Ureinwohnern des Nordens als *Eskimos* und übersetzte den Begriff auch noch falsch mit *Rohfleischesser*. So wollten viele Ureinwohner natürlich nicht genannt werden! Besser als *Eskimo* kommt bei ihnen daher *Inuit* an – ein Oberbegriff, der auch die Ureinwohner in vielen Gebieten nördlich des Polarkreises mit einschließt. Er bedeutet *Mensch*. Die grönländischen Ureinwohner selbst nennen sich übrigens meist *Kalaallit* – zu Deutsch schlicht: *Grönländer*.

2. Warum wollen die Grönländer nicht Eskimos genannt werden? Welche anderen Bezeichnungen sind ihnen lieber? Warum?

> Namen und Bezeichnungen haben häufig eine **negative Bedeutung**. Oft kennt man diese Bedeutungen nicht, aber wenn man diese Wörter verwendet, kann man anderen damit wehtun: In vielen Büchern kann man noch das Wort *Eskimo* finden, die Ureinwohner Grönlands empfinden dieses Wort aber als Beleidigung. Dies gilt auch für Bezeichnungen wie *Neger* oder *Zigeuner*. Solche Bezeichnungen sollte man daher nicht verwenden, sie tun weh! Die Betroffenen empfinden diese Wörter als Schimpfwörter.

Schimpfwort, *das*
Schimpfwörter sind meist anstößige Wörter, mit denen man andere beleidigt und seinen Ärger ausdrückt.

3. Lies die Wörterbucherklärung zu „Schimpfwort". Warum werden Schimpfwörter benutzt?

4. Suche und unterstreiche im Text „Der Überfall" (S. 98–101) Schimpfwörter (Folie). Warum beschimpfen sich die Schüler in der Geschichte?

5. Warum sollte man Schimpfwörter vermeiden? Sprecht darüber oder schreibt eure Begründungen dazu auf.

Über Schimpfwörter nachdenken

Werkstatt Sprache

Mit Adjektiven bewerten

Angst vor der Schule

Schwere Matharbeiten! Turnübungen, bei denen man sich blamieren kann. Und fiese Klassenkameraden, die einen vermöbeln wollen. Für viele Kinder ist die Schule ein furchtbarer Ort. Dabei müsste das gar nicht sein.

Was macht die Schule so schlimm, dass manche Kinder sich vor ihr fürchten? Oft ist es Angst, etwas nicht zu können. Eine Klassenarbeit mies zu schreiben. Oder die Mathe-Hausaufgaben an der Tafel vorrechnen zu müssen: Die Klasse starrt einen an. Wartet. Und der eigene Kopf ist nur – leer. Das kann einem so peinlich sein, dass man am liebsten tief im Boden versinken möchte. Und dazu gibt es noch eine schlechte Note.

Das Angstzentrum im Gehirn merkt sich solche unangenehmen Situationen. Dummerweise reichen bei manchen Kindern schon Kleinigkeiten, um das Gehirn ängstlich zu machen. Manche zittern, wenn sie bloß im Sportunterricht einen Purzelbaum schlagen sollen! „Das kann ich nicht", jammern sie – und sehen blass aus.

1 Unterstreiche (Folientechnik) im Text die Adjektive, mit denen die Schule negativ bewertet wird.

Mit **Adjektiven** kannst du Personen, Tiere oder Gegenstände genau beschreiben und unterscheiden (die neue Schule). Darüber hinaus kannst du mit ihnen bewerten (die Schule ist ein furchtbarer Ort) sowie die genaue oder ungefähre Zahl angeben (viele Schüler …).
Adjektive können
– vor einem Nomen stehen (schwere Matharbeit),
– zusammen mit dem Verb sein gebraucht werden (der Kopf ist leer),
– bei einem Verb stehen (eine Klassenarbeit mies schreiben).

---

2 Lies die Fortsetzung des Berichts und wähle passende Adjektive aus.
*fies   ängstlich   schlimm   schwach
stressig   unangenehm*

3 Beschreibe, wie für dich eine ideale Schule aussehen sollte: Du kannst folgende Nomen benutzen und wertende Adjektive ergänzen: *Klassenarbeiten, Mitschüler, Hausaufgaben, Lehrer, Unterricht, Pause, Essen …*

Für Schüler kann der Schulalltag so ///// werden, wie ein Überlebenstrip im Dschungel. Immer wieder geraten sie in ///// Situationen. Erste Stunde Englisch? Ich kenne doch so viele Wörter nicht! Dann Physik, da ist der Lehrer so /////. Viele ///// Kinder halten das nicht aus und flüchten. Experten schätzen, dass 5 bis 10 Prozent regelmäßig die Schule schwänzen. Natürlich wird dann alles noch /////.

Adjektive bestimmen und gebrauchen

Passiv gebrauchen: Den Vorgang betonen

Forschung in der Antarktis

Am 20. Februar 2009 ist die Neumayer-Station III nach nur sieben Monaten Bauzeit eröffnet worden. Die Station wurde auf 200 Meter dickem Eis gebaut und ist ganz mit Schnee bedeckt. Auf der Neumayer-Station wird wissenschaftlich gearbeitet: Biologen erforschen die Tiere und Pflanzen, die man am Südpol findet. Geologen untersuchen die Entwicklung des Eises, Meteorologen suchen in der Antarktis nach Erklärungen für bestimmte Entwicklungen des Wetters.
Die erste Georg-von-Neumayer-Station wurde 1981 an der Nordküste der Antarktis gebaut. Die zweite Station wurde 1992 in der Nähe errichtet, weil die erste Station von Schnee und Eis zerstört wurde.

1 Lies den Text und beantworte die beiden Fragen:
   a) Was erfährst du über die Errichtung der Neumayer-Stationen?
   b) Was machen die Wissenschaftler in der Neumayer-Station?

In fast allen Sätzen unserer Sprache wird betont, wer etwas tut:
Biologen erforschen die Tiere und Pflanzen.
Diese Sätze stehen im **Aktiv**.

Wenn unwichtig oder klar ist, wer eine Handlung durchführt, und der Vorgang besonders betont wird, benutzen wir das **Passiv**:
Auf der Neumayer-Station wird gearbeitet.
Das Passiv wird daher häufig bei (Arbeits-)Vorgängen, Regeln, Vorschriften, Versuchen, Spielanleitungen oder Gebrauchsanweisungen benutzt. Es kommt vor allem in der geschriebenen Sprache vor.

Gebildet wird das Passiv mit dem Hilfsverb werden und dem Partizip II:
Das Wetter wird beobachtet. Das Passiv hat wie das Aktiv eigene
Zeitformen: – Präsens: Es wird gearbeitet.
   – Präteritum: Es wurde gearbeitet.
   – Perfekt: Es ist gearbeitet worden.
   – Plusquamperfekt: Es war gebaut worden.
   – Futur: Es wird gebaut werden.

---

2 Markiere (Folientechnik) im Text oben alle Passivformen. In welchen Zeitformen stehen sie?

Funktion des Passivs erkennen

Werkstatt Sprache

Ein Wissenschaftler startet einen Wetterballon vom Dach der Neumayer-Station.

Zwei Bewohner der Neumayer-Station arbeiten an der Energieversorgung.

Wissenschaftler installieren auf dem Dach der Neumayer-Station eine Antenne zum Empfang von Daten.

Wissenschaftler richten ein neues Labor ein.

Zwei Antarktisforscher untersuchen Eiskerne.

3 Schau dir die Bilder an und beschreibe die Situationen aus unterschiedlichen Perspektiven. Übertrage die Gegenüberstellung in dein Heft:

Wer macht hier etwas? – Aktiv	Was wird hier gemacht? – Passiv
Ein Wissenschaftler startet einen Wetterballon vom Dach der Neumayer-Station.	Ein Wetterballon wird vom Dach der Neumayer-Station gestartet.
Zwei Bewohner …	

4 Lies den Auszug aus dem Tagebuch eines Wissenschaftlers und mache daraus einen Bericht. Betone, was auf der Polarstation gemacht wird, und nutze das Passiv: … *Auf dem Monitor wird … angezeigt …*

> Der Tagesablauf auf der Station ist extrem davon abhängig, wie das Wetter draußen ist. Daher geht mein erster Blick morgens auf einen Monitor, der das aktuelle Wetter draußen anzeigt. Ich mache alles, was so anliegt, also Geräte warten und reparieren, Messungen durchführen und Daten sammeln und auswerten. Dazu kommen aber auch „normale" Arbeiten wie Schneeschippen, Böden sauber machen oder Außenarbeiten an der Station durchführen. Meistens ist der Arbeitstag sehr abwechslungsreich. Die eigentliche Arbeitszeit ist nicht streng festgelegt. Manchmal arbeite ich auch noch bis spät in die Nacht (wenn man z. B. gutes Wetter ausnutzen will), dafür kann man dann auch mal morgens später aufstehen.

Passiv gebrauchen

Werkstatt Sprache

Satzglieder wiederholen

1 Lies den Bericht über Issaka und erkläre die Überschrift.

Burkina Faso
Schrauben für den Führerschein

Mit ölverschmierten Händen hockt Issaka vor dem schmutzigen Motorrad. Er repariert den Vorderreifen. Für den Zehnjährigen aus Ouagadougou, der Hauptstadt des westafrikanischen Staates Burkina Faso, ist das kein Problem. Issaka hilft in den Schulferien seinem Vater gerne in der Werkstatt. Er ölt dort Fahrradketten, tauscht kaputte Glühbirnen aus und flickt Motorradreifen. Auf den Straßen Burkina Fasos fahren wegen der Armut des Landes viele alte Autos! Issaka repariert oft verbeulte und klapprige Fahrzeuge. Er verdient nur ein paar Cents, trotzdem unterstützt er seinen Vater gern. Issaka spart das Geld, später will er nämlich den Führerschein machen und Lkw-Fahrer werden!

2 Lies den ersten Satz des Berichts noch einmal ganz genau.
  a) Ermittle die Anzahl der Satzglieder mit der Umstellprobe.
  b) Bestimme mithilfe von Fragen, um welche Satzglieder es sich handelt.
  c) Formuliere den Satz neu, indem du die anderen Satzglieder an die erste Stelle stellst. Vergleiche die Sätze miteinander.
  Was verändert sich?

3 Bestimme in den unterstrichenen Sätzen Anzahl und Art der Satzglieder. Lege dir dazu im Heft eine Tabelle an:

Subjekt	Prädikat	Objekt A = Akkusativobjekt D = Dativobjekt	adverbiale Bestimmungen Z = Zeitangabe O = Ortsangabe G = Grund A = Art und Weise
Issaka	*hilft*	*seinem Vater (D)*	

4 In dem Bericht steht das Subjekt sehr oft an erster Stelle. Überarbeite den Text und mache ihn abwechslungsreicher. Stelle dazu die Satzglieder um. Achte darauf, dass sich ein schlüssiger Text ergibt.

Satzglieder bestimmen und unterscheiden

Texte ausbauen:
Adverbiale Bestimmungen gebrauchen

1 Ein Reporter hat eine Kurzmeldung in die Redaktion geschickt. Er soll die Meldung ausbauen. Überarbeite seinen Text mithilfe der Fragen am Rand und der folgenden Ergänzungen:

aus dem Naturpark „Wildlife Safari" im amerikanischen Oregon
nur zweieinhalb Stunden täglich
am nächsten Tag
damit die Tiere nicht den Spaß verlieren
mit Schwamm und Rüsselbrause

Rüsseldusche

USA. Richtige Putzteufel sind Tiki, Alice und George. Die drei Elefanten lieben es, Autos der Parkbesucher zu waschen. Für den Park bedeutet
5 die Elefantenwäsche einen schönen Nebenverdienst: Zwanzig Dollar kostet eine Wäsche, weitere zehn Dollar ein Foto davon. Zwei Elefanten putzen
10 abwechselnd. Jeder Elefant kommt zum Einsatz. Der dritte ruht sich aus und ist wieder an der Reihe.

← *Woher sind die Elefanten?*
← *Womit waschen die Elefanten die Autos?*
← *Warum putzen sie abwechselnd?*
← *Wie lange putzen die beiden Elefanten?*
← *Wann ist er wieder an der Reihe?*

Mit **adverbialen Bestimmungen** kannst du genauer angeben, wie ein Geschehen abläuft:
– die Zeit: Wann? Wie lange? Seit wann? Bis wann? Wie oft?
– den Ort: Wo? Wohin? Woher? Wie weit?
– die Art und Weise: Wie? Womit? Wie viel?
– den Grund: Warum? Wozu?

---

2 Lies die folgenden Schlagzeilen und denke dir eine Meldung dazu aus:
Panther im Stadtwald gesichtet
Unbekanntes Flugobjekt landet mitten auf dem Marktplatz
Pia und Paul erhalten Jugendpreis für Zivilcourage

Werkstatt Sprache

Wozu? – Ziele und Zwecke angeben

Wozu haben Elefanten einen Rüssel?

Der Rüssel ist die Nase des Elefanten. Sie brauchen ihn zum Riechen und zum Atmen. Der Rüssel ist für sie aber auch eine Art Hand, um Dinge aufzuheben oder Obst von Bäumen abzureißen. Elefanten haben den Rüssel aber auch, damit sie trinken können: Sie saugen das Wasser in den Rüssel und spritzen es sich danach in das Maul. Außerdem dient ihnen der Rüssel auch noch zum Tasten, als Alarmtrompete, Waffe, Schwimmschnorchel und sogar als Schlauch, um sich mit Wasser zu bespritzen.

1 Wozu haben Elefanten einen Rüssel? Unterstreiche alle Stellen im Text, die auf diese Frage eine Antwort geben.

> Wenn man etwas genau beschreiben und erklären möchte, nennt man **Ziel** und **Zweck**. Man verwendet dazu
> – Nebensätze mit der Konjunktion damit:
>   Elefanten haben einen Rüssel, damit sie trinken können.
> – Formulierungen mit um ... zu (Infinitivsatz):
>   Elefanten haben einen Rüssel, um sich mit Wasser zu bespritzen.
> – zum mit Nomen (Nominalisierung):
>   Der Elefant hat den Rüssel zum Atmen.
> Überprüfe immer, welche Formulierungen für Ziele und Zwecke in deinem Text am besten passen.

→ Wenn du dich über die Nominalisierung nochmals informieren willst, vgl. Seite 222/223.

2 Wozu haben Zebras Streifen? Wozu ist die Zunge da? Wozu sind Tränen gut? Wähle die passende Information aus und verwende bei deinen Antworten verschiedene sprachliche Mittel.
sie reinigen die Augen   man kann schmecken und sprechen
man erkennt sie nicht so leicht

Wozu ist diese Taste da?

Diese Taste musst du drücken, um das Gerät einzuschalten.

3 Auf die Fragen in Aufgabe 2 gibt es noch weitere Antworten.
– Recherchiere (Internet, Bücherei) und schreibe deine Antworten auf.
– Vergleicht anschließend eure Ergebnisse.

4 Bringt einen MP3-Player oder ein anderes Gerät mit. Macht ein Rollenspiel: Der Kunde fragt, der Verkäufer erklärt.

Grammatische Mittel für Ziele und Zwecke gebrauchen

Vermutungen ausdrücken

Große Reise ins Ungewisse

Wie werden die Menschen in fünfzig oder hundert Jahren leben? Genau weiß das niemand – doch an Vorhersagen mangelt es nicht.
Einkauf: Supermärkte wird es auch in Zukunft geben. Der Mensch liebt es nämlich, durch Regalreihen zu schlendern und dabei nach Schnäppchen Ausschau zu halten. Neu wird allerdings das Angebot sein. Vielleicht gibt es vermehrt Nahrungspellets, kleine zusammengepresste Bällchen? Im Regal stehen dann vermutlich nur noch fettfreie, extragesunde Speisen.
Umwelt: In Zukunft werden Überschwemmungen zunehmen, ganze Küstenstreifen und Inseln könnten untergehen. Denn die Erde wird sich erwärmen. Gletscher und Polkappen schmelzen, der Meeresspiegel steigt. Es ist anzunehmen, dass auch die Zahl der Unwetter zunimmt. Einer zieht sich wahrscheinlich aus Europa ganz zurück: der Winter.

1 Erzähle, wie die Forscher sich die Zukunft vorstellen.

> Wenn du nicht sicher bist, kannst du deine **Vermutungen** unterschiedlich ausdrücken:
> – mit Adverbien (vielleicht, wahrscheinlich, bestimmt, sicher):
>   <u>Wahrscheinlich</u> zieht sich der Winter ganz aus Europa zurück.
> – mit dem Futur: Supermärkte <u>wird</u> es auch in Zukunft <u>geben</u>.
> – mit Verben aus dem Wortfeld vermuten (vermuten, annehmen, glauben, erwarten …): <u>Es ist anzunehmen</u>, dass die Zahl der Unwetter zunimmt.

2 Formuliere einen weiteren Abschnitt über das Jahr 2050 aus den Notizen der Zukunftsforscher:

– etwa zwei Milliarden Autos auf der Erde
– Autos tanken Wasserstoff oder Biodiesel
– Treibstoffe billiger
– intelligente Fahrzeuge: Abbremsung bei Tempoüberschreitung
– Multimediahandy mit Videonachrichten
– kleine Navigationsgeräte als Wegweiser
– Telefon in Pullover oder Jacke eingewebt
– SMS gesprochen, ohne Tastatur
– intelligentes Handy erkennt sein Herrchen

Grammatische Mittel für Vermutungen gebrauchen

Werkstatt Sprache

Relativsätze:
Personen und Dinge genauer bestimmen

1 Überfliege den Text. Worum geht es?

2 Lies das Fettgedruckte.
- Wer ist mit die gemeint?
- Welche Information erhältst du aus dem die-Satz?

„Pferde des Meeres"

Sie sind genügsam, haben ein dickes Fell und unbändige Energie: In der Camargue (sprich: Kamarg) in Südfrankreich leben halbwilde Pferde, die sicher zu den zähesten ihrer Art gehören.

Es gibt viele Geschichten, die zeigen, wie gut Camargue-Pferde und ihre raue Heimat zusammenpassen. Die Camargue ist ein sehr spezieller Lebensraum (1). Es ist ein Reich aus Sümpfen und Seen (2). Im Winter fegt der Mistral, ein kalter Wind (3), über die Gegend. In den heißen Sommern plagen Bremsen, Stechfliegen und Mückenschwärme die Lebewesen. Hier können nur zähe Tiere (4) wie die Camargue-Pferde überleben. Gegen den eisigen Wind schützt sie ihr dichtes Fell (5). In kargen Wintern scharren sie unter dem Schnee nach Gräsern oder ernähren sich von salzigen Grünpflanzen (6).

3 Überlege, welche Sätze a–f zu den unterstrichenen Nomen 1–6 passen. Schreibe so: *1 → a, 2 → ...*
a) ‚der südlich von Arles beginnt.
b) ‚an denen sich empfindlichere Rassen den Magen verderben würden.
c) ‚der aus dem Norden kommt,
d) ‚das manche Bewunderer mit dem eines Eisbären vergleichen.
e) ‚die perfekt angepasst sind,
f) ‚die zum Mittelmeer hin immer salziger werden.

4 Wie hat sich der Text verändert? Was hat das Einfügen der Sätze bewirkt?

Mit Relativsätzen Nomen näher bestimmen

Werkstatt Sprache

> **Relativsätze** sind Nebensätze, die ein vorhergehendes Nomen näher bestimmen: In Südfrankreich leben halbwilde Pferde, die sicher zu den zähesten ihrer Art gehören.
> Du kannst also Relativsätze verwenden, wenn du Personen, Tiere, Gegenstände oder Begriffe genauer bestimmen oder erläutern willst.
>
> Ein Relativsatz wird durch ein **Relativpronomen** eingeleitet:
> der, die, das, welcher, welche, welches.
> Die Relativpronomen stehen in unterschiedlichen Fällen:
> Die Fliegen plagen die Pferde, denen man dies jedoch nicht anmerkt.
> Achte darauf: Vor Relativpronomen steht immer ein Komma.

5 Überarbeite die Texte zu den Bildern. Vermeide Wiederholungen und formuliere Relativsätze.

a) In der Camargue leben rund 3000 Pferde. Die Pferde leben wild in Herden.

b) Camargue-Pferde fressen fast ununterbrochen Schilf, Brombeergestrüpp oder Gras. Schilf, Brombeergestrüpp oder Gras sind arm an Nährstoffen.

c) Im Sommer freuen sich die Pferde über den Besuch von Kuhreihern. Kuhreiher picken ihnen Ungeziefer wie beispielsweise Zecken aus dem Fell.

d) Die Stuten bringen ihre Fohlen versteckt im Schilf zur Welt. Die Stuten sind sehr scheu.

e) Die Fohlen kommen mit schwarzem oder braunem Fell zur Welt. Die Fohlen werden erst später weiß.

f) Fohlen legen ein Kilogramm Gewicht pro Tag zu. Fohlen staksen schon zwei Stunden nach der Geburt der Herde hinterher.

Relativsätze gebrauchen

Werkstatt Sprache

Dass-Sätze: Ich behaupte, ich meine, ich hoffe ...

1 Lies den Anfang einer Pro-Kontra-Diskussion aus einem Jugendmagazin.
   a) Über welches Thema wird diskutiert?
   b) Was meinen Wanda Fox und Bernhard Bueb?

Wanda Fox

Bernhard Bueb

Wer immer pünktlich ist und gute Noten schreibt, kann in manchen Schulen Amerikas über 1000 Dollar pro Schuljahr verdienen. Wanda Fox, Schuldirektorin einer Schule in Washington, hat Geld als Belohnung in ihrer Schule eingeführt. Sie behauptet, dass Geld motiviert und viele Schüler besser werden. Ihr deutscher Kollege Bernhard Bueb dagegen bezweifelt, dass dieser Weg sinnvoll ist. Er denkt, dass Geld den Charakter verdirbt.

2 Unterstreiche (Folientechnik), was Wanda Fox behauptet und Bernhard Bueb bezweifelt.

In **dass-Sätzen** steht oft, was eine Person sagt, meint, behauptet oder denkt:
Sie behauptet, dass viele Schüler besser werden.
Er denkt, dass Geld den Charakter verdirbt.

Folgende Verben leiten dass-Sätze ein:
– Verben, die zum Wortfeld „sagen" gehören: sagen, berichten, zeigen, erklären, erzählen, informieren, mitteilen, feststellen ...
– Verben, die zum Wortfeld „meinen" zählen: meinen, denken, glauben, der Ansicht sein, finden, vermuten, bezweifeln, hoffen ...

Die Konjunktion dass leitet einen Nebensatz ein. Denke daran: Vor dem dass-Satz steht immer ein Komma.

Objektsätze erkennen und bestimmen

Werkstatt Sprache

3 Lies die Pro-und-Kontra-Argumentation von Wanda Fox und Bernhard Bueb. Fasse ihre Argumente zusammen und benutze dabei Verben aus den Wortfeldern „sagen" und „meinen":
Wanda Fox erzählt, dass die Leistungen der Schüler durch das neue Punktesystem besser geworden sind. Sie berichtet, dass ...
Bernhard Bueb meint dagegen, dass ... Er glaubt sogar, dass ...

Wanda Fox (Pro)

Seit wir das neue Punktesystem eingeführt haben und den Schülern Geld für gute Leistungen zahlen, sind viele unserer Kinder wie ausgewechselt. Besonders die, die vorher faul waren oder oft im Unterricht gestört haben, verbessern sich. Die Lehrer vergeben für verschiedene Dinge Punkte: Wer jeden Tag seine Schuluniform trägt, bekommt einen Punkt. Wer immer pünktlich und anwesend ist, bekommt einen Punkt. Wer schön seine Hausaufgaben macht und gute Noten schreibt, bekommt ebenfalls einen Punkt. Für jeden Punkt gibt es dann zwei Dollar, an manchen Schulen sogar noch mehr. Alle zwei Wochen ist bei uns Zahltag, da kriegen die Schüler einen Scheck und zahlen ihren Lohn auf ein Schülerkonto. Manche kaufen sich für das Geld Kleider, manche wollen ihre Eltern unterstützen, einige Schüler sparen auch für ihr Studium, darüber freue ich mich am meisten.

Bernhard Bueb (Kontra)

Wer ein Fußballspiel gewinnen will, der muss bereit sein, dafür zu trainieren. Wer eine fremde Sprache beherrschen will, der muss sich anstrengen. Und wer friedlich mit anderen Menschen zusammenleben will, der sollte höflich sein. Pünktlichkeit, Höflichkeit oder die Bereitschaft, sich anzustrengen, all das lernt man bestimmt nicht, wenn man mit Geld belohnt wird. Im Gegenteil. Wenn Kinder in der Schule zwei Dollar dafür bekommen, weil sie ihre Hausaufgaben gemacht oder immer brav die Schuluniform getragen haben, dann werden sie zu Knechten des Geldes. Solche Kinder werden sich später nicht anstrengen, einem anderen Menschen zu helfen, weil sie möchten, dass es ihm besser geht. Sie werden es tun, weil sie damit Geld verdienen können.

4 Schreibe einen Brief an die Redaktion des Jugendmagazins, in dem du deine persönliche Meinung über „Geld für gute Noten?" darlegst. Benutze dazu auch die Wortfelder aus dem Merkkasten.
So kannst du beginnen:

„Geld für gute Noten?"
Ich habe Ihren Artikel „Geld für gute Noten?" gelesen und möchte einmal meine Meinung als Schüler äußern. Ich bin der Ansicht, dass ...

Objektsätze gebrauchen

Kommas erleichtern das Lesen

1 Lies den folgenden Text über Mossa, einen Jungen aus Algerien, der mitten in der Wüste lebt. Er gehört zu den Tuareg, einem Wüstenvolk. Erzähle anschließend, worum es geht.

Herbert Schmon

Mossa: Ich lebe in der Wüste

Mossa und seine jüngeren Geschwister kriechen aus ihren Wolldecken wenn es am Morgen hell wird. Die Mutter hat vor dem Haus bereits ein Feuer entfacht an dem sich die Kinder wärmen weil es noch ziemlich kalt ist. Zum Frühstück gibt es Grüntee und Datteln die die Mutter vorher in einem Mörser zerstoßen hat. Nachdem die Kinder noch eine Schüssel heißes Hirsemus gegessen haben werden Hände und Gesicht mit Wasser gewaschen. [...]
Um halb acht steht Mossa mit den anderen Kindern auf dem Schulhof. Die Jungen und Mädchen bilden zwei Reihen sobald einer der Lehrer erscheint. Die Tuaregkinder reden in einer Sprache die ihr Lehrer meist nicht versteht. Sie sprechen wenn sie unter sich sind ihre Sprache: Tamaschek. Die Lehrer sprechen Arabisch.

2 Warum ist es schwer, den Text oben zu lesen?

> Zwischen Haupt- und Nebensatz muss ein Komma stehen. Kommas gliedern Sätze und sorgen dafür, dass Texte leichter lesbar sind.
>
> **Hauptsätze** sind Sätze, in denen das konjugierte Verb an zweiter Stelle steht. Hauptsätze können allein stehen: Mossa und seine jüngeren Geschwister kriechen aus ihren Wolldecken.
>
> **Nebensätze** sind Sätze, in denen das konjugierte Verb am Ende steht. Nebensätze stehen nie allein, sondern immer in Verbindung mit Hauptsätzen. Sie werden durch eine Konjunktion oder ein Relativpronomen eingeleitet:
> Mossa und seine jüngeren Geschwister kriechen aus ihren Wolldecken, wenn es am Morgen hell wird.
> Die Tuaregkinder reden in einer Sprache, die ihr Lehrer meist nicht versteht.

→ *Informationen zu den Relativsätzen findest du auf Seite 236/237.*

Werkstatt Sprache

3 Unterstreiche im Text auf Seite 240 alle Nebensätze und kreise die dazugehörigen Konjunktionen und Relativpronomen ein (Folientechnik). Schreibe den Text anschließend ab und setze die fehlenden Kommas zwischen Haupt- und Nebensätzen ein.

4 Lies, wie es mit Mossa weitergeht.
Markiere die Nebensätze farbig (Folientechnik) und setze die Kommas.

Wenn die Schule um halb zwölf aus ist ziehen die Kinder andere Kleider an. Dann spielen sie noch eine halbe Stunde. Alle setzen sich sobald das Essen fertig ist in den Sand. Die Mutter stellt die Schüssel in die Mitte. Jede Person hat ihren eigenen Löffel und darf nur auf ihrer Seite in der Schüssel zulangen. Es kommt ziemlich oft vor dass es beim Kauen zwischen den Zähnen knirscht. Es ist nicht verwunderlich in der Wüste dass Sand in das Essen gelangt. Das Wüstenwetter macht auch durstig. Mossa kann so viel Wasser trinken wie er will. Nur wenn er das Wasser verschüttet schimpft die Mutter. Es ist vor allem sie die das Wasser vom Dorfbrunnen herbeischleppt.
Nachmittags gehen die Kinder nochmals zwei Stunden zur Schule. Nachdem sie zu Abend gegessen haben sitzt Mossa am Feuer und hört zu was die Großen reden. Dann bekommen auch die Kinder ein Gläschen starken Tee. Stockdunkel wird es eigentlich nie weil Sterne und Mond genug Licht geben. Mossa und die anderen Kinder können bei Dunkelheit noch draußen spielen. Sie sitzen im Kreis und eines der Kinder schlägt auf einem leeren Benzinkanister den Rhythmus. Zusammen singen sie dann ein altes Lied das sie von der Mutter gelernt haben.

Nebensätze können an verschiedenen Stellen stehen:
– Steht der Nebensatz nach dem Hauptsatz, steht das Komma vor der Konjunktion: Mossa kriecht aus seiner Wolldecke, wenn es am Morgen hell wird.
– Steht der Nebensatz vor dem Hauptsatz, steht das Komma am Ende des Nebensatzes: Nachdem die Kinder Hirsemus gegessen haben, werden Hände und Gesicht mit Wasser gewaschen.
– Wenn der Nebensatz in den Hauptsatz eingeschoben ist, wird er durch zwei Kommas vom Hauptsatz getrennt: Die Kinder sprechen, wenn sie unter sich sind, ihre Sprache: Tamaschek.

Wenn Hauptsätze mit und oder oder verbunden werden, braucht kein Komma zu stehen. Du kannst es aber setzen, um die Gliederung des Gesamtsatzes zu verdeutlichen:
Die Schule ist um halb zwölf aus (,) und die Kinder haben frei.
Die Kinder spielen noch etwas (,) oder sie gehen nach Hause.

Nebensätze bestimmen und Kommas setzen

Werkstatt Sprache

5 Lies die Fortsetzung der Geschichte über Mossa Satz für Satz.
Überlege dir, wann ein Komma stehen muss. Notiere auf einem Zettel:
Ein Komma steht bei: (3), ...
Ein Komma kann, muss aber nicht stehen bei: (1), ...
Kein Komma darf stehen bei: (2), ...

Etwa um neun Uhr wird es ruhiger (1) und die Kinder „gehen ins Bett": Mossa tritt in den Hof (2) neben dem Haus (3) zieht seine beiden Wolldecken von der Mauer herunter (4) und er kuschelt sich in einer Ecke in den Sand – über ihm der Sternenhimmel. Nachts hört er die Schakale heulen (5) die es auf die Ziegen abgesehen haben. Aber er fürchtet sich nicht (6) weil die Hunde die Herde gut bewachen.
Wenn eines Tages das Futter (7) für die Ziegen nicht mehr ausreicht (8) laden die Tuareg ihre Habe auf die Kamele (9) und sie ziehen zum nächsten Weideplatz (10) den der Vater ausgesucht hat. Mossa ist dort zu Hause (11) wo seine Familie gerade weilt.

6 Diskutiert eure Entscheidungen und begründet sie mithilfe der Regeln auf Seite 241.

Xaver

Wir sind nach Bangkok gezogen. Von Anfang an bin ich alleine mit dem Bus zur Schule gefahren. Die Fahrt zur Schule dauert sehr lange. Bangkok ist eine Riesenstadt. Es gefällt mir gut. Die Schule geht bis zum Nachmittag, aber das ist nicht schlimm. Mittags essen wir mit der Lehrerin in der Kantine. Zu Hause haben wir eine „maid". Thailändisches Essen ist richtig lecker und schärfer als deutsche Gerichte.

7 Lies, was der deutsche Junge Xaver in Thailand erlebt.
– Ergänze die Sätze und füge die Nebensätze an den passenden Stellen ein:

die jeden Tag zu uns kommt und thailändisches Essen kocht
obwohl ich gar kein Thailändisch gesprochen habe
weil mein Vater bei BMW arbeitet
dass ich eine Schuluniform mit Hemd habe
weil der Verkehr in Bangkok total chaotisch ist
die rund sieben Millionen Einwohner hat

– Du kannst einige Nebensätze auch vor den Hauptsatz stellen.
– Achte auf die Zeichensetzung.
– Schreibe den überarbeiteten Text in dein Heft.

8 Sucht euch kurze Texte und bereitet sie für einen Partner vor: Unterstreicht die Nebensätze. Schreibt euren Text ohne die Nebensätze auf. Die Nebensätze schreibt ihr darunter. Tauscht dann die Texte aus und bearbeitet sie wie in Aufgabe 7.

Werkstatt Sprache

Über Zeichensetzung sprechen

1 Lies das Rätsel. Warum ist das Lesen schwierig?

Gefangen!
Ein böser Zauberer hat euch gefangen genommen und in einen dunklen Raum verschleppt zwei Türen die nicht verschlossen sind führen nach draußen hinter der ersten Tür ist allerdings eine riesige Lupe angebracht die das
5 Sonnenlicht bündelt und jeden sofort verbrennt der in der Tür erscheint hinter der zweiten Tür wartet ein Drache der Feuer speit wie könnt ihr entfliehen

2 Schreibe den Text in dein Heft ab und setze alle notwendigen Satzzeichen. Überlege, wann ein neuer Satz anfängt, und achte auf die Großschreibung.

3 Vergleicht eure Ergebnisse.

4 Wie könnt ihr entfliehen?

5 Lest mit eurem Partner das folgende Rätsel. Erklärt die Zeichensetzung. Achtung! Zwei Kommas sind zu viel!

Warum steht hier ein Ausrufezeichen?

Warum steht denn da ein Doppelpunkt?

Nur keine Panik!
Welch furchtbarer Albtraum: Ihr liegt in der Badewanne und wollt das Wasser abstellen. Aber das geht nicht! Es plätschert weiter aus dem Hahn, läuft über den Wannenrand, steigt im Badezimmer hoch. Die Tür ist abgeschlos-
5 sen und so dicht, dass kein Tropfen herauslaufen kann. Das Bad, in dem ihr euch befindet, hat auch keine Fenster. Nach fünf Minuten steht euch das Wasser bis zur Hüfte. Nachdem weitere fünf Minuten vergangen sind, steht euch das Wasser schon bis zur Nasenspitze. Hilfe! Was
10 macht ihr, um euch zu retten?

Gespräch über Zeichensetzung führen

Werkstatt Sprache

Textverweise – Bezüge herstellen

Noch vor der Schule aufs Feld

Wenn Pooja jeden Morgen pünktlich um halb neun in der Schule sitzt, hat die Elfjährige aus Pushkar, einer Stadt im nordindischen Bundesstatt Rajasthan, bereits eine Menge Arbeit hinter sich. Dann ist das Mädchen schon seit zweieinhalb Stunden auf den Beinen und hat sei-
5 nem Vater auf dem Feld geholfen. Doch das ist kein gewöhnlicher Acker, auf dem Gemüse oder Getreide gedeihen. Poojas Familie sät, zieht und erntet Tagetes, auch Studentenblumen genannt! Und alle machen mit: die Eltern, Poojas kleine Brüder Banti und Nikki und ihre 17-jährige Schwester Sonja. Pooja pflückt
10 die bunten Blüten. Daraus werden kunstvolle Girlanden und anderer Schmuck geflochten und als Blumenopfer verkauft. Die bringen gläubige Hindus den Göttern dar. Pooja selbst macht das auch so, sie geht regelmäßig in den Tempel. Nach der Schule ist aber zunächst Zeit für andere Dinge: Hausaufgaben machen, Freunde treffen, fernsehen und der Mutter im Haushalt
15 helfen. Erst am späten Nachmittag, wenn die Sonne schon tief steht, packt Pooja noch einmal auf dem Feld mit an. Danach trifft sich die ganze Familie zum Abendessen, und dann heißt es schon schlafen gehen. Denn in ein paar Stunden wird die Sonne wieder aufgehen und Pooja auf dem Feld erwarten.

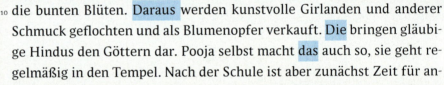

1 Beschreibe den Tagesablauf von Pooja von morgens bis abends. Unterstreiche dazu die Zeitangaben im Text (Folie) und übertrage die Tabelle in dein Heft.

Tageszeit	Tätigkeit
um halb neun	*in der Schule sitzen*
...	...

2 Worauf beziehen sich die blau markierten Wörter und Formulierungen im Text? Übertrage die Tabelle in dein Heft und ergänze sie.

Wort/Formulierung	bezieht sich auf:
die Elfjährige	*Pooja*
Stadt im nordindischen Bundesstaat Rajasthan	...

Textverweise bestimmen

Werkstatt Sprache

Ein **Text** besteht aus Sätzen, die miteinander verknüpft sind.
Achte beim Lesen und Schreiben auf die passenden **Verweise**.
Du kannst
- ein Wort wiederholen: Pooja ← Pooja,
- ein Nomen durch ein Pronomen ersetzen: Pooja ← sie,
- ein Wort mit einer ähnlichen Bedeutung (Synonym) wählen:
  Poja ← die Elfjährige, das Mädchen,
- Relativsätze bilden: Pooja, ← die aus Pushkar stammt,
- Verweiswörter verwenden: bunte Blüten ← daraus.

---

3 Überarbeite den Textentwurf „Unterricht über Funk" mithilfe der Kommentare am Rand. Schreibe den überarbeiteten Text in dein Heft.

Unterricht über Funk

Wenn für die zwölfjährige Ellen die Schule beginnt, muss <u>Ellen</u> das Haus nicht verlassen. ← *Verwende ein Pronomen.*
<u>Ellen</u> stellt einfach das Funksprechgerät ein. ← *Verwende ein Synonym.*
Die Lehrerin begrüßt Ellen und die Mitschü-
5 ler. <u>Die Mitschüler</u> leben viele Tausende Kilo- ← *Verbinde die Sätze mit einem Relativsatz.*
meter voneinander entfernt.
Ellen hat die Mitschüler noch nie gesehen.
<u>Ellen</u> lebt auf einer Schaffarm, mitten im Out- ← *Verwende ein Synonym.*
back. Das Outback ist eine heiße, trockene
10 Landschaft im Inneren Australiens. <u>Das Out-</u> ← *Verbinde die Sätze mit einem Relativsatz.*
<u>back</u> nimmt fast drei Viertel des Kontinents
ein.

4 Überarbeite die Fortsetzung des Berichts und vermeide Wiederholungen. Beachte dabei besonders die unterstrichenen Textstellen.

Das Leben im Outback ist nicht einfach. Vom <u>Outback</u> zur nächsten normalen Schule sind es 600 Kilometer, bis zu den Nachbarn etliche Autostunden. Ellen hätte manchmal gerne eine Freundin in ihrer Nähe. Langweilig ist es <u>Ellen</u> aber auf der Farm eigentlich nie. Nach der Schule hilft Ellen ihrem Vater beim Scheren der Schafe. <u>Beim Scheren der Schafe</u> braust sie mit ihrem Minimotorrad hinter der Herde her. Ellen soll <u>die</u> <u>Herde</u> zusammentreiben. <u>Ellen</u> fährt besser Motorrad als jeder Erwachsene! <u>Ellen</u> ist erst zwölf Jahre alt.

Werkstatt
Rechtschreibung

In der Werkstatt Rechtschreibung denkst du über die Rechtschreibung nach und lernst dabei, mit Rechtschreibstrategien umzugehen.
Du lernst,
– mögliche Fehlerquellen und eigene Rechtschreibschwierigkeiten zu finden,
– Strategien anzuwenden, um Buchstabenfehler zu vermeiden,
– auf Signale für die Großschreibung zu achten,
– wie man Verbindungen aus zwei Verben und aus Adjektiv + Verb schreibt,
– Übungsformen zum selbstständigen Üben und Wiederholen auszuwählen.
Auch in verschiedenen Kapiteln sollst du Rechtschreibprobleme lösen:
S. 16, 36, 60, 78, 104, 123, 160.

Rechtschreibhilfen nutzen

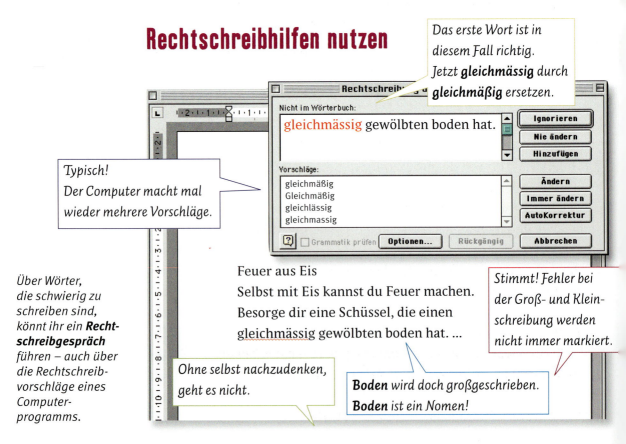

Das erste Wort ist in diesem Fall richtig. Jetzt **gleichmässig** durch **gleichmäßig** ersetzen.

Typisch! Der Computer macht mal wieder mehrere Vorschläge.

Stimmt! Fehler bei der Groß- und Kleinschreibung werden nicht immer markiert.

Über Wörter, die schwierig zu schreiben sind, könnt ihr ein **Rechtschreibgespräch** führen – auch über die Rechtschreibvorschläge eines Computerprogramms.

Ohne selbst nachzudenken, geht es nicht.

Boden wird doch großgeschrieben. **Boden** ist ein Nomen!

Sprachwissen als Rechtschreibhilfe anwenden und nutzen

Werkstatt Rechtschreibung

1 Diskutiert die Äußerungen der Schülerinnen und Schüler (S. 246).

2 Gebt zu zweit typische Fehlerwörter ein und lasst sie vom Rechtschreibprogramm eures Computers überprüfen. Sprecht anschließend über die Lösungsvorschläge des Computers: Wo helfen sie? Wo eher nicht?

Jana hat mit ihrem Computer eine Geschichte geschrieben. Sie hat anschließend den Text mit einem Rechtschreibprogramm überprüft:
- Fehler, die das Rechtschreibprogramm gefunden hat, sind rot unterschlängelt.
- Fehler, die es nicht gefunden hat, sind blau unterstrichen.

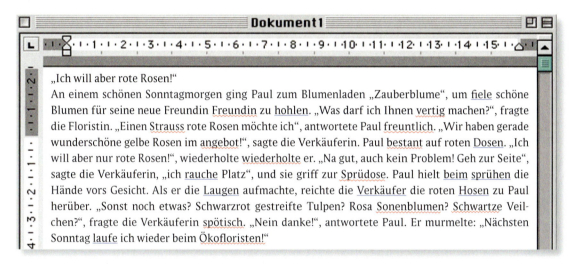

3 Suche alle markierten Wörter im Wörterbuch. Schreibe sie richtig auf.

4 Untersucht zu zweit die markierten Wörter genauer:
- Welche Fehler findet das Programm?
- Welche Fehler kann es nicht erkennen?
- Streicht der Computer auch etwas an, was eigentlich richtig ist?

5 Was eine Klasse 7 herausgefunden hat, findet ihr hier.
Vergleicht es mit euren Ergebnissen:
a) Der Computer findet viele fehlerhafte Wörter.
b) Manche Fehler findet er nicht.
c) Er kann Wörter, die im Text unsinnig sind, nicht erkennen.
d) Manchmal streicht er auch richtige Wörter an.

6 Schreibe den Text von Jana richtig in dein Heft.

Textverarbeitungsprogramm als Rechtschreibhilfe nutzen

Werkstatt Rechtschreibung

Mit dem Wörterbuch arbeiten

Kein Mensch kann sich die Schreibung aller Wörter merken. Deswegen ist es zweckmäßig, wenn man beim Schreiben das Wörterbuch immer neben sich auf dem Tisch liegen hat. Wenn man unsicher ist, ob ein Wort so oder anders geschrieben wird, kann man dann sofort nachschlagen.

1 Benutze dein Wörterbuch und schreibe den folgenden Text richtig ab. Notiere in Klammern die Seitenzahl, auf der du das Wort gefunden hast. Manchmal findest du im Wörterbuch mehrere Möglichkeiten.

Der Auftritt
Mit einer strahlenden Siegermine/Siegermiene steht der neue Superstar/super Star am Rand der riesigen Zuschauertribüne/Zuschauertribühne. Die Augen der 65 000 Fans sind auf ihn gerichtet. Er hält kurz inne, blickt stolz in die ausverkaufte Zuschauerkulisse/Zuschauer Kulisse, genießt die Atmosphäre/Athmosphäre, diesen Augenblick des Triumphs/Triumpfs. Sekunden später greift er zum Mikrofon/Mikrophon. Auch gegen Ende der Show von Erschöpfung keine Spur/Spuhr. Im Gegenteil: Der Star ist in hoch Form/Hochform. Übermütig wie selten sprintet er in seinem cognacbraunen Lederoutfit über die Bühne, vollführt spektakuläre/specktakulere Luftsprünge. Nach über drei Stunden endet die Show mit einem gigantischen/giganntischen Feuerwerk.

2 Überlege, mit welchen Buchstaben (c, ch oder k) die Wörter beginnen könnten. Schlage im Wörterbuch nach, notiere das richtige Wort mit der Seitenzahl und einer Kurzerklärung: *das Café (S. ...): Kaffeehaus.*
das ?afé   die ?ronik   der ?ajak   das ?amping   der ?lown
das ?aos   die ?lique   der ?rist   das ?omeback   das ?rom

3 Schreibe die folgenden Sätze richtig auf. Kontrolliere mit dem Wörterbuch. Notiere die Seitenzahl in Klammern.
a) Im Einzelnen/einzelnen kann ich mich daran nicht mehr erinnern.
b) Im Großen und Ganzen/großen und ganzen bin ich einverstanden.
c) Ich komme heute Mittag/heute mittag.
d) Du hast Recht/recht gehabt.
e) Er lief blindlinks/blindlings über die Straße.
Schreibe für andere ähnliche Sätze mit schwierigen Wörtern auf.

> **Tipp**
> *In einem Fall sind beide Schreibweisen richtig.*

Werkstatt Rechtschreibung

Fehler berichtigen – Übungsschwerpunkte entdecken

Svenja hat ihren Text korrigiert zurückbekommen. Wie immer berichtigt sie zunächst die Fehler in der Korrekturzeile über den Wörtern, die sie dafür freigelassen hat. Anschließend möchte sie noch überprüfen, was sie in der nächsten Zeit weiter besonders üben muss.

Gestern war wirklich nicht mein Tag. Als wir nach der Erdkundestunde vor dem
                                                   1) Angst
Musikraum warten mussten, hatte ich gleich angst, dass sich ein paar aus der Klasse
                              2) könnten
wieder etwas ausdenken könten, um mich zu ärgern. Und wirklich: Ich wollte mich
        3) möglichst   4) vorbeikam   5) riss
gerade möklichst unauffällig neben die Tür stellen, als ich an Vina vorbeikamm. Sofort riß
                            6) Hals
sie mir meinen Schal vom hals. Ich wusste zuerst gar nicht, was ich machen sollte, aber
          7) Wut   8) rannte   9) Haken   10) gib
plötzlich stieg die wut in mir hoch. Vina rante weg und schlug haken. „Mensch, gip
11) endlich
entlich den Schal zurück", konnte ich gerade noch herausbringen. Da merkte ich auch
                        12) Kloß
schon wieder diesen bescheuerten kloß im Hals. Jetzt bloß nicht losheulen, das wollen
                             13) entgegenhält
die noch nur! Da sehe ich, dass mir Marlene den Schal entgegenhelt. Endlich hat
      14) Spiel   15) Ende
dieses blöde spiel ein ende.

Berichtigung:
1) Angst: groß → die Angst, große Angst – Im Dunkeln habe ich Angst. – die Ängstlichkeit, das Angstgefühl, der Angstschweiß
2) könnten: mit mm → können – Wir können uns wehren. – er konnte, sie kann, er hat gekonnt.

---

1 Schreibe den berichtigten Text ins Heft.

2 Berichtige auch die Fehler 3–15 auf ähnliche Weise, wie es Svenja macht. Vergleiche deine Berichtigung mit anderen in der Klasse.

Fehleranalyse als Lösungsstrategie nutzen

Werkstatt Rechtschreibung

Svenja sammelt nach ihrer Berichtigung die Fehlerwörter auf einer Extraseite in ihrem **Rechtschreib-Ringbuch** und wertet sie aus:

berichtigte Fehlerwörter	Welches Rechtschreibproblem stellte sich?	Was kann man tun, um den Fehler zu vermeiden?
Angst	*groß oder klein?*	*Tipp 10: Auf Nomensignale achten: (die) Angst, (große) Angst*
könnten	*nn oder n?*	*Tipp 7: Verwandte Wortform suchen: könnte mit nn, weil können*
möglichst	*g oder k?*	*Tipp 6: abtrennen + verlängern mög – lichst → (wir) mögen*
vorbeikam		
riss		

3 Übernimm Svenjas Analysebogen in dein Heft oder Ringbuch.
– Ergänze die erste Spalte mit ihren berichtigten Fehlerwörtern.
– Ergänze die beiden anderen Spalten. Nimm die Tipps auf S. 251 zu Hilfe.

4 Überprüfe, welche besonderen Rechtschreibprobleme Svenja hat: Was sollte Svenja besonders üben? Begründe deine Tipps.

5 Wenn du deine besonderen Rechtschreibschwierigkeiten kennst, kannst du durch regelmäßige kurze Übungen versuchen, sie zu überwinden.

» Sammle immer wieder einmal während des Schuljahres Wörter, die du häufig falsch schreibst, z. B. in einer schriftlichen Arbeit. Nutze dazu wie Svenja einen Analysebogen.

» Werte den Analysebogen mit einem Partner aus. Stellt fest,
– was du besonders üben musst,
– welche Übungsaufgaben der Seiten 252 – 267 du noch einmal bearbeiten solltest,
– welche zusätzlichen Übungen aus anderen Materialien infrage kommen.

6 Wie könnte ein Übungsplan für Svenja aussehen? Entwirf ein Muster und stelle den Übungsplan in der Klasse vor.

Fehlerquellen durch Fehleranalyse entdecken

Fehler vermeiden – Strategien und Tipps

Tipp 1

Ein schwieriges Wort mal so und mal so aufschreiben.
Schreibe es auch in Druckschrift.
Oft sagt dir das Gefühl, was richtig ist!
Beispiel: ~~kapput~~ ~~kaput~~ ~~kapput~~ kaputt

Tipp 2

Lesen, was du geschrieben hast, nicht was du schreiben wolltest:
Sprich langsam Wort für Wort. Zerlege lange und ungewöhnliche Wörter in Silben.
Beispiel: *Wel ten bumm ler*

Tipp 3

Wörter mit offenen und geschlossenen Silben gegenüberstellen. Achte auf die Kürze und Länge des Vokals. Beispiel:
schie fe – Schif fe, Mie te – Mit te

Tipp 4

Wörter in Wortbausteine zerlegen.
Beispiel: *vorrennen → vor + rennen.*

Tipp 5

Einsilbige Wörter um eine Silbe verlängern. Höre genau und entscheide, welcher Buchstabe der richtige ist. Beispiel: *raubt – rauben*

Tipp 6

Das Wort oder den Wortbaustein mit dem Problembuchstaben abtrennen und dann verlängern.
Beispiel:
Pappplakat → Papp – plakat → Pappe

Tipp 7

Hilfreiche verwandte Wortformen suchen, Wörter ableiten. Beispiele:
säuerlich → sauer;
Fahrrad → fahren → einmal h, immer h

Tipp 8

Dein Sprachwissen nutzen: Denke an die Bedeutung der Wörter. Probiere sie im Satzzusammenhang aus. Beispiel:
war – wahr: Es ist <u>wahr</u>*, dass ich gestern in der Schule* <u>war</u>*.*

Tipp 9

Rechtschreibregeln anwenden. Beispiel:
morgen Nachmittag: Bei zwei Zeitangaben hintereinander wird die zweite großgeschrieben. Ausnahme: Verbindungen mit früh: morgen früh.

Tipp 10

Bei Nomen auf Signale wie Artikel, Pronomen, Adjektive achten.
Wenn sie fehlen, setze sie zur Probe ein.
Auch Endungen *wie -heit, -keit, -ung, -nis* sind gute Signale für Nomen.

1 Diskutiere die zehn Tipps mit anderen in der Klasse:
Wollt ihr sie ergänzen, umformulieren, zusammenfassen oder streichen?
Macht einen Vorschlag für ein Lernplakat.

Werkstatt Rechtschreibung

Rechtschreiben üben – Strategien anwenden

Wortbausteine und Wörter abtrennen

Tipp 4

> **ab**blitzen mit bb, weil es aus **ab** + **blitzen** besteht.

Rechtschreibschwierigkeiten in Zusammensetzungen und Ableitungen

1 Bilde mit den Wörtern Sätze:

a**bb**litzen   der Schlusssatz   annehmbar   verrechnen   herum   auffordern   aussprechen   der Flusssand   die Gänseeier   die Genusssucht   die Gewinnnummer   mitteilsam   unnütz   die Teeernte   überraschen   das Pappplakat   die Brennnessel

2 Arbeite mit den Wörtern aus Aufgabe 1 so:
– Lies die Wörter und markiere die Rechtschreibschwierigkeit.
– Zerlege sie in ihre Wortbausteine und begründe die Schreibweise.
– Welches Wort passt nicht zu den Wortbeispielen? Begründe.
– Überlege, welche Wörter man mit einem Bindestrich schreiben sollte, um eine bessere Lesbarkeit zu erreichen. Schreibe sie auf: *der See-Elefant*. Informiere dich auch, welchen Vorschlag das Wörterbuch oder das Rechtschreibprogramm macht.

Verwandte Wortformen suchen

Tipp 7

> **Die Dächer** kommt von **Dach**, deshalb mit ä.
> **Die Bäuche** kommt von **Bauch**, deshalb mit äu.

Warum mit ä/äu und nicht e/eu?

3 Bilde mit den Wörtern Sätze:

ändern   ärmer   behältst   bräunlich   fällen   färben   die Gämse   das Gebäude   gebräuchlich   das Gelächter   das Geräusch   glätten   gläubig   lässt   mäßig   nachlässig   nämlich   rätseln   räumen   säen   schädlich   stärken   wäre

4 Arbeite mit den Wörtern aus Aufgabe 3 so:
– Markiere in den Wörtern die Rechtschreibschwierigkeit (Folientechnik).
– Überprüfe, ob du für die Wörter ein verwandtes Wort mit a oder au findest. Schreibe es in Klammern dazu: *ärmer (arm)*.
– Stelle zu drei Wörtern mit einem Wörterbuch eine Wortfamilie zusammen: *ändern: anders, Änderung, verändern, unveränderlich …*

5 Entdeckst du in den Wörtern dieser Übungsseite weitere Rechtschreibschwierigkeiten? Markiere sie und suche auch dazu Rechtschreibstrategien, die helfen, Fehler zu vermeiden.

Wortbezogene Regelungen kennen, Strategien anwenden

Werkstatt Rechtschreibung

b und nicht ..., d und nicht ..., g und nicht ..., s und nicht ...

6 Lies die Wörter: *der Kor?, der Flu?, der Her?, das Gla?* und ergänze den passenden Buchstaben.

7 Mit der Verlängerungsprobe kannst du Laute hörbar machen und entscheiden, wie sie geschrieben werden. Bilde zu den Wörtern eine Langform, die das b, d und g erklären kann: *bebt (wir beben)*.
*bebt   der Flug   der Gang   gelb   der Herd   der Korb
klingt   der Krieg   lag   das Pferd   rund   sägt   der Dieb
stieg   taub   trabt   trüb   die Wand   wild*

8 Sprich die folgenden Wörter deutlich aus:
*bläst   bremst   der Fels   die Gans   das Glas   das Gras
löst   das Moos   der Preis   rast   saust   schmust   speist*
– Wie wird der s-Laut gesprochen? Wie wird er geschrieben?
– Verlängere die Wörter und schreibe sie auf: *bläst – wir blasen*. Sprich beim Schreiben deutlich mit.

9 Suche eine Wortform, die die Wortschreibung in den folgenden Wörtern begründet, und schreibe sie in Klammern dazu: *der Erdteil (die Erde) ...*
*der Erdteil   neidvoll   schädlich   unempfindlich   biegsam
erfolgreich   schweigsam   unerträglich   der Korbstuhl   lieblich
der Staubsauger   der Webstuhl   das Blasrohr   die Kreisfläche
lesbar   die Preistafel*

10 In jedem der folgenden Wörter ist eine Rechtschreibschwierigkeit markiert. Überlege, wie du einen Fehler an diesen Stellen vermeiden kannst. Wende die passende Rechtschreibstrategie an: *abbrechen, weil ab + brechen, Abgas, weil Abgase, ängstlich, weil Angst ...*
*abbrechen   das Abgas   ängstlich   die Anfänge   auffüllen
die Ausbildung   beenden   das Betttuch   der Beweis
die Bissstelle   bläst   bleibt   die Fälle   die Geduld
die Genusssucht   die Kennnummer   mitteilen   (er) rät
richtig   sagt   säubern   schärfer   sooft   der Stoffflicken
träumen   vielleicht   der Vorrat   weggehen   zähmen*

11 Stelle weitere Wortreihen wie in Aufgabe 10 für eine Partnerübung oder ein Partnerdiktat zusammen.

Einsilbige Wörter um eine Silbe verlängern

Tipp 5

Bilde
aus *liebt* → *wir lieben*,
aus *Bild* → *die Bilder*,
aus *lügt* → *wir lügen*,
aus *Preis* → *die Preise*.

Um die Wortform zu finden, musst du das Wort mit dem Problembuchstaben zunächst abtrennen:
*Erdteil: Erd + teil,
Erd → Erde.*

Wortbezogene Regelungen kennen, Strategien anwenden

Werkstatt Rechtschreibung

Strategien anwenden

l, m, n ... – einfach oder doppelt?

1 Schreibe die unterstrichenen Wörter in den Sätzen als Wortpaare ins Heft. Unterlege sie mit Silbenbögen. Formuliere, was dir auffällt.
Sabine sah die Quallen mit Qualen. Die Schlaffen schlafen lange. Die Tür vom Ofen war offen. Vor der Hütte schwenkten Leute ihre Hüte.

2 Schreibe die Wortpaare ins Heft. Unterlege sie mit Silbenbögen. Sprich beim Schreiben deutlich mit. Formuliere, was dir auffällt.
*wissen – die Wiesen   lassen – lasen   die Masse – die Maße
die Teller – die Täler   bitten – bieten   die Mitte – die Miete*

3 Führt ein Rechtschreibgespräch und erklärt, warum die Buchstaben für den Konsonanten in den Wörtern zu Aufgabe 1 und 2 einmal verdoppelt werden, ein anderes Mal aber nicht. Nehmt die Tipps auf Seite 251 zu Hilfe.

4 Suche zu den Verben *bitten, fallen, greifen, nehmen, reiten, treffen* mit dem Wörterbuch möglichst viele Vergangenheitsformen. Erkläre die unterschiedliche Schreibweise mit einem Partner in einem Rechtschreibgespräch mithilfe der Tipps auf Seite 251.

5 Ergänze die folgenden Sätze mit den passenden Wörtern aus Aufgabe 2:
 a) Wir *wissen*, dass wir den Abfall ordentlich entsorgen müssen.
 b) Die ///// liegen voll Dosen und anderem Unrat.
 c) Die Schüler ///// abwechselnd aus ihren Lieblingsbüchern vor.
 d) Wir ///// uns die Stimmung nicht vermiesen.
 – Bilde nun ähnliche Sätze mit den anderen Wortpaaren.
 – Begründe, welche Strategien von Seite 251 dir helfen, Fehler zu vermeiden.

6 In dem kurzen Text auf dem Zettel sind einige Fehler markiert.
 – Erkläre, wie der erste Fehler berichtigt wurde.
 – Berichtige die übrigen Fehler auf ähnliche Weise.
 – Sprich mit jemandem über deine Berichtigung.

---

*Jeder ke**n**t das Müllproblem auf unserem Schulhof.
Wie beko**m**en wir es in den Gri**f**?
Unsere Vorschläge so**l**ten wir sammeln und
in der Aula an die Ste**l**wand heften.*
Berichtigung
a) kennt – (wir) ke**nn**en
b) Er kennt ihn sofort wieder.
c) kennen, kannte, gekannt
d) bekennen, kenntlich, Kennwort
e) kennen – rennen – brennen

Wortbezogene Regelungen kennen, Strategien anwenden

Werkstatt Rechtschreibung

Mit ß oder ss?

Strategien anwenden – Sprachwissen nutzen

1 Schreibe die Regel ins Heft. Unterlege die Beispiele mit Silbenbögen:

> Wenn die Silbe mit einem Vokalbuchstaben endet, dann steht ein **ß**.
> Der Vokal wird lang gesprochen. Beispiele: Spä ße, a ßen.
> Das **ss** steht immer dann, wenn die erste Silbe nicht mit einem
> Vokalbuchstaben endet und der Vokal kurz gesprochen wird.
> Beispiele: Rüs sel, fres sen.
> Die Buchstaben au, ei und ie gehören zu den Langvokalbuchstaben.
> Nach ihnen steht also kein **ss**!

2 Ergänze die folgenden Wörter und sprich sie dabei deutlich aus.
Beachte die Angaben im Regelkasten: *die Größe, die Schlösser …*
die Grö?e   die Schlö?er   die So?e   die Fä?er   die Flü?e
die Stra?e   la?en   schlie?en   me?en   bei?en   mü?en

3 Schreibe zu den Verben *beißen, fressen, schließen, messen* verwandte
Wörter aus der folgenden Wörterreihe auf. Begründe die unterschiedliche Schreibweise des s-Lautes in den vier Wortfamilien:
beißt   frisst   schließt   misst   das Maß   geschlossen
der Biss   fraß   schloss   gefressen   gebissen   messbar
schließbar   fressbar   bissig   die Messbarkeit

4 Ergänze die Wörter der folgenden Wortreihen.
vergessen vergi?t verga? verge?en   flie?en flie?t flo? geflo?en
genie?en genie?t geno? geno?en   e?en i?t a? gege?en
gie?en gie?t go? gego?en   la?en lä?t lie? gela?en

5 Ergänze in den Wörtern der folgenden Sätze ss oder ß:
Das Fa? hat einen Ri?. Er a? in Ma?en. Den Bi?en sollten wir genie?en.
Es ging hei? her. Bei Spä?en kann man vieles verge?en.

6 Stelle mit einigen Übungswörtern dieser Seite Reimwörter zusammen.

7 Bilde mit Übungswörtern kurze Sätze für ein Partnerdiktat.

Laut- und wortbezogene Regelungen kennen, Strategien anwenden

Werkstatt Rechtschreibung

Fehler vermeiden – Rechtschreibgespräche führen

Eine besonders gute Methode, auf Rechtschreibschwierigkeiten in einem Text aufmerksam zu machen und nach Lösungen zu suchen, ist das **Rechtschreiblesen**:

▶▶ Einigt euch auf einen Übungstext, z. B. einen von Seite 257. Der Übungstext wird von den Beteiligten still gelesen. Unverstandenes wird gemeinsam aus dem Textzusammenhang oder mit einem Wörterbuch geklärt.

Tipp
Das Gespräch kann als „Zwischendurch-Gespräch" stattfinden: Es kann jederzeit unterbrochen und später fortgesetzt werden.

▶▶ Danach beginnt das eigentliche Rechtschreiblesen:
  – Der erste Satz wird laut vorgelesen.
  – Jeder, der möchte, nennt ein Wort oder eine Wortgruppe und begründet, welche Schwierigkeit er beim Schreiben des Wortes sieht. Sie wird markiert (Folie).
  – Mithilfe der Übersicht auf Seite 251 wird gemeinsam nach einer Strategie gesucht, mit der sich ein Fehler vermeiden lässt.
  – Die vorgeschlagene Strategie – es können auch mehrere sein – wird besprochen und am Wort oder der Wortgruppe ausprobiert.
  – So wird der Text Satz für Satz und Wort für Wort durchgegangen und besprochen.

▶▶ Ihr könnt euch auch zu **Experten** für bestimmte Rechtschreibprobleme und Strategien machen. Legt dazu fest, wer für welche Rechtschreibprobleme und Strategien zuständig sein soll. Die Aufgabenverteilung sollte nach einer gewissen Zeit neu verteilt werden, damit jeder auf möglichst viele Rechtschreibprobleme und Lösungen aufmerksam wird.

▶▶ Macht mit den Übungstexten nach dem Rechtschreiblesen Partnerdiktate. Wählt dazu Textteile, einzelne Ausdrücke oder Wörter mit besonderen Rechtschreibschwierigkeiten aus.

Laut- und wortbezogene Regelungen kennen, Sprachwissen anwenden

> Das ss in **Freiarbeitsstunde** ist schwierig. Man vergisst leicht ein s.

> Man muss das Wort zerlegen: **Freiarbeits + stunde**.

> Das erste s ist ein Fugen-s.

Kurzreferat

In der letzten Freiarbeitsstunde berichtete ich über meine Steinsammlung. Viele wollten etwas über sie erfahren. Ich hatte mich vorher gut auf meinen Kurzvortrag vorbereitet. Trotzdem war ich am Anfang sehr nervös. Das änderte sich aber schnell, da keiner dumme Bemerkungen oder Witze machte. Einige stellten auch zwischendurch Fragen. Sie wollten noch mehr Einzelheiten wissen. Als alle am Ende des Vortrags klatschten, war ich mächtig stolz. Selbst mein Lehrer war überrascht. Ich hatte eine Menge gewusst.

Eine fantastische Reisegeschichte

Drei Jahre hatten Professor Astro, der bärenstarke Makro, die clevere Mikro und der manchmal etwas tollpatschige Piko geschuftet. Sie hatten überlegt, geplant, gezeichnet, gesät, geschraubt, geschweißt und lackiert. Jetzt war es endlich so weit, die Kosmos 1 stand fix und fertig vor ihnen. Diese Maschine stellte alles in den Schatten. Sie war zu Lande schneller als der schnellste Rennwagen, sie war in der Luft jedem Düsenjet überlegen. Auf dem Wasser war sie flink wie der Wind und tauchen konnte sie bis in die größten Tiefen der Meere. Auch der unendliche Weltraum stand der „Kosmos 1" offen. Mit einem speziellen Energie-Materie-Tauscher erreichte sie im Handumdrehen jede Ecke des Universums. Volle Kraft voraus! Professor Astro und seine Mannschaft machten sich auf den Weg zu ihrem ersten Abenteuer ...

Liebe Eltern!

Als wir zu unserer letzten Klassenfahrt an die Nordsee starteten, wussten wir noch nicht, wie interessant und aufregend die fünf Tage dort werden würden. Jetzt wissen wir, dass wir diese Tage so schnell nicht vergessen werden. Weil einige Schüler über die Fahrt einen Videofilm erstellt haben, können wir Ihnen jetzt viele interessante Einzelheiten von der Fahrt zeigen. Wenn Sie den Film anschauen möchten, kommen Sie doch am nächsten Mittwoch um 16.00 Uhr in die Schule. Nachdem wir uns ein wenig an Kaffee und Kuchen gestärkt haben, möchten wir Ihnen dann diesen Film vorführen. Selbstverständlich können Sie ihn sich anschließend auch ausleihen. Wir wollen den Nachmittag gut vorbereiten. Teilen Sie uns deshalb bitte mit, ob Sie teilnehmen. In der Aula ist genügend Platz, sodass auch Geschwister mitkommen können. Wir hoffen, dass wir gemeinsam mit vielen Eltern und Geschwistern einen unterhaltsamen Nachmittag erleben werden. *Die Klasse 7a*

Auf das vorausgehende Verb achten

Das Wörtchen „dass"

Zensuren

- Ich wünsche mir, dass die Noten abgeschafft werden.
- Ich vermute, dass nur Lehrer für Noten sind.
- Ich wundere mich immer wieder, dass ich so gut bewertet werde.
- Viele können sich nicht vorstellen, dass die Noten gerecht gegeben werden.
- Ich fürchte, dass ...
- Ich finde, dass Zensuren frühestens am Ende eines Schuljahres sinnvoll sind.

1 Schreibe alle Aussagen von der Pinnwand in dein Heft und unterstreiche die Verben, nach denen hier die Konjunktion *dass* steht.

2 Ergänze mithilfe der folgenden Wörter, was du über Zensuren weißt oder vermutest.
*bedauern   befürchten   behaupten   bitten   damit rechnen
denken   darauf achten   erwarten   feststellen   sagen   schreiben
sich vorstellen   sich wundern   vermuten   wissen   wünschen*

→ *Zu Sätzen mit „dass" arbeite in der Werkstatt Sprache (S. 238/239) weiter.*

Die Konjunktion **dass** steht häufig nach Verben des Denkens, Fühlens und Sagens: meinen, denken, glauben, fühlen, wollen, befürchten, annehmen, wissen, wünschen. Beispiel: Ich meine, dass jeder für den Schutz der Umwelt verantwortlich ist.
Vor dass steht dann ein Komma.
Wenn der dass-Satz vorangestellt ist, folgt das Komma:
Dass jeder für den Umweltschutz verantwortlich ist, finde ich auch.

Tipp
Nutzt deine Sätze auch für ein Partnerdiktat.

3 Suche dir ein anderes Thema aus (Mädchen – Junge, Umwelt, Klassenfahrt ...) und schreibe in ein paar Sätzen auf, was du *weißt, vermutest, denkst* oder *wünschst*, davon *erwartest* oder *befürchtest*.
Die Sätze sollen so anfangen, dass sich ein dass-Satz anschließt oder der dass-Satz vorangestellt ist.

Satzbezogene Regelungen anwenden: *dass* als Konjunktion

Werkstatt Rechtschreibung

„Das" oder „dass"?

Sprachwissen nutzen

> Manchen hilft die **Ersatzprobe**, wenn sie unsicher sind, ob das oder dass geschrieben werden muss. Mit der Ersatzprobe probiert man aus, ob anstelle von das/dass dies(es) oder welches eingesetzt werden kann. Klappt das nicht, muss man dass schreiben:
> Ich hoffe, das/dass (?) die Sonne scheint.
> Ersatzprobe: Ich hoffe, dieses die Sonne scheint. Ich hoffe, welches die Sonne scheint.
> Beides geht nicht – also: Ich hoffe, dass die Sonne scheint.

1 Schreibe die folgenden Sätze richtig ins Heft. In den Sätzen kommt einmal ein *dass* vor. In allen anderen Fällen musst du *das* einsetzen. Benutze die Kontrollwörter *dies/dieses* oder *welches* für die Ersatzprobe. Falls eines passt, schreibe es in Klammern dahinter.
Beispiel: *Das (dieses) kommt mir gerade recht.*
a) Da? geschieht dir recht. Ich sehe da? ganz anders als du.
b) Da? kannst du anderen erzählen, aber mir nicht.
c) Ich glaube dir da? nicht. Ich weiß, da? es anders sein muss.
d) Hoffentlich ist da? kein Versprechen, da? schon bald nicht mehr gilt.

2 Schreibe den folgenden Text ins Heft. Wenn du die Ersatzprobe anwendest, wird es dir nicht schwerfallen, alle *das* oder *dass* richtig einzusetzen. Schreibe die Ersatzwörter in Klammern dahinter und setze alle Kommas.

Umweltschutz beginnt in der Schule
Meine Meinung ist da? Umweltschutz in der Schule anfängt.
Ich finde es unmöglich da? viele meinen da? da? Wegwerfen von Flaschen, Dosen oder anderem Unrat nicht so schlimm sei.
Was ist eigentlich so schwierig daran da? der ganze Abfall in die Abfalleimer geworfen wird? Ich meine da? müsste für jeden selbstverständlich sein.
Für da? Verhalten, da? manche an den Tag legen, gibt es für mich keine Entschuldigung. Ich finde da? jeder dafür sorgen muss da? die Natur sauber bleibt. Umweltschutz ist ein Problem da? uns alle angeht.
Mir ist da? klar, aber sehen da? meine Mitschüler auch so?

Satzbezogene Regelungen anwenden: *dass* und *das*

Werkstatt Rechtschreibung

Auf Schreibbesonderheiten achten

Fremdwörter üben

1 Lies und bearbeite zunächst die Seite „Fremdwörter gehören zum Wortschatz" in der Werkstatt Sprache (S. 225).

2 Schreibe die Mathematik-Fachwörter mit Artikel heraus und markiere die besondere Rechtschreibschwierigkeit: *die Addition*.
*Addition   Bandage   Blamage   Demonstration   Diskussion
Division   Experiment   Fantasie   Fotografie   Funktion
Information   Interesse   Multiplikation   Nummer   Produktion
Reparatur   Skizze   Subtraktion*

Auch in Fremdwörtern gibt es Wortbausteine und Schreibbesonderheiten, die immer wieder auftauchen. Wenn du sie einprägst, kannst du viele Wörter richtig schreiben und Fehler vermeiden.

3 Suche zu jedem Nomen der Aufgabe 2 ein passendes Verb:
Addition – addieren, Bandage ...

4 Markiere die Endung der Verben. Was stellst du fest? Formuliere eine Rechtschreibhilfe und schreibe sie mit Wortbeispielen in dein Heft.

5 Bearbeite die folgende Wörtersammlung:
– Markiere die Schreibbesonderheit (Folie).
– Bilde Wörterlisten mit gemeinsamer Rechtschreibbesonderheit: Wörter mit der Endung *-tion*, Wörter mit der Endung *-age*, ...
– Schreibe zu den Nomen den Artikel.
– Schreibe zu jedem Wort eine Kurzerklärung: *Garage (Wagenhalle)*
*Garage   Hektik   Klinik   Mandarine   Margarine   Maschine
Mimik   Organisation   Panik   Passage   Plantage   Praline   Rosine*

6 Übt nun gemeinsam:
– Ergänze die Wörterlisten mit weiteren Beispielen.
– Einer nennt ein Fremdwort, der andere erklärt die Bedeutung.
– Fremdwörter, die ihr nicht kennt, schlagt ihr im Wörterbuch nach.
– Sucht zu den Nomen Verben und bildet mit ihnen verschiedene Formen.
– Stellt zu einigen Wörtern Wortfamilien zusammen.
– Bildet mit Wörtern Sätze: *Das Spiel endete mit einer großen Blamage.*

Wortbezogene Regelungen kennen: Schreibbesonderheiten bei Fremdwörtern

Werkstatt Rechtschreibung

Groß oder klein?

Auf Signalwörter achten

Signalwort: Artikel

Ein bestohlener wird zum dieb

Ein diebstahlopfer ist gestern in einem einkaufszentrum in der innenstadt von der polizei ertappt worden – als er selbst zum langfinger wurde. Die polizei teilte mit, dass der mann am morgen noch selbst eine anzeige erstattet habe, weil ihm der rucksack gestohlen worden war. Am nachmittag kam er erneut ins polizeigebäude. Diesmal jedoch unfreiwillig, da er im einkaufszentrum eine bohrmaschine klauen wollte und dabei vom hausdetektiv ertappt wurde.

1 Suche im Text alle Nomen mit ihren Begleitern und schreibe sie geordnet auf. Übernimm dazu die folgende Tabelle in dein Heft:

bestimmter Artikel + Nomen	unbestimmter Artikel + Nomen	versteckter Artikel + Nomen
der Innenstadt	ein Bestohlener	zum Dieb
...	...	...

2 Schreibe den Text jetzt richtig in dein Heft.

Signalwort: Adjektiv und Pronomen

3 Setze vor die Nomen ein Pronomen oder ein oder mehrere Adjektive:
ihre Bluse, *diese* Frisur, *rote* Brosche.

mein, dein, sein, unser, euer, ihr, dieser, diese, dieses, jener, jene, jenes	dünn, klein, mager, rundlich, groß, fett, fröhlich, hässlich, seltsam, gruselig, ungewöhnlich, listig, verschmitzt, blass, weiß, bräunlich, blau, schwarz, blond, schmutzig, vergoldet, dunkelblau, rot, wasserblau, pechschwarz	Haare, Frisur, Augen, Nase, Mund, Lippen, Zähne, Stirn, Armband, Hose, Jacke, Pulli, Bluse, Rock, Schuhe, Gesicht, Füße, Stimme, Figur, Brille, Hut, Weste, Brosche, Ring, Kette

4 Bilde mit einigen Wortgruppen von Aufgabe 3 einige Sätze:
Über *ihre* Bluse trug sie *meine* dunkelblaue Weste mit *roter* Brosche.
Markiere die Signalwörter für Nomen besonders.

Satzbezogene Regelungen kennen: Kennzeichen für die Großschreibung

Werkstatt Rechtschreibung

Du weißt, dass Nomen häufig angekündigt werden:

1. **Artikel** stehen als Begleiter vor den Nomen. Sie weisen auf Nomen hin. Beispiel: das Glas, ein Versuch.

2. Wie die Artikel können auch **Demonstrativ- und Possessivpronomen** ein Nomen begleiten und auf ein Nomen aufmerksam machen. Beispiel: dieses Glas, mein Versuch.

3. Auch **Adjektive** sind Erkennungszeichen für Nomen. Sie stehen allein oder in Begleitung eines Artikels oder Pronomens vor dem Nomen. Großgeschrieben wird nur das Nomen. Beispiel: spannende Versuche, ein/dein spannender Versuch.

4. Wichtig: Manche Nomen haben kein Erkennungswort. Du musst es in Gedanken ergänzen. Beispiel: Er hat (große) Bedenken.

5 In dem folgenden Text sind nur die Satzanfänge großgeschrieben. Alle anderen Wörter sind kleingeschrieben worden. Schreibe den Text richtig in dein Heft. Wenn du unsicher bist, ob groß- oder kleingeschrieben wird, benutze die Schreibhilfen im Regelkasten.

Feuer aus Eis

Selbst mit eis kannst du feuer machen. Besorge dir eine schüssel, die einen gleichmäßig gewölbten boden hat. Koche wasser ab und fülle es in die schüssel, sodass der boden gut bedeckt ist. Lass das wasser abkühlen und stelle die schüssel anschließend in ein gefrierfach. Sobald das wasser gefroren ist, kannst du die eisscheibe herausnehmen. Poliere sie blank und du hast ein brennglas. Damit kannst du das licht der sonne gebündelt auf ein dünnes papier lenken. Wenn die sonne stark genug scheint, kannst du damit das papier in brand setzen. Wichtig: du musst dein brennglas ganz ruhig halten und eine längere zeit genau auf eine stelle des papiers zielen.

6 Begründe, woran du erkannt hast, dass ein Wort großgeschrieben wird:
– Verbinde das Erkennungswort und das Nomen mit einem Pfeil.
– Bei einigen Nomen fehlt ein Erkennungswort. Ergänze ein mögliches Erkennungswort in Klammern.
– Schreibe zum Nomen die Ziffer der passenden Schreibhilfe aus dem Regelkasten.

Satzbezogene Regelungen kennen: Kennzeichen für die Großschreibung

Nominalisierte Verben und Adjektive

Auf Signalwörter achten

> Verben und Adjektive können zu Nomen werden. Dann nennt man sie **nominalisierte** Verben und **nominalisierte Adjektive**. Sie werden großgeschrieben.

→ *Mehr zur Nominalisierung erfährst du in der Werkstatt Sprache, S. 222/223.*

beim Nachdenken   jenes Lachen   mein Schnarchen   das Helfen
dieses Nachfragen   zum Durchlesen   das Nachschlagen
unser Flüstern   beim Malen   vom Abschreiben   zum Turnen
sein Gerede   vom Träumen   das Kochen   jenes Lesen
sein Aufzeigen   sein Pfeifen   vom Fernsehen   zum Anspitzen
ihr Fragen   dieses Quatschen   dein Versprechen

1. In der Wörtersammlung oben findest du nominalisierte Verben mit ihren Begleitwörtern. Schreibe sie geordnet auf:
   – mit Artikel: *das Helfen* …
   – mit Pronomen: *mein Schnarchen, dieses Quatschen* …
   – mit Präposition (und verstecktem Artikel): *beim (bei dem) Nachdenken* …

2. Schreibe die nominalisierten Verben mit ihren Begleitern noch einmal auf. Füge ein oder mehrere Adjektive hinzu:
   das freiwillige, fleißige Wiederholen …

3. *lesen: das Lesen, zum Lesen, vom Lesen, mein Lesen, dieses Lesen* …
   Schreibe mit folgenden Verben eine ähnliche Wörterreihe auf:
   *ausschneiden   ärgern   trödeln   experimentieren   kochen
   einkleben   sortieren   sammeln*

4. Bilde mit nominalisierten Verben und Begleitwörtern Sätze:
   Beim Abschreiben stört mich das ständige Quatschen mächtig.

5. Bilde mit den Wortverbindungen Nomen. Schreibe so:
   Ski laufen – das Skilaufen, beim Skilaufen …
   *Ski laufen   essen gehen   Rad fahren   Fehler machen
   spazieren gehen   Regeln lernen   stehen bleiben   Tafel putzen
   Fußball spielen   schwimmen gehen*

Satzbezogene Regelungen kennen: Kennzeichen für die Großschreibung

Werkstatt Rechtschreibung

das Grün   ins Schwarze   das Rot   aufs Beste   das Kalte   zum Guten
das Warme   die Neue   ein Fleißiger   aufs Neue   der Letzte   die Kranke

6 Ordne die nominalisierten Adjektive oben mit ihren Begleitwörtern:
– mit Artikel: *das Grün* ...
– mit Präposition (und verstecktem Artikel): *ins (in das) Schwarze* ...

> Wenn Mengenwörter vor Adjektiven stehen, werden aus Adjektiven Nomen. Sie erhalten dann als Endung ein -es oder -e.
> Wenn die Endung fehlt, schreibt man klein.

7 Bilde aus den Adjektiven des blauen Zettels möglichst viele Nomen, indem du ihnen Mengenwörter von dem grünen Zettel zuordnest:
alles Neue, wenig Gutes ...

alles   wenig   genug
viel   nichts   etwas
allerlei

neu   gut   nützlich   hübsch
freundlich   sauber   billig
interessant

Ich sehe viel Buntes und mancherlei Interessantes: schöne Flaschen, Bücher ... Da vorn steht wieder etwas ...

8 Vergleiche die Satzpaare und schreibe die Sätze a–i richtig auf:
Sie baut viel Neues. – Er macht viel neu.
Sie wünscht alles Gute. – Er macht alles gut.

a) Die Reise war ein wenig LANGWEILIG.
b) Wir wünschen alles GUTE.
c) Während einer Reise gibt es viel UNGEWÖHNLICHES und allerlei ÜBERRASCHENDES zu beobachten.
d) Im Rucksack war viel SCHWERES und genug UNSINNIGES.
e) Ich entdeckte selten etwas SCHNELL.
f) Wir haben genug ERFREULICHES erlebt.
g) Er möchte, dass alles GUT wird.
h) Das Brot ist etwas ALT geworden.
i) Er sagt selten etwas DUMMES.

9 Du gehst über den Flohmarkt. Beschreibe, was du dort alles siehst. Verwende die Mengenwörter und nominalisierten Adjektive aus Aufgabe 3

Satzbezogene Regelungen kennen: Kennzeichen für die Großschreibung

Werkstatt Rechtschreibung

Zeitangaben – groß oder klein?

Sprachwissen nutzen

1. **Nomen, die eine Zeit angeben**, schreibt man groß. Man erkennt sie oft an ihren Begleitern: **der Morgen, am Morgen, gegen Abend**.
2. **Adverbien, die eine Zeit angeben**, schreibt man klein: heute, gestern, morgen, übermorgen, nachts, abends.
3. In Tageszeitangaben wie **heute Morgen, gestern Morgen, vorgestern Nachmittag** schreibt man die Adverbien klein und die Nomen groß.
4. **Uhrzeitangaben** werden kleingeschrieben: **halb zwölf, um halb zwölf, (ein) Viertel nach zwölf**.

MORGENS   AM SONNTAG   GESTERN   GEGEN MORGEN   ABENDS
DER SONNTAG   HALB ZEHN   ZU MITTAG   MITTAGS   JEDEN ABEND
DREI NACH ZWÖLF   ÜBERMORGEN   SAMSTAGS   MORGEN MITTAG
DIENSTAGS   VORGESTERN NACHT   VIERTEL VOR ZEHN

Tipp
Das s am Ende ist ein Signal für Kleinschreibung: sonntag<u>s</u>, abend<u>s</u>. *Aufgepasst: Wenn das Wort mit Artikel steht, wird es zu einem Nomen und wird großgeschrieben:* <u>des</u> Sonntags, <u>eines</u> Abends.

1 Ordne die Zeitangaben oben nach der Groß- und Kleinschreibung. Schreibe sie richtig auf. Übernimm dazu die folgende Tabelle:

Zeitangaben – großgeschrieben	Zeitangaben – kleingeschrieben
am Sonntag …	morgens …

2 Ergänze die Tabelle mit eigenen Beispielen. Überprüfe sie mit den Regeln.

3 Schreibe Wortreihen mit ähnlichen Zeitangaben:
– der Abend, am Abend, gegen Abend, den ganzen Abend …
– Montag – montags …
– Montagmorgen, montagmorgens, montags morgens …

4 Schreibe die Zeitangaben in der Randspalte richtig auf. Kontrolliere anschließend mit einem Partner die Groß- und Kleinschreibung. Nehmt die Rechtschreibregeln und ein Wörterbuch zu Hilfe.

5 Schreibe auf, was du gern in einer Woche alles machen möchtest. Benutze möglichst viele Zeitangaben. Kontrolliere anschließend die Groß- und Kleinschreibung.

MORGEN IN EINER WOCHE losfahren
AUF MORGEN verschieben
JEDEN MORGEN aufstehen
AM FRÜHEN MORGEN aufbrechen
GEGEN MORGEN zurückkommen
DEN GANZEN MORGEN ÜBER faulenzen
AM MORGIGEN NACHMITTAG einkaufen
sich FÜR MORGEN nichts vornehmen
UM ZWÖLF zurück sein

Regelungen zur Schreibung von Zeitangaben kennen

Sprachwissen nutzen

Getrennt oder zusammen?

Verbindungen aus zwei Verben werden getrennt geschrieben.
Beispiel: Wir haben ihn in die Schule gehen lassen.
Nur wenn eine übertragene Bedeutung vorliegt, ist bei Verbindungen mit **bleiben** und **lassen** auch Zusammenschreibung möglich:
Du sollst dich beim Essen nicht so gehen lassen/gehenlassen
(= besser beherrschen).

1 Erkläre die unterschiedliche Bedeutung der blau gedruckten Ausdrücke.
   a) Sie befürchtet, dass sie beim Vortrag stecken bleibt.
   b) Das Auto wird im tiefen Schnee stecken bleiben.
   c) Sie hat sich seit zwei Wochen nicht mehr bei ihm sehen lassen.
   d) Seine Leistung kann sich sehen lassen.
   e) Am liebsten wäre ich heute Morgen liegen geblieben.
   f) Die Arbeit wird am Wochenende liegen bleiben.

2 Welche Ausdrücke darf man auch zusammenschreiben, welche nur getrennt? Suche die Fälle mithilfe der Regel heraus und schreibe sie so auf:

Verb + Verb nur getrennt	Verb + Verb getrennt oder zusammen
Sie ist aus Höflichkeit nicht einfach sitzen geblieben.	Wir haben die Bücher nicht verkauft, wir sind leider auf ihnen sitzen geblieben/sitzengeblieben

3 Verbindungen aus Verben werden zusammen- und großgeschrieben, wenn sie wie Nomen gebraucht werden.
Wandle einige der folgenden Wortverbindungen in Nomen um:

liegen lassen   *fallen lassen*   *stecken bleiben*   *sitzen bleiben*
baden gehen   *lesen üben*   *schätzen lernen*   *spazieren gehen*

Beispiel: *liegen lassen → das Liegenlassen*

4 Bilde mit den Nominalisierungen der Aufgabe 3 Sätze.

Werkstatt Rechtschreibung

einen Knoten locker machen   Taschengeld lockermachen
Nomen großschreiben   besonders groß schreiben
den Angeklagten freisprechen   bei einem Vortrag frei sprechen
ein Loch dicht machen   ein Geschäft dichtmachen

5 Ordne die Ausdrücke danach, ob sie wörtlich oder in übertragener Bedeutung zu verstehen sind. Übernimm dazu die Tabelle in dein Heft:

wörtliche Bedeutung	übertragene Bedeutung
einen Knoten locker machen	*Taschengeld lockermachen*

6 Vergleicht in einem Rechtschreibgespräch die Ausdrücke der beiden Spalten miteinander. Lest sie laut vor und achtet darauf, welcher Wortteil betont wird. Formuliert anschließend die Regel zu Ende:

> Verbindungen aus **Adjektiv + Verb** werden immer dann ..., wenn ein Wort mit ... Bedeutung entsteht. Die Betonung liegt auf ...

7 Verwende die Ausdrücke in kurzen Sätzen. Benutze dazu die Modalverben *können, dürfen, müssen, sollen, wollen, mögen*. Beachte auch die Rechtschreibregel. Beispiel: *Ich kann den Knoten locker machen. Du kannst Taschengeld lockermachen.*

8 Formuliere mit den Ausdrücken auf dem Zettel Sätze, sodass sie in wörtlicher und in übertragener Bedeutung gebraucht werden. Beachte dabei die Rechtschreibregel. Benutze als Zeitform das Futur I oder Wörter wie *können, dürfen, müssen, sollen, wollen, mögen*. Beispiel: *Wird die Polizei in diesem Fall sichergehen? Kannst du mit den Schuhen auf diesem Pflaster überhaupt sicher gehen?*

> sicher?gehen
> richtig?stellen
> fest?nehmen
> schwer?nehmen
> klein?schreiben

9 Suche Ausdrücke aus Adjektiv und Verb, die in übertragener Bedeutung zusammengeschrieben werden müssen.

10 Führt mit einigen Ausdrücken und Sätzen ein Partnerdiktat durch.

11 Suche nach Verbindungen aus Verb + Verb und Adjektiv + Verb und schlage im Wörterbuch nach. Bilde mit ihnen Sätze für ein Partnerdiktat.

Regelungen zur Getrennt- und Zusammenschreibung kennen

Ein Partnerdiktat vorbereiten und durchführen

Mit den beiden E-Mails und den Aufgaben dazu auf Seite 269 könnt ihr euer Rechtschreibwissen anwenden und überprüfen.

Das Jugendteam einer Zeitung möchte einen Artikel über Unterricht und Schulalltag schreiben und hat dazu aufgerufen, über positive und negative Erfahrungen zu berichten. Die ersten E-Mails sind in der Redaktion eingetroffen, manche haben Fotos eingescannt und als E-Mail-Anhang mitgeschickt.

Text 1

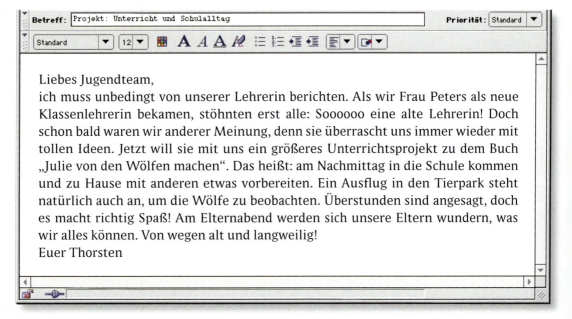

Betreff: Projekt: Unterricht und Schulalltag

Liebes Jugendteam,
ich muss unbedingt von unserer Lehrerin berichten. Als wir Frau Peters als neue Klassenlehrerin bekamen, stöhnten erst alle: Soooooo eine alte Lehrerin! Doch schon bald waren wir anderer Meinung, denn sie überrascht uns immer wieder mit tollen Ideen. Jetzt will sie mit uns ein größeres Unterrichtsprojekt zu dem Buch „Julie von den Wölfen machen". Das heißt: am Nachmittag in die Schule kommen und zu Hause mit anderen etwas vorbereiten. Ein Ausflug in den Tierpark steht natürlich auch an, um die Wölfe zu beobachten. Überstunden sind angesagt, doch es macht richtig Spaß! Am Elternabend werden sich unsere Eltern wundern, was wir alles können. Von wegen alt und langweilig!
Euer Thorsten

Text 2

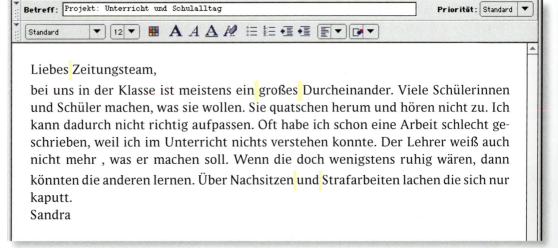

Betreff: Projekt: Unterricht und Schulalltag

Liebes Zeitungsteam,
bei uns in der Klasse ist meistens ein großes Durcheinander. Viele Schülerinnen und Schüler machen, was sie wollen. Sie quatschen herum und hören nicht zu. Ich kann dadurch nicht richtig aufpassen. Oft habe ich schon eine Arbeit schlecht geschrieben, weil ich im Unterricht nichts verstehen konnte. Der Lehrer weiß auch nicht mehr , was er machen soll. Wenn die doch wenigstens ruhig wären, dann könnten die anderen lernen. Über Nachsitzen und Strafarbeiten lachen die sich nur kaputt.
Sandra

Fehlschreibungen vermeiden: Lösungsstrategien anwenden

Werkstatt Rechtschreibung

Bearbeitet die folgenden Aufgaben am besten zu zweit:

>> Jeder von euch liest den gesamten Text. Verständnisschwierigkeiten klärt ihr gemeinsam.

>> Der kurze Text vor der ersten E-Mail ist schon als Partnerdiktat vorbereitet. Diktiert euch die markierten Wörter und Wortgruppen. Legt fest, wer zuerst schreibt und diktiert. Wann soll gewechselt werden?

Diktierregel
Zunächst wird das markierte Wort oder die markierte Wortgruppe vorgelesen, dann das Wort oder die markierte Wortgruppe im Satzzusammenhang, zum Schluss noch einmal das Wort oder die Wortgruppe. Erst jetzt wird das Wort oder die Wortgruppe aufgeschrieben. So geht es Satz für Satz.

Schreibregel
Nur das einzelne Wort oder die Wortgruppe wird geschrieben. Beim Schreiben mitsprechen. Bei Unsicherheiten kannst du eine Variante in Klammern dazuschreiben.

Korrekturhinweise
Überprüft nach dem Diktat gemeinsam die Schreibweise der Übungswörter und streicht Falschschreibungen durch. Berichtigt die Fehler und markiert die fehlerhafte Stelle. Besprecht, was man hätte tun können, um den Fehler zu vermeiden. Weitere Hinweise zur Korrektur findet ihr auf der Seite 249.

>> Bereitet jetzt auch die beiden E-Mails für ein Partnerdiktat vor:
   - Wählt dazu Wörter oder Wortgruppen aus, die besondere Rechtschreibprobleme beinhalten und aus eurer Sicht für einen Test infrage kommen. Markiert diese Wörter (Folie).
   - Diktiert euch die Texte. Beachtet dabei die Diktier- und Schreibregel.
   - Überprüft nach dem Diktat die Rechtschreibung und berichtigt die Fehler wie oben beschrieben.

>> Wertet zum Schluss euren gemeinsamen Test aus:
Was könnt ihr schon ganz gut?
Was muss noch besonders geübt werden?
Wo im Buch findet ihr Hilfen?

Fehlschreibungen vermeiden: Lösungsstrategien anwenden

Werkstatt
Methoden und Arbeitstechniken

In dieser Werkstatt geht es um interessante Sportarten – und um nützliche Methoden und Arbeitstechniken, die euch helfen, Texte zu erfassen und Informationen übersichtlich darzustellen. Die Methoden und Arbeitstechniken könnt ihr im Deutschunterricht und in anderen Fächern anwenden. Die Teilkapitel könnt ihr in beliebiger Reihenfolge bearbeiten. Dabei wendet ihr unterschiedliche Strukturierungsformen an:
- den **Cluster,** um Ideen zu sammeln und zu vernetzen,
- die **Mindmap,** um Gedanken übersichtlich zu gliedern,
- die **Tabelle,** um Textinhalte miteinander zu vergleichen,
- die **Zeitleiste,** um Ereignisse in ihrem zeitlichen Ablauf aufzuzeichnen.

Bei der Texterarbeitung werdet ihr allein nachdenken, euch aber auch mit einem Partner verständigen oder in Gruppen austauschen. Am Ende jedes Teilkapitels könnt ihr das Gelernte gemeinsam in einer Präsentation vorstellen:

 Gemeinsam arbeiten: Miteinander lernen – voneinander lernen

Nachdenken
In dieser Phase arbeitest du allein. Du denkst nach, notierst deine Gedanken oder erarbeitest einen Text.

Austauschen
Jetzt besprecht und vergleicht ihr eure Arbeitsergebnisse mit einem Partner oder in einer kleinen Gruppe. Ihr könnt Fragen stellen, eure Ergebnisse ergänzen oder verbessern.

Vorstellen
Schließlich werden die Ergebnisse aus der Austauschphase einer größeren Gruppe oder der gesamten Klasse vorgestellt. Ihr könnt über das Thema diskutieren und auch besprechen, ob die Präsentation gut gelungen ist.

Im Dreischritt kooperativ arbeiten

Cluster und Mindmap: Ideen sammeln, ordnen und übersichtlich darstellen

▶▶ In einem **Cluster** sammelst du Ideen zu einem Thema oder einem Vorhaben. Der Begriff „Cluster" kommt aus dem Englischen und bedeutet Bündel, Schwarm oder traubenförmige Anordnung.

Einen Cluster vervollständigen

Werkstatt **Methoden & Arbeitstechniken**

Nachdenken

1 Übertrage den Cluster zum Thema „Basketball" (S. 271) auf ein Blatt Papier. Trage die fehlenden Verbindungslinien ein und ergänze weitere Ideen:

Dallas Mavericks   je 5 Feldspieler   Durchmesser 45 cm
Gewicht: 600 g   Freiwurf   hängt 3,05 m hoch   2,13 m groß   …

 So entsteht ein Cluster

1. Zunächst schreibst du das Thema – einen zentralen Begriff oder einen kurzen Satz – in die Mitte eines weißen Blattes und kreist es ein. Dies ist der Kern des Clusters, aus dem Einfälle und Gedanken entspringen.
2. Alles, was dir zum Thema spontan einfällt, schreibst du in einzelnen Wörtern oder in kurzen Sätzen um den zentralen Begriff herum. Auch diese Notizen werden eingekreist.
3. Zum Schluss verbindest du die zusammengehörenden Gedanken durch Linien miteinander. So entstehen um den Kern herum verschiedene Ideenbündel oder Cluster.
4. Stichwörter, die wichtig sind oder zusammengehören, kannst du farbig markieren.
5. Wenn du noch weitere Einfälle hast, kannst du den Cluster jederzeit durch deine Ideen und Gedanken erweitern.

Austauschen

2 Legt zwei oder drei Cluster nebeneinander und vergleicht sie. Vielleicht wollt ihr etwas verändern oder ergänzen.

3 Informiert euch in Büchern oder im Internet über Basketball und erweitert den Cluster.

Vorstellen

4 Stellt eure Arbeitsergebnisse einer kleinen Gruppe vor. Sprecht darüber, wie ihr mit der Methode des Clusterings zurechtgekommen seid.

5 Lest euch die Informationen über das Mindmapping (S. 273 oben) gegenseitig vor. Erklärt anhand des Beispiels,
– wie eine Mindmap aufgebaut ist,
– wofür man sie nutzen kann,
– was sie von einem Cluster unterscheidet.

Ein Cluster vervollständigen

Werkstatt Methoden & Arbeitstechniken

Der englische Begriff **Mindmap** kann als „Gedankenlandkarte" oder „Ideenlandkarte" übersetzt werden. Die Mindmap stellt die Gedanken, die dir zu einem Thema einfallen, oder Informationen, die in einem Text enthalten sind, **übersichtlich gegliedert** dar.

Im Vergleich zu einer von oben nach unten angelegten Stichwortliste hat die Mindmap einen großen Vorzug: Du kannst jederzeit an allen Stellen Ideen einfügen und **Ober- und Unterbegriffe** ergänzen. Die Mindmap macht Informationen für dich und andere gut überschaubar.

Du kannst die Mindmap als Gedächtnisstütze bei Kurzvorträgen nutzen und an deine Zuhörer als Gliederungshilfe für das Mitschreiben verteilen.

 So entsteht eine Mindmap

1. Das Thema steht eingekreist in der Mitte eines leeren Blattes.
2. Jetzt zeichnest du um das Thema herum „Äste", die mit Oberbegriffen beschriftet werden.
3. Aus jedem Ast erwachsen „Zweige", die für die Unterbegriffe (die einzelnen Informationen) bestimmt sind.

6 Übertrage die hier begonnene Mindmap in dein Heft. Arbeite die Ideen aus deinem Cluster und weitere Informationen in die Mindmap ein: *Hallensportart   Block   Pfirsichkörbe als „Tore"   Auszeit   Michael „Air" Jordan   Foul …* *Nachdenken*

7 Vergleicht eure Mindmaps. Anhand der Mindmap könnt ihr einen Kurzvortrag zum Thema „Basketball" halten. *Austauschen und Vorstellen*

Eine Mindmap anfertigen

Werkstatt Methoden & Arbeitstechniken

Die Tabelle: Informationen vergleichen

▸▸ Willst du Texte unter bestimmten Gesichtspunkten miteinander vergleichen und die Informationen übersichtlich darstellen, eignet sich dafür eine **Tabelle**.

Tennis, Badminton, Squash

Nachdenken

[1] Was weißt du schon über die drei Sportarten? Notiere Stichpunkte in einer dreispaltigen Tabelle.

Austauschen

[2] Arbeitet zu zweit und vergleicht eure Notizen.
Ergänzt eure Tabellen durch die neuen Informationen des Partners.

[3] Lies die folgenden Texte (S. 275–277).
Vergleiche die drei Sportarten unter den Gesichtspunkten Geschichte, Grundregeln und Ausrüstung. Übertrage dazu die Tabelle (S. 275) in dein Heft und trage die Informationen aus den Texten ein.

Eine Vergleichstabelle erstellen

Werkstatt Methoden & Arbeitstechniken

Aspekt/Gesichtspunkt	Tennis	Badminton	Squash
Geschichte	*Wurde im Mittelalter zuerst in Frankreich gespielt*		
Grundregeln		*nur der Aufschläger kann Punkte machen*	
Ausrüstung			*Gummiball, der langsam oder schnell springt*

Tennis

Beim Tennis stehen sich zwei oder vier Spieler auf einem Platz gegenüber, der von einem 0,915 m hohen Netz geteilt wird. Ziel ist es, den Ball mit dem Schläger so zu treffen, dass er im gegnerischen Feld aufprallt, aber nicht mehr zurückgeschlagen werden kann. Tennis kam im Mittelalter in Frankreich auf und war im 16. Jahrhundert beim europäischen Adel sehr beliebt. „Rasentennis" kam jedoch erst im 19. Jahrhundert auf. Bald hatte dieser Sport einen großen Kreis von Anhängern. Heute wird Tennis von Männern und Frauen gespielt.

Wimbledon
Die ältesten und wichtigsten Tennismeisterschaften finden seit 1877 alljährlich im All England Tennis and Croquet Club in Wimbledon bei London statt.

Spiel, Satz und Sieg
Die gegnerischen Spieler schlagen abwechselnd auf. Um einen Satz zu gewinnen, muss man bei mindestens sechs Spielen siegen. Wer zwei – oder mitunter auch drei – Sätze gewonnen hat, ist Sieger des Matchs. Schiedsrichter und Linienrichter achten darauf, wo der Ball aufschlägt.

Der Tennisball
Die Entwicklung vom „königlichen" Tennis, das in Gebäuden gespielt wurde, zum Rasentennis verlief gar nicht so leicht: Erst musste ein Ball erfunden werden, der auf Rasen sprang.

Schläger des Weltraumzeitalters
Heutige Tennisschläger sind stabiler als je zuvor. Sie werden am Computer entworfen und aus Materialien hergestellt, die für Weltraumflüge entwickelt wurden.

Eine Vergleichstabelle erstellen

Werkstatt Methoden & Arbeitstechniken

Badminton

Frage: Welcher Sport ist nach einem Haus benannt? Antwort: Badminton, denn es trägt den Namen des Familiensitzes des Herzogs von Beaufort in Gloucestershire, England. Man nimmt an, dass dieser Rückschlagsport die Fortentwicklung eines Kinderspiels darstellt, mit dem der Herzog seine Gäste unterhielt.

Tischtennis und Badminton – diese beiden Hallensportarten ähneln dem Tennis. Badminton wird mit einem Federball auf einem Spielfeld mit hohem Netz gespielt, Tischtennis mit einem sehr leichten Ball an einem rechteckigen Tisch mit niedrigem Netz. Beide Sportarten stammen vermutlich aus Ostasien. Um 1870 wurden sie von englischen Kolonialherren nach Europa gebracht, wo sie sich schnell großer Beliebtheit erfreuten.

Der Platz
Er ähnelt einem Tennisplatz, doch ist das Netz höher. Punkte werden erzielt, wenn der Federball den Boden des Platzes berührt. Punkte erzielen kann nur der aufschlagende Spieler.

Alte und neue Schläger
Frühe Badmintonschläger waren wie die Tennisschläger dieser Zeit aus Holz, aber wesentlich leichter und zierlicher. Heute stellt man die Schläger aus Materialien her, die hart, elastisch und leicht sind. Auch die Form des Schlägerkopfes veränderte sich.

Federbälle
Schon seit langer Zeit wird in aller Welt mit Federbällen gespielt. Beim Badminton verwendet man meist Bälle mit 14–16 Gänsefedern oder Kunststofffederbälle.

Squash

Squash und Racquetball zählen zu jenen Rückschlagspielen, deren Feld von vier Wänden begrenzt ist. Bei beiden schlägt ein Spieler den Ball gegen die vordere Wand, und der andere versucht, den Ball regelgerecht zurückzuschlagen. Squash wurde erstmals im Londoner Gefängnis Fleet Prison gespielt: Um sich die Zeit zu vertreiben, schlugen die Häftlinge einen Ball gegen die Wand. Hundert Jahre später entwickelte es sich in der englischen Schule Harrow zum regelrechten Sport. Der Name leitet sich vom weichen Ball ab, den man dafür benutzte: *squash* bedeutet auf Englisch „zusammendrücken". Squash und Racquetball können sowohl von zwei (Einzel) als auch von vier Spielern (Doppel) gespielt werden. In Amerika spielt man Squash auf einem kleineren Feld mit einem viel härteren Ball.

Bälle mit Farbkodierung
Die Temperatur und andere Bedingungen beeinflussen das Verhalten des hohlen Gummiballs. Es gibt vier Typen

Eine Vergleichstabelle erstellen

Werkstatt Methoden & Arbeitstechniken

von Squashbällen: Die Skala reicht von sehr langsamen für heißes Wetter bis hin zu sehr schnellen für kaltes. Den Typ erkennt man an einem Farbpunkt. Gute
30 Spieler bevorzugen die sehr langsamen Bälle, die nicht so stark abprallen.

Der Schläger
Die Köpfe der Squashrackets sind kleiner und runder als die der Schläger für
35 Badminton oder Tennis. Wie bei vielen anderen Rückschlagsportarten sind auch beim Squash die Schläger heute aus Karbon, Graphit und Fiberglas. Bei manchen ist der Rahmen hohl, damit die Vibration beim Schlag geringer bleibt. 40

Schutzbrille
Damit der schnelle Ball ihre Augen nicht gefährdet, tragen viele Spieler bruchsichere Schutzbrillen.

4 Ihr habt Ballsportarten im Vergleich kennengelernt.
– Entscheidet euch für eine der drei Sportarten, zu der ihr in Gruppen weitere Informationen sammelt. Ihr könnt z. B. sechs Dreier- oder Vierergruppen bilden. Je zwei Gruppen arbeiten dann an demselben Thema.
– Erarbeitet zu den Sportarten ein Informationsplakat.

5 Präsentiert eure Arbeitsergebnisse in einem **Galeriegang**.
– Dabei bleibt das Plakat jeder Gruppe auf dem Tisch liegen.
– Die Themengruppe „Tennis" präsentiert einmal einer Themengruppe „Badminton" und einmal einer Themengruppe „Squash" ihr Arbeitsergebnis. Jede Gruppe präsentiert also zweimal und hört zweimal zu.
– Sprecht so leise, dass andere Gruppen, die gleichzeitig vortragen, nicht gestört werden.
– Überlegt, in welcher Reihenfolge und wie lange ihr präsentieren wollt.
– Danach werden die Plakate aufgehängt.

Arbeitsergebnisse in einem Galeriegang präsentieren

Jede Gruppe präsentiert ihr Ergebnis aus der Gruppenarbeit immer nur einer kleinen Gruppe von Mitschülern, und das mehrmals hintereinander.
Die Vortragenden wechseln sich ab.
Alle Gruppenmitglieder beantworten die Fragen der Zuhörer.
Die Zuhörer machen sich Notizen.
Die Gruppen wechseln nach einer bestimmten Zeit zum nächsten Tisch.

Die Zeitleiste: Geschichtliche Abläufe darstellen

▸▸ Wenn du zeitliche Abläufe anschaulich und übersichtlich darstellen möchtest, kannst du eine **Zeitleiste** erstellen. Die Zeitleiste stellt **Zeitpunkte** und **Zeiträume** geschichtlicher Ereignisse dar.

Nachdenken

1 Übertrage die Tabelle in dein Heft und kreuze an.

Cheerleading

Aussagen	ja	nein	weiß nicht
Cheerleading kommt aus Amerika.			
Es ist noch eine ganz junge Sportart.			
Cheerleading ist gar kein richtiger Sport.			
Cheerleader feuern ihre Mannschaft an und bringen die Zuschauer in Stimmung.			
Cheerleading ist nur etwas für Mädchen.			

Austauschen

2 Vergleicht zu zweit eure Eintragungen. Lest den Text und findet heraus, ob eure Einschätzungen richtig oder falsch sind. Belegt eure Ergebnisse am Text und tragt die Zeilenangaben in eure Tabellen ein.

Die Geschichte des Cheerleadings

1898 –
Eine Idee wird aus der Not geboren
Den Anstoß gab eine Krise. Als die Footballmannschaft der University of Minne-
5 sota 1898 zu verlieren drohte, wollte ihr Fan Johnny Campell nicht tatenlos zusehen. Er begann die Spieler anzufeuern, konnte aber mit seiner Stimme alleine nicht viel ausrichten. Also forderte er
10 das Publikum auf, ihn zu unterstützen. Tatsächlich stimmten so viele Fans in den frisch gedichteten Sprechgesang ein, dass Minnesota das Spiel am Ende doch noch gewann.

Die ersten Cheerleader – 15
allesamt Männer
Die Idee sprach sich blitzschnell herum. Noch im selben Jahr organisierten sich die ersten Cheerleadergruppen, um in amerikanischen Sportstadien mit ihren 20 Schlachtrufen zuerst die Zuschauer in Stimmung zu bringen und dann gemeinsam mit dem Publikum der Lieblingsmannschaft einzuheizen. Damals gab es übrigens nur „All-Boy-Groups". Rund 25 zwanzig Jahre lang waren Cheerleader allesamt Männer, die ihre Auftritte auf Rufkonzerte beschränkten.

Vermutungen anhand eines Textes überprüfen

Als die Damen kamen – lockten Tanz und bunte Bilder?

Erst 1920 wendete sich das Blatt. Zuerst kamen Megafone ins Spiel, dann erweiterten die Cheerleader ihr Rufkonzert durch kleine Tanzeinlagen. Später kamen als Vorläufer der Pompons auch Kartons mit verschiedenfarbigen Seiten hinzu. Wurden sie in der richtigen Kombination hochgehalten, ergaben sie schöne Muster und bunte Bilder. Vielleicht brachte dies auch die Damen Amerikas auf den Geschmack, denn sie begannen in dieser Zeit, die Männer im Cheerleading abzulösen.

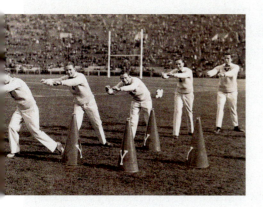

Markenzeichen Pompon – zuerst selbst gebastelt aus Papier

Die ersten bunten und puscheligen Pompons tauchten nach 1930 auf. Sie stießen in den amerikanischen Stadien auf so große Begeisterung, dass sie sich schnell zum Markenzeichen des Cheerleadings entwickelten. Damals wurden sie noch selbst gebastelt, meist aus Papier oder Wolle. Heute stellen Maschinen die Pompons aus Kunststoff oder Metallfolie in Serie her.

Der große Boom – Chearleading wird zum Massensport

Ein wahrer Boom des Cheerleadings begann nach 1940 – jedoch immer noch nur in den USA. Dort begannen in dieser Zeit die ersten Schulen, Cheerleading zu unterrichten. Und auch der erste Verband wurde gegründet, die „American Cheerleader Association".

Meisterschaften – seit 1978 offiziell anerkannt

Zum „richtigen Sport" mauserte sich das Cheerleading 1967. In diesem Jahr haben sich die amerikanischen Cheerleader erstmals untereinander gemessen. Die Bewertung des Wettkampfes wurde damals noch ziemlich locker, dafür aber umständlich gehandhabt: Die Veranstalter ermittelten die Siegerinnen durch Umfragen im Publikum. Mit dem ersten „National Collegiate Cheerleading Championship" ist der Stimmungswettkampf 1978 zu einer offiziell anerkannten Meisterschaft aufgestiegen.

Cheerleading in Deutschland – erst vor 20 Jahren entdeckt

Bis vor 20 Jahren flimmerten Cheerleader in Deutschland allenfalls über den Bildschirm. Erst mit der Einführung des American Football entdeckten auch deutsche Sportler, dass die amerikanische Idee Spaß macht und sportlich anspruchsvoll ist. Dafür breitete sich die „Botschaft" in Windeseile aus. Bereits 1988 fand die erste Deutsche Meisterschaft statt. Und heute haben in Deutschland ca. 10 000 Cheerleader in 300 Vereinen ihren Spaß an dem Sport.

Christiane Baer-Krause

3 Erarbeitet den Text und entwerft eine Zeitleiste. Sie soll 1898 beginnen und bis heute reichen. Weitere Tipps dazu findet ihr auf der nächsten Seite.

| 1898 | 1920 | 1930 | 1940 |

Werkstatt Methoden & Arbeitstechniken

 So entsteht eine Zeitleiste

1. Skizziere auf kariertem Papier einen Zeitstrahl:

    ───────────────────────────────▶

2. Überlege,
    - welche Jahreszahlen notiert werden,
    - welche Zeiträume dargestellt werden sollen,
    - wie viele Kästchen z. B. zehn Jahre umfassen sollen,
    - welche Informationen auf der Zeitleiste eingetragen werden sollen,
    - welche Bilder die Informationen veranschaulichen können.

Vorstellen

4 Präsentiert eure Ergebnisse. Entscheidet zuvor,
- ob jeder Zuhörer die Kopie eurer Zeitleiste in die Hand bekommt,
- ob ihr mit Folie und Overheadprojektor, mit Beamer oder Whiteboard arbeiten wollt,
- ob ihr die Zeitleiste auf eine Tapetenbahn übertragt und als Wandfries aufhängt.

5 Überlegt, welche Merkmale eine gute Zeitleiste erfüllen muss. Diese Merkmale sollt ihr bei der Gestaltung und später bei der Beurteilung beachten. Übertrage das Beurteilungsraster in dein Heft und ergänze es durch weitere Untersuchungspunkte.

Untersuchungspunkte	+	0	−
Sind Jahreszahlen und Zeiträume richtig eingetragen?			
Ist die Überschrift der Zeitleiste passend?			
Ist die Schrift gut zu erkennen?			
Passen die Bilder zum Text?			
Ist die Zeitleiste übersichtlich und ordentlich gestaltet?			

6 Überprüft eure eigene Zeitleiste und überlegt, ob ihr die Untersuchungspunkte gut erfüllt habt. Ihr könnt jetzt noch Überarbeitungen vornehmen. Tragt ein, wie ihr eure Zeitleiste bewertet.

7 Vergleicht eure Selbsteinschätzung mit der Beurteilung durch andere. Sprecht über Unterschiede in der Bewertung.

Das Partnerpuzzle: Sich gegenseitig informieren

1 Setzt euch zu viert an einen Gruppentisch. Denkt drei Minuten lang allein über neue oder ungewöhnliche Sportarten nach und macht dazu Notizen. *Nachdenken*

2 Tragt euch eure Ideen nacheinander vor. *Austauschen*

3 Listet besonders ausgefallene Sportarten auf, die ihr selbst ausführt oder vom Zuschauen, aus dem Fernsehen, aus Filmen, Zeitschriften und Büchern kennt: Mountainboarding, Fingerhakeln, Einradfahren, Schlammkrabbeln ...

4 Sucht im Internet nach Informationen über ungewöhnliche Sportarten. Nutzt geeignete Suchmaschinen und Seiten für Jugendliche: www.geo.de/GEOlino.de oder www.helles-koepfchen.de.

5 Auf den folgenden Seiten erfahrt ihr etwas über die Sportarten Parkour und Streetgolf. Besprecht, was ihr schon über diese Sportarten gehört habt.

2 Informiert euch mit der Methode des Partnerpuzzles gegenseitig über die Sportarten Parkour und Streetgolf.
 – Wie das Partnerpuzzle funktioniert, erfahrt ihr auf der nächsten Seite.
 – Zwei Texte über die beiden Sportarten findet ihr auf den folgenden Seiten.

Vorwissen notieren, sammeln und ergänzen

Werkstatt Methoden & Arbeitstechniken

 So funktioniert das Partnerpuzzle

Bildet Gruppen aus vier Schülerinnen und Schülern.
In jeder Gruppe werden zwei Texte bearbeitet.

Nachdenken

Jeder erarbeitet allein einen Text.
Die zwei Schüler, die sich gegenübersitzen, lesen den Text A, die beiden anderen Text B. Wenn du bei der Texterarbeitung Hilfe brauchst, kannst du im Anhang unter „Lesemethoden" nachschlagen (S. 291).

Austauschen

Die beiden Schüler mit demselben Thema sprechen nach einer vereinbarten Zeit über den Inhalt des Textes.
Ihr klärt Fragen, helft oder korrigiert euch gegenseitig.
So werdet ihr zu Experten für euer Thema.

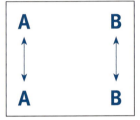

Besprecht, wie ihr die beiden anderen an eurer Tischgruppe über euer Thema informiert:
– Welches sind die wichtigsten Informationen?
– Wie wollt ihr die Informationen ordnen und weitergeben?
– Welche Stichpunkte solltet ihr notieren?

Vorstellen

Die Schulterpartner stellen sich anhand ihrer Notizen nacheinander ihre Sportart vor.
So lernen beide Partner voneinander:
Jeder ist einmal Experte und einmal Zuhörer.

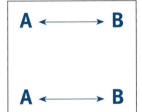

Sich über den Ablauf des Partnerpuzzles informieren

Streetgolf: Über Stock und Stein

von Sandra Müller

Streetgolf ist auch unter den Bezeichnungen Crossgolf oder X-Golf bekannt. Es funktioniert fast wie normales Golf, nur dass Straßengolfer nicht auf gepflegten 18-Loch-Rasenplätzen spielen. Sie bevorzugen alte Fabrikanlagen, Wiesen, Parks, Äcker oder was ihnen sonst gerade so einfällt.

Straßengolfer tragen keine Karohosen und haben auch keine teuren Schläger und schon gar keine Caddys. Der Caddy ist die Person, die beim „normalen" Golfspiel die Schläger trägt und als Berater zur Seite steht.

Mit „klassischen" Golfern haben die Straßenspieler jedoch nur eine Sache gemeinsam: Auch sie versuchen, den kleinen, harten Ball mit möglichst wenig Schlägen in ein oft weit entferntes Loch zu schlagen.

Wobei die Bezeichnung „Loch" schon wieder nicht unbedingt zutreffen muss. Das Ziel der Streetgolfer kann zum Beispiel auch eine Blechbüchse oder ein Baumstamm sein, den der Ball berühren muss. Der Spaß steht dabei im Vordergrund. X-Golfer spielen überall, wo es geht: auf Wiesen, Äckern, in Parkanlagen oder in alten, stillgelegten Fabrikanlagen. Hindernisse wie hohes Gras, Schutthalden, Container oder Bäume stören nicht. Im Gegenteil: Sie machen den besonderen Reiz aus.

Die einzige Regel: Sicherheit

Es gibt eigentlich nur eine Regel, die Streetgolfer sehr genau beachten müssen: Weder Mensch noch Tier darf durch die rasend schnell fliegenden Bälle in Gefahr gebracht werden, und es dürfen keine Schäden an der Natur oder an menschlichem Eigentum (zum Beispiel Autos oder Fensterscheiben) entstehen. Ein großer, absolut leerer Parkplatz kann also eine optimale Spielfläche sein, wenn das Ziel nicht in der Nähe einer Straße oder von Gebäuden liegt. Stehen jedoch Autos darauf oder laufen Menschen herum, so ist dieser „Golfplatz" natürlich tabu.

Vorsicht: Der Ball erreicht sehr hohe Geschwindigkeiten und kann zu einem Geschoss werden.

Denn Sicherheit geht immer vor. Ein Golfball kann nämlich sehr gefährlich werden und bis zu 150 Meter weit fliegen. Besonders Anfänger müssen deshalb an solchen Orte üben, an denen garantiert nichts passieren kann. Auch erfahrene Straßengolfer dürfen niemals leichtsinnig mit der Gesundheit von Mensch und Tier umgehen. Wenn du diese einfachen Regeln beachtest, dann macht Streetgolf wahnsinnig viel Spaß.

> **Tipp**
> *Mit einer einfachen Ausrüstung (Gummi- oder Schaumstoffball, Hockeyschläger) könnt ihr Streetgolf ausprobieren.*

Parkour: Trendsport aus Frankreich

Parkour zählt zu den neuesten Trendsportarten. In Frankreich entstanden, hat der Sport nun auch uns erreicht.

Parkour ist eine Bewegungskunst, bei der die Sportler mit ihren eigenen Füßen scheinbar mühelos alle möglichen Hindernisse überwinden. Der Sportler, der sogenannte *Traceur* (französisch für „der den Weg ebnet") überwindet alle Hindernisse, die ihm im Weg sind. Parkour kann überall ausgeführt werden, in der Natur und in Städten.

Topografie
Beschaffenheit des Geländes

Geschichte
Die Geschichte von Parkour beginnt in der 1980er-Jahren. Ein ehemaliger Soldat zeigt seinem Sohn David Belle, sich über hindernisreiche Strecken in den Wäldern Nordfrankreichs zu bewegen. Später verlegt David Belle diese Fortbewegungsart in die Großstadt. In einem Pariser Vorort schwingt er sich akrobatisch über Garagen, Mauern, Bänke, Mülltonnen und Bauzäune und begründet so einen neuen Trend.

Was muss man sich unter Parkour vorstellen?
Parkour ist eine Art der Fortbewegung durch Stadt und Natur – ohne Hilfsmittel, elegant und mit fließenden Bewegungen.
Das Interessante ist, dass der Weg von der vorgegebenen Topografie, dem eigenen Können und den eigenen Ideen bestimmt wird. Stell dir einfach vor, du ziehst einen Strich über die Landkarte und musst diesem folgen – egal was in deinem Weg steht. (Außer natürlich Häuser oder andere riesige Dinge, die man nicht überwinden kann!)
Parkour ist kreativ. Deshalb betrachten es viele eher als Kunstform denn als Sportart, wobei es doch sehr viel Kondition, Kraft und Können erfordert.

Ausrüstung
Außer geeigneten Sportschuhen benötigt man keine besondere Ausrüstung, Hilfsmittel oder Sportareale.
Es ist ein echter „Alltagssport". Denn man kann ihn überall machen – in der Stadt oder in der Natur: Über Stock und Stein, Treppen und Geländer, Häuser und Hindernisse laufen, springen und klettern die Traceure.
So lernen sie eine vertraute Umgebung neu kennen, entdecken und verbessern das eigene Körpergefühl, stimulieren ihre Kreativität und lassen ihrem Temperament freien Lauf.
Traceure gehen jedoch keine unnötigen Risiken ein, entwickeln ihre Fähigkeiten aber konsequent weiter. Bei Parkour geht es um Kontrolle, nicht um Wagemut!
Ihr solltet also klein anfangen und nicht direkt von Hochhaus zu Hochhaus springen ...

Das Interview: Sich gegenseitig befragen

Ihr habt in diesem Kapitel schon einige interessante Sportarten kennengelernt. Sicher gibt es noch andere Sportarten, die euch intersssieren. Ihr könnt euch zu diesen Sportarten in Interviews gegenseitig befragen und informieren.
Die Informationen zu allen Sportarten könnt ihr für ein großes Sportquiz nutzen. Am Beispiel „Eishockey" wird die Vorbereitung auf das Quiz hier einmal durchgespielt.

Eishockey

1 Erstelle einen Cluster zum Thema „Eishockey".   *Nachdenken*

2 Informiere dich über das Thema „Eishockey", z. B. unter www.helles-köpfchen.de. Du sollst anschließend über die Geschichte des Sports, seine Ausbreitung oder die Regeln Auskunft geben.
Zeichne dazu eine Mindmap mit drei Ästen und trage die Oberbegriffe ein. Ergänze einen Ast durch die Informationen zu deinem Teilthema.

3 Befragt und informiert euch gegenseitig in Interviews: *Austauschen und vorstellen*

 Ablauf eines Interviews

1. Bildet Gruppen zu 4–6 Schülerinnen und Schülern.
2. Arbeitet in den Gruppen zu zweit. Einer übernimmt die Rolle des Interviewers und befragt den anderen zu seinem Teilthema.
3. Wechselt die Rollen und wiederholt das Interview.
4. Jeder stellt der Gruppe vor, was er im Interview erfahren hat.

4 Ergänze deine Mindmap durch die Informationen, die du im Interview oder bei der Vorstellungsrunde in der Gruppe erhalten hast.

5 Schreibt fünf Quizfragen zum Thema „Eishockey" auf und versucht, sie ohne Hilfe eurer Notizen richtig zu beantworten.

Wissen und Können

Sprechen und Zuhören

Sich an einer Diskussion beteiligen
Mögliche Ziele einer Diskussion sind:
- die eigene Meinung verdeutlichen, andere Meinungen kennenlernen,
- andere von der eigenen Meinung überzeugen,
- sich mit anderen einigen, Kompromiss finden.

Damit du dich erfolgreich beteiligen kannst:
- Überlege, welchen Standpunkt du vertrittst.
- Sammle Argumente, die den eigenen Standpunkt gut begründen und den Standpunkt von anderen widerlegen können.

Melde dich während der Diskussion zu Wort:
- Begründe den Standpunkt mit Argumenten.
- Höre zu und beziehe dich auf andere.
- Lass andere ausreden.
- Bleibe beim Thema.
- Frage nach, wenn etwas unklar ist.

→ *Sich über das Textverständnis austauschen, S. 65/66*
→ *Diskutieren, S. 81, 163*
→ *Eine Rollendiskussion führen, S. 84–87*

Einen Kurzvortrag vorbereiten und halten
Bei einem kurzen Vortrag sollst du wichtige Informationen verständlich, vollständig, anschaulich und in sinnvoller Reihenfolge nennen:
- Erkläre, über welches Thema du sprichst und wie du darauf gekommen bist.
- Nenne deine Informationsquellen.
- Mache die Zuhörer auf das Thema neugierig.
- Sieh die Zuhörer beim Vortrag an.
- Sprich verständlich, laut und deutlich.
- Beantworte am Ende Fragen der Zuhörer.

Wichtig: Nutze Bilder, Zeichnungen, Plakate, Folien ... zur Verdeutlichung.

Jugendbücher, Jugendromane präsentieren
- Mache Angaben zum Buch und zum Autor: Titel des Buches, Name des Autors oder der Autorin, Erscheinungsjahr, Verlag, Seitenzahl.
- Sage, wie du auf das Buch gestoßen bist: ausgeliehen, geschenkt bekommen ...
- Nenne die wichtigsten Buchfiguren und fasse die Handlung/den Inhalt kurz zusammen: Welche Personen kommen vor? Wann und wo spielt die Geschichte? Worum geht es?
Achtung: Nicht zu viel verraten!
- Gib eine kurze Leseprobe, damit die Zuhörer einen Eindruck vom Buch bekommen.
- Gib zum Schluss eine persönliche Bewertung ab: warum das Buch gefallen hat; evtl. auch mitteilen, was man nicht so gut fand.

Einen Text betont vortragen
Durch betontes Sprechen kannst du wirkungsvoll ausdrücken und auch durch Mimik, Gestik, Körperhaltung und Bewegung zeigen, wie du einen Text verstehst. Bereite dich darauf vor und verwende Vorlesezeichen:
- Ein <u>unterstrichenes</u> Wort beim Sprechen besonders hervorheben (betonen).
- Bei einem Strich (|) eine kurze Sprechpause machen, bei zwei Strichen (||) eine längere.
- Bei einem Bogen (⌣) ohne Pause die nächste Zeile weiterlesen.

→ *Sprechmöglichkeiten ausprobieren, S. 199*
→ *Zum Vortragen vorbereiten, S. 181, 58, 61, 69*

Schreiben

Eine Geschichte schreiben

Vor dem Schreiben:
- Notiere stichwortartig, was dir alles einfällt.
- Überlege, wie daraus eine Geschichte wird.
- Entscheide: Erlebst du alles mit oder beobachtest du, was passiert?

Beim Schreiben:
- Gib den Figuren einen Namen.
- Nutze „Spannungsmacher" wie Verzögerungen, Darstellung von Gedanken/Gefühlen, anschauliche Ausdrücke.
- Achte auf das Präteritum als Erzählzeit.
- Gib deiner Geschichte eine Überschrift, die zum Lesen verlockt.

→ *Eine Fotostory schreiben, S. 157*

Einen Kurztext über Sachverhalte schreiben
- Stelle das Thema, um das es geht, vor.
- Hebe Besonderheiten, Außergewöhnliches und Unterschiede hervor.
- Fasse Wichtiges am Ende zusammen und formuliere deine Meinung und eigene Gedanken.

→ *Einen Textvergleich schreiben, S. 41*
→ *Den Inhalt wiedergeben, S. 144–147, 151, 185*

Einen Bericht schreiben

Der Leser soll in deinem Text über das Wichtigste eines vergangenen Ereignisses informiert werden. Die Angaben sollen zuverlässig sein.
- Wähle eine Überschrift, die zum Lesen anreizt.
- Informiere die Leser über den Hergang des Geschehens: Wann? Wo? Wer? Was? Wie? Mit welchem Ausgang? Manchmal: Warum?
- Im letzten Satz kannst du noch einmal die Wichtigkeit des Ereignisses hervorheben.

Denke daran: Ein Bericht ist knapp und sachlich und soll die Leser informieren. Die Zeitform ist in der Regel Präteritum.

→ *Über einen Vorfall berichten, S. 103, 106, 111*

Über Abläufe (Spiele, Rezepte ...) informieren

Für eine Anleitung (Rezept, Spiel) musst du einen Vorgang beschreiben. Zum Aufbau eines solchen Textes gehören meistens:
- Material/Gegenstände/Werkzeuge,
- Vorbereitungen,
- Ablauf/Beobachtungen.

Manchmal wird die Beschreibung durch Abbildungen veranschaulicht.

Beachte besonders:
- die richtige Reihenfolge,
- vollständige und richtige Angaben,
- Genauigkeit und Verständlichkeit,
- Zeitform Präsens (Angaben immer gültig),
- die Sprachform *(Zuerst wird ... Man macht zuerst ...;* oder: *Mache ... Du musst ... Du machst ...;* oder: *... machen)*.

Zu einem Sachverhalt Stellung nehmen

Vor dem Schreiben:
- Sammle Argumente mit passenden Beispielen.
- Wähle passende Argumente aus, mit denen du den Adressaten überzeugen kannst.

Beim Schreiben:
- Verdeutliche einleitend, wozu du Stellung nimmst und welche Meinung du vertrittst.
- Füge die Argumente an und verdeutliche sie mit Beispielen.
- Bekräftige zum Schluss deine Meinung oder deinen Wunsch. Vielleicht hast du einen Vorschlag, wie sich das Problem lösen lässt.
- Wenn du deine Stellungnahme in einem Brief formulierst, musst du die Briefform beachten: Datum, Anrede, Grußformel.

→ *Stellung nehmen, S. 20–22, 29*

Wie unterschiedlich die Schreibaufträge auch sein mögen, die **Vorgehensweise beim Verfassen eines Textes** ist fast immer gleich:

Das Schreiben vorbereiten

Du musst den **Schreibauftrag** sorgfältig lesen und verstehen. Der Schreibauftrag weist hin
- auf das Thema, zu dem du schreiben sollst,
- auf die Art und Weise, wie du schreiben sollst,
- auf einen möglichen Adressaten, an den dein Text gerichtet sein soll.

Vor dem Schreiben:
- Notiere alle Ideen, die dir zum Thema einfallen, in Stichpunkten oder kurzen Sätzen. Ein Cluster kann dir helfen, eine erste Ordnung in deine Gedanken zu bringen.
- Ordne deine Informationen und Ideen: Was gehört an den Anfang, wie geht es weiter und was gehört an den Schluss?

Den Text entwerfen

Formuliere einen ersten Textentwurf. Schreibe ganze Sätze. Ein Text entsteht durch das ständige Erproben von Formulierungen und Einarbeiten von neuen Ideen.
Du fragst dich:
- Trifft die gefundene Formulierung das von mir Gemeinte und das Schreibziel?
- Muss ich etwas ergänzen, weglassen, umstellen oder ganz neu schreiben?

Wichtig: Lass beim Schreiben Platz für Korrekturen und Ergänzungen.

Den Text überarbeiten

Nach dem Schreiben:
- Habe ich wirklich geschrieben, was ich meine und mitteilen will oder soll? Trifft es die Sache, gehört es zum Thema?
- Ist der Text sinnvoll aufgebaut oder sollte man Textteile oder Sätze umstellen?
- Kann der Leser mich verstehen oder muss ich Ausdrücke, Formulierungen oder Sätze umformulieren oder austauschen?
- Ist mein Text ausführlich genug oder muss ich etwas hinzufügen, damit er verständlicher wird?
- Ist der Text weitschweifig, weicht er vom Thema ab, enthält er unnötige Informationen, die ich besser streichen sollte?
- Kann ich dem Leser das Verständnis erleichtern, z. B. durch Abschnitte, Unterstreichungen, Überleitungen, Satzverknüpfungen, Satzzeichen?
- Kann ich Wiederholungen vermeiden und Satzglieder umstellen?
- Habe ich Rechtschreibfehler vermieden?

Wichtig: Nutze Korrekturzeichen.

→ *Stellungnahmen überarbeiten, S. 24/25*

Nach der Überarbeitung

Darauf solltest du grundsätzlich achten:
- Setze eine Überschrift deutlich vom Text ab (z. B. durch Unterstreichen, Leerzeile).
- Lass genügend Rand rechts und links.
- Achte auf eine gut lesbare Handschrift oder Computerschrift.
- Achte bei Abbildungen darauf, dass sie deutlich erkennbar sind und zum Text passen.
- Gliedere den Text durch Absätze sinnvoll.
- Überprüfe den fertigen Text immer noch einmal auf Rechtschreib- und Zeichensetzungsfehler.

→ *Über Ereignisse berichten, S. 106/107*

Lesen – Texte und Medien

Literarische Texte lesen und verstehen

Zu den literarischen Texten zählen vor allem erzählende Texte und Gedichte.

Erzählende Texte

Auszüge aus **Jugendbüchern, Geschichten, Märchen, Fabeln** oder **Balladen** sind erzählende Texte. Sie sind aus der Vorstellung und Fantasie eines Autors oder einer Autorin entstanden. Sie sind vieldeutig, d. h., die Leser müssen den Text jeweils für sich deuten (interpretieren) und verstehen ihn niemals alle gleich. Solche Texte kannst du auch weiterschreiben oder verändern, zu **Jugendbüchern** ein Lesetagebuch führen oder eine Lesekonferenz abhalten.

→ *Geschichten verstehen, S. 52–71*
→ *Bücher finden und Bücher lesen, S. 132–151*
→ *Balladen und Moritaten, S. 172–191*
→ *Lesetipps zum Verstehen von Balladen, S. 182*

Gedichte

Zu den literarischen Texten gehören auch die Gedichte (lyrische Texte). Sie unterscheiden sich von den erzählenden Texten vor allem durch ihre äußere, sichtbare Form. Sie sind in Versen geschrieben, die oft in Strophen zusammengefasst sind. Die Verse können sich jeweils am Ende reimen, müssen es aber nicht. Wenn du ein Gedicht untersuchst, willst du noch besser verstehen, welche Stimmungen, Gefühle und Eindrücke der Dichter dadurch vermittelt.

→ *Gedichte, S. 192–203*

Literarische Texte interpretieren

Im Unterricht kommt es häufig vor, dass dir zu literarischen Texten Fragen gestellt werden, die du dann beantworten musst. Du sollst beispielsweise erzählen, worum es in einer Geschichte geht, die Figuren charakterisieren und herausfinden, wie die Geschichte sich entwickelt und warum sie so ausgeht.

Tipps zum **Interpretieren**:
– Lies zunächst die Überschrift und überlege, was im Text stehen könnte.
– Überfliege den Text und versuche herauszufinden, worum es geht:
  Welche Hauptfiguren kommen vor, in welcher Situation sind sie?
  Wo und wann spielt die Geschichte?
  Suche und markiere im Text alle Stellen, an denen du Hinweise zu diesen Fragen bekommst.
– Lies die Geschichte jetzt noch einmal genauer und denke über Figuren und Geschehen nach:
  Wie würdest du die Figuren charakterisieren?
  Wie verhalten sie sich?
  Wie fühlen sie sich?
  Warum verhalten sie sich so?
  Wie stehen die Figuren zueinander?
  Gibt es Spannungen und Konflikte?
  Wie geht das Ganze aus?
  Suche dazu Belege im Text und markiere wichtige Stellen.
– Lies die Geschichte einmal laut vor. Versuche, flüssig zu lesen. Achte auf Satzzeichen und Redeeinleitungen: Sie geben dir Hinweise auf Betonung, Pausen oder Lautstärke.
→ *Lautes Lesen üben, S. 181*
– Stelle deinen Mitschülerinnen und Mitschülern einen Buchauszug oder eine Geschichte vor.

Mit Texten weiterarbeiten

Es lohnt sich, sich über literarische Texte besondere Gedanken zu machen, denn sie geben oft wichtige Hinweise, wie sich Menschen zueinander verhalten oder wie Probleme und Konflikte entstehen und sich entwickeln können. Oft wird die Leserin und der Leser in eine Fantasiewelt „entführt", um auch Unvorstellbares zu erleben und darüber nachzudenken. Es gibt verschiedene Möglichkeiten, wie du diese Besonderheiten literarischer Texte herausfinden und darstellen kannst (vgl. auch die Ideen auf S. 150):

- ein **Lesetagebuch** führen (→ S. 140–141),
- eine **Lesekiste** gestalten (→ S. 142–143),
- den **Inhalt wiedergeben** (→ S. 144-145),
- sich in die Textfiguren hineinversetzen (**Perspektivenwechsel,** → S. 124–127),
- **zu Textfiguren Kontakt aufnehmen**, ihnen z. B. einen Brief oder eine E-Mail schreiben (→ S. 27, 69, 71),
- **Texte weiter- oder umschreiben** (→ S. 17, 36, 59),
- **Texte vergleichen** (→ S. 40–41)
- Figuren und Handlungen **szenisch darstellen** oder ein **Rollenspiel machen** (→ S. 204–217),
- ein **Bild** malen oder **Text-Bild-Collagen** erstellen (→ S. 61, 150).

Sprachliche Besonderheiten

Literarische Texte enthalten – im Gegensatz zu Sach- und Gebrauchstexten – oft besondere sprachliche Mittel, mit denen der Autor den Leser aufmerksam machen und besondere Wirkungen erreichen will.
Zu diesen sprachlichen Besonderheiten zählen z. B.

- **Wiederholungen:**
  Wiederholungen von Wörtern oder Sätzen illustrieren z. B. die Eintönigkeit des Geschehens (z. B. *Klick! Klick! Klick!*) oder dienen der Verstärkung (z. B. *Stehe! Stehe!*).

- **Sprachbilder** (Metaphern):
  Oft haben Wörter auch eine übertragene, bildliche Bedeutung. Solche Sprachbilder sind Vergleiche und verstärken oft die Aussage (z. B. *Dunkel und Flamme in rasender Jagd*).

- **Personifizierungen:**
  In Gedichten werden oft Tiere, Pflanzen, Gegenstände oder Begriffe wie Menschen dargestellt. Sie haben menschliche Eigenschaften und Gefühle (Personifizierung, Vermenschlichung).
  Durch Personifizierungen werden Begriffe lebendiger und anschaulicher (z. B. *Noch wiegt es die Flut*).

- **Wortbildungen:**
  In Gedichten kommen häufig ungewöhnliche Wörter vor, die du über die Wortbildung fantasiereich entschlüsseln musst (z. B. *Zwiftgerg*).

Texte laut lesen und vortragen

Texte laut zu lesen ist gar nicht so einfach. Je flüssiger du Texte lesen kannst, desto besser verstehst du sie auch – und das Lesen macht vor allem mehr Spaß.

Ihr könnt auch in einem **Lese-Tandem** das laute Lesen trainieren: Einer ist der Lese-Trainer, der andere der Lese-Sportler.
Lest beide einen Abschnitt oder Text zusammen leise vor: Der Trainer korrigiert, wenn der Lese-Sportler ins Stocken gerät, oder lobt, wenn alles klappt. Sobald sich der „Sportler" sicher fühlt, kann er allein halblaut weiterlesen, der Lese-Trainer liest nur noch leise mit.

→ *Vortragen von Balladen, S. 180–181*
→ *Vortragen von Gedichten, S. 202*

Sachtexte lesen und verstehen

Zu den Sachtexten gehören z. B. **Lexikontexte, Reportagen, Meldungen, Experteninterviews** oder **Kommentare**. Sie kommen vor in Sach- und Fachbüchern, in Zeitungen und Zeitschriften und natürlich im Internet. Dort findest du sie am besten, wenn du sie über eine Kinder-suchmaschine suchst, z. B. www.kindernetz.de oder www.blindekuh.de. Sachtexte enthalten häufig auch Abbildungen, um etwas anschaulich zu machen, oder auch Tabellen und Diagramme, um Informationen kurz und übersichtlich darzustellen.

Lesemethoden

▸▸ **1. Schritt:** Das Lesen beginnt vor dem Lesen.
– Überlege dir, was du vom Text erwartest. Achte auf Bilder, Bildunterschriften, Überschriften, Fettgedrucktes. Dann weißt du schon, worum es im Text geht. Überlege dann, was im Text stehen könnte.
– Um welche Art von Text handelt es sich: Ist es ein Lexikontext, ein Zeitungstext, eine Werbeanzeige? Wer hat den Text für wen geschrieben?
– Wenn du die Textsorte kennst, kannst du vermuten, was der Autor des Textes erreichen will: Will er dich informieren, unterhalten oder dich zu etwas überreden?

▸▸ **2. Schritt:** Wähle den richtigen Leseweg. Es gibt verschiedene Wege, Texte zu lesen:
– Du kannst einen Text oder Abschnitt überfliegen, wenn du nur das Wichtigste verstehen willst. Mit W-Fragen kannst du leicht die wichtigsten Informationen finden: Wer? Was? Wann? Wo? Warum? Wie?
– Du brauchst nur bestimmte Stellen in einem Text zu lesen, wenn du einzelne Informationen suchst.
– Manche Texte und Abschnitte liest man genauer, Wort für Wort, weil man alles verstehen möchte.

Lies also nicht jeden Text Wort für Wort, sondern suche dir den passenden Leseweg!

▸▸ **3. Schritt:** Lies den Text mit dem Bleistift in der Hand.
– Gliedere den Text in Abschnitte. Finde Zwischenüberschriften. So verschaffst du dir einen Überblick.
– Unterstreiche wichtige Schlüsselwörter.
– Mache dir am Rand Notizen. Notiere Fragen zu den Textabschnitten.
– Markiere die Textstellen, die du besonders interessant und wichtig findest, mit einem Ausrufezeichen.
– Setze ein Fragezeichen, wenn du etwas nicht verstehst.
– Versuche, den Textinhalt in einer Mindmap oder einem Schema festzuhalten.

▸▸ **4. Schritt:** Bilde dir eine eigene Meinung. Nach dem Lesen sollst du dir Gedanken über den Text machen:
– Ist der Text interessant oder nicht interessant für dich? Warum?
– Welche Informationen zum Thema enthält der Text, welche vermisst du?
– Vergleiche den Text mit anderen Texten. Welche gefallen dir am besten? Warum?
– Wie kannst du den Text weiter nutzen?

Texte in Gruppen lesen und bearbeiten

Oft ist es leichter, Texte in Gruppen zu lesen und zu bearbeiten:
- Bildet Vierergruppen.
  Jede Gruppe bearbeitet einen Abschnitt.
- Zwei Schüler einer Gruppe formulieren W-Fragen (Was? Wo? Wann? Wie? Warum? Welche Folgen?) auf einem Zettel.
- Die beiden anderen Schüler beantworten die Fragen schriftlich.

Textinformationen zur Weiterarbeit nutzen

Lesen ist kein Selbstzweck. Es ist nützlich, wenn du die Textinformationen weiter nutzen kannst, z. B. um
- das Gelesene zu präsentieren (→ S. 33),
- Briefe zu schreiben (→ S. 22, 25, 36, 168),
- eine Zeitungsmeldung zu schreiben/zu vervollständigen (→ S. 51),
- einen Aufruf zu entwerfen (→ S. 48, 83, 91),
- einen Tagebucheintrag zu verfassen (→ S. 36),
- eine Geschichte zu schreiben (→ S. 157),
- eine Werbeanzeige zu entwerfen (→ S. 162),
- Texte miteinander zu vergleichen (→ S. 40–41).

Medien nutzen und einschätzen

Viele von euch nutzen sicher den Computer und das Internet. Dadurch habt ihr die Möglichkeit, euch zu informieren (z. B. über Sachthemen oder neueste Nachrichten) oder untereinander Informationen und Meinungen auszutauschen (E-Mail, Blogs usw.). Ihr müsst dabei lernen, Informationen zielgerichtet zu recherchieren und die gefundenen Informationen einzuschätzen.

→ *Im Internet recherchieren und Informationen einschätzen, S. 78*

Sprache

Sprache als Mittel der Verständigung

Wenn du über Sprache Bescheid weißt, kannst du Texte besser verstehen, dich in Gesprächen besser ausdrücken, Texte angemessener formulieren und Fehler vermeiden.

Absichten erkennen und ausdrücken

Wenn du einen Text liest oder hörst, kannst du an der Sprache erkennen, welche Absicht der Autor oder Sprecher verfolgt:
- argumentieren (→ S. 16, 22),
- diskutieren (→ S. 87, 163),
- vergleichen (→ S. 33),
- hervorheben (→ S. 161),
- zitieren (→ S. 41),
- Ziele und Zwecke nennen (→ S. 83, 234),
- Ideen mit Sätzen verbinden (→ S. 59),
- schimpfen (→ S. 228),
- vermuten (→ S. 235) …

→ *Erkennen der Autormeinung, S. 45–46*

Mit Proben Texte schreiben und überarbeiten

▶▶ **Umstellprobe:** Wörter und Satzglieder kannst du im Satz umstellen. Dadurch vermeidest du Wiederholungen oder kannst Wichtiges an den Satzanfang stellen (z. B. kannst du den Zeitpunkt betonen: *Gestern Abend ereignete sich in Walferdingen ein Verkehrsunfall*).

▶▶ **Erweiterungsprobe:** Du kannst Satzteile durch weitere Informationen ergänzen. Verben lassen sich durch Adverbien oder adverbiale Bestimmungen (des Ortes, der Zeit, der Art und Weise) präzisieren, Nomen werden durch Adjektive genauer bestimmt (z. B. *ein listiger Fuchs*). Durch diese Erweiterungen wird dein Text verständlicher oder interessanter.

▸ **Ersatzprobe:** Innerhalb eines Satzes kannst du bestimmte Wörter oder Satzglieder durch sinnverwandte Wörter oder Wortgruppen ersetzen. Hierdurch machst du deine Texte abwechslungsreicher, genauer oder spannender (z. B. *Der Elefant …*, *Dickhäuter …*).

▸ **Umformungsprobe:** Oft kannst du Wörter, Satzglieder oder Sätze umformulieren, ohne dass sich die Bedeutung ändert: So gibt es unterschiedliche grammatische Möglichkeiten, seinen Partner zu etwas aufzufordern: Imperativ, Infinitiv, mit Modalverben *können* oder *sollen* (z. B. *Wasche die Äpfel, Äpfel waschen, Du kannst* oder *du sollst die Äpfel waschen*).
→ *Proben zur Textüberarbeitung, S. 218–219*

Wortschatz und Wörterbuch

Die Wörter und Redensarten einer Sprache werden in einem **Wörterbuch** zusammengestellt und erklärt. Wörterbücher sind nach dem Abc geordnet, sodass du die Wörter und ihre Erklärungen schnell finden kannst. Im Wörterbuch findest du vor allem Worterklärungen und Beispielsätze. Es gibt unterschiedliche Wörterbücher, die du beim Schreiben nutzen kannst:
– Übersetzungswörterbücher,
– Synonymenwörterbücher,
– Fremdwörterbücher,
– Redensartenwörterbücher,
– Wörterbücher der Jugendsprache oder
– Rechtschreibwörterbücher
  (→ *S. 246, 248*).
→ *Fremdwörter, S. 225*
→ *Jugendsprache, S. 226–227*
→ *Namen, S. 136*
→ *Schimpfwörter, S. 228*
→ *Werbesprache, S. 161*

Wortnetz/Wortfeld

Die Wörter einer Sprache sind im Hinblick auf ihre Bedeutungen miteinander verwandt. Es gibt dabei unterschiedliche **Wortverwandtschaften**:
– Wörter sind **synonym** (bedeutungsähnlich oder bedeutungsgleich), wenn sie eine ähnliche oder gleiche Bedeutung haben (z. B. *Auto und Wagen*),
– Wörter haben **entgegengesetzte Bedeutungen** (z. B. *kalt und warm*),
– Wörter sind über- und untergeordnet: z. B. *Baum, Laubbaum – Nadelbaum*. Man unterscheidet dabei den **Oberbegriff** (z. B. *Baum*) vom **Unterbegriff** (*Laubbaum, Nadelbaum*).

Redensarten bestehen aus mehreren Wörtern (z. B. *jemandem einen Bären aufbinden*). Die Bedeutung einer Redensart ergibt sich nicht aus der Bedeutung der einzelnen Wörter. Du musst die Bedeutung der Redensart aus dem Textzusammenhang erschließen.

Oft versteht man Texte nicht genau, weil einzelne Wörter schwer verständlich oder unbekannt sind. Es ist daher nützlich, wenn du weißt, wie man die **Wortbedeutung** entschlüsseln kann:
– Achte auf den Textzusammenhang.
– Achte auf die Worterklärungen im Text.
– Zerlege das Wort in seine Bestandteile.
– Ersetze das Wort durch ein Synonym.
→ *Bedeutungen entschlüsseln, S. 174*

Mehrdeutigkeiten von Wörtern

Wörter haben oft mehrere Bedeutungen. Dies kann zu Missverständnissen führen. Die Mehrdeutigkeit von Wörtern kannst du oft aus dem Textzusammenhang erschließen: Lies dazu die Textstellen, die vor oder nach dem unbekannten Wort stehen. Die Mehrdeutigkeit von Wörtern kannst du auch im Wörterbuch klären.

Wortbildung

Ständig entstehen neue Wörter. Es ist daher wichtig, dass du die Regeln kennst, wie man neu gebildete Wörter verstehen oder selbst neue Wörter bilden kann. Es gibt zwei Hauptarten der Wortbildung:
- Wortzusammensetzungen sind aus mehreren selbstständigen Wörtern zusammengesetzt *(Haus + Tür = Haustür)*.
- Wortableitungen werden aus mehreren Wortbausteinen gebildet *(ver-laufen)*.

→ *Wortzusammensetzung, S. 223*
→ *Wortableitung, S. 102*
→ *Aus Verben Nomen bilden, S. 222–223*

Grammatische Formen kennen und gebrauchen

Wortarten unterscheiden

Wer über Wortarten Bescheid weiß, kann Sprache besser verstehen und beschreiben:
- Mit **Nomen** (z. B. *Baum, Tier, Glück*) bezeichnest du Lebewesen oder Gegenstände (Konkreta) oder Gedachtes und Gefühle (Abstrakta).
- Mit **Verben** (z. B. *schneiden, regnen*) drückst du aus, was jemand macht oder was geschieht. Die Grundform der Verben nennt man Infinitiv.
- Mit **Adjektiven** (z. B. *schön, listig, lieb*) kannst du Nomen genauer beschreiben, Handlungen bewerten *(→ S. 229)* oder Sachverhalte vergleichen *(→ S. 33)*.
- Mit **Präpositionen** (z. B. *in, vor, auf*) kannst du Angaben über Ort und Richtung machen.
- Mit **Adverbien** (z. B. *dorthin, heute, gern*) lässt sich genau angeben, wo, wann und wie etwas passiert.
- Mit **Konjunktionen** (z. B. *und, weil, als*) werden Sätze miteinander verbunden.

→ *Wortarten wiederholen, S. 220–221*

Die vier Fälle unterscheiden

Nomen, Artikel und Pronomen verändern sich in Sätzen. Sie stehen in den vier Fällen **Nominativ**, **Genitiv**, **Akkusativ** und **Dativ**. Auch Artikel, Pronomen und Adjektive werden dekliniert, wenn sie direkt beim Nomen stehen.

Verben und Zeiten verwenden

- Das **Präsens** benutzt du, wenn du wiedergibst, was gerade passiert (z. B. *Es schneit*), was immer so ist (z. B. *Die Erde dreht sich*) oder was in der Zukunft geschieht (z. B. *Morgen regnet es*).
- Um über Vergangenes zu berichten oder zu erzählen, gebrauchst du in schriftlichen Texten das **Präteritum** (z. B. *Es hagelte*). Wird über ein Ereignis berichtet, das zuvor stattgefunden hat, steht das **Plusquamperfekt** (z. B. *Nachdem die Sonne untergegangen war, hagelte es*).
- Wenn du Vergangenes mündlich erzählst, benutzt du oft das **Perfekt** *(Ich sage dir, ich habe laut gelacht)*.
- Mit dem **Futur** wird eine Prognose, eine Vermutung oder ein Versprechen in der Zukunft ausgedrückt *(Vermutlich wird er uns besuchen)*.

→ *Gebrauch der Zeiten, S. 141*

Aktiv/Passiv

Sätze stehen im **Aktiv**, wenn betont wird, wer etwas tut *(Biologen erforschen die Arktis)*. Wenn unwichtig oder klar ist, wer eine Handlung durchführt und der Vorgang betont werden soll, steht das **Passiv** *(Auf der Forschungsstation wird gearbeitet)*.

→ *Passivbildung und -gebrauch, S. 230–231*

Satzglieder ermitteln

Sätze bestehen aus verschiedenen Satzgliedern. **Subjekt** und **Prädikat** kommen in jedem Satz vor. Sätze können außerdem ein **Akkusativ-Objekt**, ein **Dativ-Objekt** und weitere **adverbiale Bestimmungen** enthalten. Die Anzahl der Satzglieder kannst du durch die Umstellprobe ermitteln. Wörter, die beim Umstellen zusammenbleiben, bilden ein Satzglied.
→ *Satzglieder wiederholen, S. 232*

Adverbiale Bestimmungen geben Informationen über Ort und Zeit des Geschehens, über dessen Ursachen und Gründe oder über die Art und Weise. Sie geben Antwort auf die Fragen: Wann? Seit wann? Wie lange? Wo? Wohin? Warum? Wie?
→ *Adverbiale Bestimmungen, S. 233*

Attribute enthalten ebenfalls zusätzliche Informationen. Sie beziehen sich immer auf ein Nomen. Es gibt verschiedene Arten von Attributen:
– Adjektive, die vor einem Nomen stehen und es näher erläutern *(der schlaue Fuchs, → S. 161, 229).*
– Wortgruppen mit Präposition nach einem Nomen *(ein Baum mit dickem Stamm).*
– Relativsätze *(Der Baum, der im Winter die Nadeln verliert, heißt Lärche → S. 236–237).*

Hauptsatz und Nebensatz

Jeder Text besteht aus einer Reihe von Sätzen. Man unterscheidet Haupt- und Nebensätze:
– In **Hauptsätzen** steht das konjugierte Verb an zweiter Stelle. Hauptsätze können für sich alleine stehen. *(Auf Gehwegen laufen viele Ameisen.)*
– In **Nebensätzen** steht das konjugierte Verb am Ende. Nebensätze können nie allein stehen, sondern kommen nur in Verbindung mit Hauptsätzen vor. Der Nebensatz wird durch eine Konjunktion eingeleitet. *(Auf Gehwegen laufen viele Ameisen, weil sie dort Nahrung finden.)*

Es gibt verschiedene **Konjunktionen**. Man kann mit ihnen verschiedene Absichten ausdrücken:
– Zeit angeben: *als, während, nachdem*
– Begründungen geben: *weil, da*
– Bedingungen anführen: *wenn* (→ S. 16)
– einen Gegensatz ausdrücken: *obwohl*
– einen Zweck nennen: *damit* (→ S. 83, 234)
– *dass*-Sätze (→ S. 238–239)
→ *Haupt- und Nebensätze S. 59, 242–244*

Relativsätze sind Nebensätze, die ein vorhergehendes Nomen näher bestimmen *(In Südfrankreich leben Pferde, die zu den zähesten ihrer Art gehören).*
Relativsätze werden durch Relativpronomen eingeleitet *(der, die, das).*
→ *Gebrauch von Relativsätzen, S. 236–237*

Satzzeichen

Satzzeichen helfen dir, Sätze und Texte besser zu verstehen und auch besser zu lesen:
– Nach einem **Satzschlusszeichen** (. ! ?) wird das erste Wort des neuen Satzes großgeschrieben.
– Das **Komma** steht bei Aufzählungen *(Er war ein großer, schlanker, blonder Mann)* und zwischen Haupt- und Nebensätzen *(Der Wald stirbt, weil es zu viele Autos gibt, die die Umwelt verschmutzen).*
– Satzzeichen bei **wörtlicher Rede**: Das, was eine Person wörtlich sagt, steht in wörtlicher Rede zwischen Anführungszeichen („…").
→ *Kommasetzung, S. 242–244*
→ *Regeln für die wörtliche Rede, S. 126*
→ *Zitate, S. 41*
→ *Über Zeichensetzung sprechen, S. 243*

Rechtschreibung

Übungsschwerpunkte herausfinden

▸ Sammle eine Zeit lang Wörter, die du häufig falsch schreibst. Schreibe sie in Spalte 1 der Tabelle. Markiere die Fehlerstelle:

Mein Fehler	Fehlerart	Rechtschreibhilfe
ließ	scharfes s hier mit ß. Betonte Silbe ist offen. Der Vokal wird lang gesprochen.	– Wörter verlängern: ließ – ließen – Reimwörter finden: ließ, gieß, fließ …

▸ Notiere die Fehlerart in Spalte 2.
▸ Überlege, was du tun kannst, um den Fehler zu vermeiden. **Rechtschreibstrategien** helfen dir dabei. Notiere die Tipps in Spalte 3.
→ *S. 249–251*

Wörter in Silben zerlegen

Wörter bestehen aus einer Silbe oder aus zwei, drei, selten aus mehr Silben. Silben sind Teile eines Wortes, die du besonders gut durch langsames Sprechen des geschriebenen Wortes erkennen kannst: *Elefanten*.

Offene/geschlossene Silben unterscheiden

Die Wortschreibung ist vor allem von der zweisilbigen Wortform bestimmt:
– Endet im geschriebenen Wort die betonte Silbe mit einem Vokalbuchstaben, ist sie **offen**. Den Vokal sprichst du lang. Deshalb: *Krone* und nicht *Kronne*, *loben* und nicht *lobben*.
– Endet im geschriebenen Wort die betonte Silbe mit einem Konsonantbuchstaben, ist die Silbe **geschlossen**. Den Vokal sprichst du kurz. Deshalb: *Sonne* und nicht *Sone*, *fassen* und nicht *fasen*.

Zweisilbige Wortformen bilden

Die Suche nach einer zweisilbigen Wortform hilft bei schwierigen Schreibentscheidungen:
– s oder ß: *Glas* mit *s*, weil *Gläser*,
– d oder t: *Hund* mit *d*, weil *Hunde*,
– mit h oder ohne h: *dreht* mit *h*, weil *drehen* und nicht *dreen*,
– m, n, l … – einfach oder doppelt: *rennst* mit *nn*, weil *rennen* und nicht *renen*.

Zweisilbige Wortformen findest du, indem du
– zu Nomen den Plural bildest:
  Hund – die Hunde,
– zu Verben die wir-Form bildest:
  bleibt – wir bleiben,
– Adjektive mit einem Nomen verbindest:
  bunt – der bunte Herbst.
→ *S. 253, 254*

Mehrteilige Wörter zerlegen

Zerlege Zusammensetzungen und Ableitungen zuerst und verlängere dann die einsilbige Wortform um eine Silbe. So hörst du häufig schon, welchen Buchstaben du schreiben musst:
Schrei?papier → Schrei? + papier → schreiben,
nör?lich → nör? + lich → Norden.

Wortverwandte suchen

Häufig helfen dir verwandte Wortformen, um eine Rechtschreibschwierigkeit zu lösen:
säuerlich mit *äu*, weil *sauer*,
bekanntlich mit *nn*, weil *kennen*.
→ *S. 252*

s-Laute: mit s, ss oder ß?

Es gibt zwei verschiedene s-Laute: das stimmhafte s *(lesen, Dose)* und das stimmlose s *(lassen, gießen)*. Für die s-Laute gibt es drei Schreibweisen: s, ß, ss.
– Das **stimmhafte s** wird immer mit dem Buchstaben s geschrieben: *Rose, Besen*.

- Für **zweisilbige Wörter mit stimmlosem s** gilt:
  - Ist die erste Silbe geschlossen, wird der Vokal kurz gesprochen, man schreibt ss: *lassen, das Wasser*.
  - Ist die erste Silbe offen, wird der Vokal lang gesprochen. Man schreibt ß: *fließen, die Füße, draußen*. Beachte: Zwielaute (ai, ei, äu, eu, ei) gelten als Langvokale.

Bei **einsilbigen Wörtern** hört man am Wortende immer ein stimmloses s: *Haus, es fließt*. Um herauszufinden, ob man s, ß oder ss schreibt, musst du eine zweisilbige Wortform bilden:
- *das Haus – die Häuser*
- *heißt – wir heißen*
- *nass – eine nasse Hose*.

→ S. 255

Die **Trennung von Wörtern am Zeilenende** erfolgt nach Sprechsilben: *Wör-ter tren-nen*. Besondere Trennregeln sind:
- Folgen in einem Wortteil mehrere Konsonanten hintereinander, schreibst du den letzten auf die nächste Zeile: *schimp-fen, Förs-ter, Wes-pe*.
- *ch* und *sch* werden als Einheit gesehen und nicht getrennt: *knir-schen, su-chen*.
- Wörter mit *ck* trenne so: *Zu-cker, Ho-cker*.
- Einzelne Buchstaben am Wortanfang oder Wortende werden nicht abgetrennt: *Ele-fant, Kleie*.

Groß oder klein? – Auf Signalworte und Wortbausteine achten

Nomen werden großgeschrieben. Man erkennt Nomen daran, dass vor ihnen besondere Signalwörter stehen: Artikel *(der, ein)* oder Pronomen *(mein, dies)*. Manchmal ist der Artikel in einem anderen Wort verborgen, z. B. in *beim (= bei dem)* oder *im (= in dem)*. Wenn ein Signalwort fehlt, kannst du es zur Probe einsetzen. So erkennst du, ob ein Wort ein Nomen ist. → *261/262*

Verben werden zu Nomen (nominalisierte Verben), wenn vor ihnen ein Signalwort steht *(der, die, das, mein, dies, beim, zum …)*: *das Lesen, beim lauten Vorlesen*.
→ S. 263

Auch **Adjektive werden zu Nomen** (nominalisierte Adjektive) wenn vor ihnen ein Signalwort steht: *das Bunte, mein Rot*. Signalwörter für Nomen können auch Mengenangaben wie *alles, viel, wenig, nichts, etwas, alles, einiges, allerlei* sein. Die nominalisierten Adjektive enden dann mit -es oder -e: *alles Gute, nichts Neues*. → S. 264

Manche Nomen erkennst du an besonderen **Wortbausteinen**: *-heit, -keit, -ung, -nis, -schaft*.

Zeitadverbien wie *gestern, heute, übermorgen …* und solche mit einem s am Wortende: *morgens, abends, mittags …* schreibt man klein. Stehen zwei Zeitangaben direkt hintereinander, wird die zweite großgeschrieben: *heute Mittag, gestern Abend*. Ausnahme: *heute früh, morgen früh, gestern früh …*
→ S. 265

Getrennt oder zusammen?

- Verbindungen aus zwei Verben werden getrennt geschrieben: *Wir haben ihn gehen lassen*.
- Verbindungen mit *sein* werden immer getrennt geschrieben: *da sein, zusammen sein, übrig sein …* Wenn sie als Nomen gebraucht werden, schreibt man die Verbindungen groß und zusammen: *das Dasein, das Zusammensein*.
- Verbindungen aus Adjektiv + Verb werden immer dann zusammengeschrieben, wenn ein Wort mit neuer Bedeutung entsteht. Die Betonung liegt auf dem ersten Bestandteil des neuen Wortes: *Taschengeld lockermachen – den Knoten locker machen*.

→ S. 266–267

Gemeinsam lernen

Viele Aufgaben lassen sich besonders erfolgreich gemeinsam mit anderen lösen. Dazu findet ihr im Folgenden einige Methoden, die ihr schon aus den letzten Schuljahren kennt.

Sich zur Partnerarbeit verabreden

- *Gemeinsam gestellte Aufgaben lösen*
- *Lösungsstrategien erarbeiten*

1. Jeder erhält ein Verabredungskärtchen und sucht sich einen Partner oder eine Partnerin.
2. Sobald sich zwei für ein Tandem gefunden und verabredet haben, trägt jeder den Namen seines Partners oder seiner Partnerin auf sein Kärtchen ein. Am Ende hat sich jeder auf seinem Kärtchen mit vier unterschiedlichen Partnern oder Partnerinnen verabredet (Tandem A, B, C und D).
3. Die Lehrerin oder der Lehrer kann nun jederzeit ein Tandem aufrufen und so veranlassen, dass sich die Partner treffen und zusammenarbeiten.
4. Das ausgefüllte Verabredungskärtchen hebt jeder für sich auf. Die Verabredungen gelten für einen festgelegten Zeitraum und können dann neu vereinbart werden.
5. Überlegt und entscheidet, ob ihr euch bei der Verabredung stärker festlegt, z. B. sucht ihr
   - für Tandem A jemanden, mit dem ihr noch nie oder selten zusammengearbeitet habt.
   - für Tandem B jemanden, der euch gut weiterhelfen kann.
   - für Tandem C einen engen Freund oder eine enge Freundin.
   - für Tandem D als Junge ein Mädchen oder als Mädchen einen Jungen.

Stühletausch

- *Lösungen von anderen kennenlernen*
- *Hausaufgaben vergleichen*

1. Jeder Schüler löst die gestellte Aufgabe. Das Ergebnis wird am Platz ausgelegt.
2. Jeder gibt seinen Platz frei und sucht sich einen anderen Stuhl. Dort liest man die ausgelegten Lösungen und formuliert eine Rückmeldung.
3. Jeder geht zu seinem Platz zurück und liest die Rückmeldung zu seiner Lösung.
4. Ihr führt ein gemeinsames Auswertungsgespräch in der Klasse.

Anmerkung: Wer seine Gedanken und Ideen nicht anderen zeigen möchte, bleibt am Platz sitzen.

Partnervortrag

- *Kurzvortrag einüben*
- *Zuhören einüben*

Beim Partnervortrag gibt es einen Sprecher und einen Zuhörer. Der Zuhörer hört dem Sprecher aufmerksam zu und wiederholt, was dieser berichtet hat. Der Sprecher achtet darauf, ob sein Vortrag richtig und vollständig wiedergegeben wird.
Danach wechseln die Rollen.
Einigt euch, wer mit seinem Kurzvortrag beginnt. Setzt euch einander gegenüber und rückt so nah zusammen, dass ihr euch beim leisen Vortragen gut verstehen und ansehen könnt.

Ein Karussellgespräch führen

- *Gedanken austauschen*
- *Probleme lösen*

1. Bildet einen Innen- und Außenkreis. Jeweils ein Schüler aus dem Innenkreis und sein Gegenüber im Außenkreis sind Gesprächspartner.
2. Der Schüler aus dem Außenkreis stellt seinem Gegenüber im Innenkreis seine Fragen. Der Schüler im Innenkreis beantwortet sie.
3. Die Gesprächspartner wechseln auf ein Zeichen, indem die Schüler im Innenkreis einen oder mehrere Plätze weiterrücken. Jetzt stellt der Partner im Innenkreis die Fragen, sein Gegenüber antwortet.
4. Der Platz- und Rollenwechsel wird zwei- bis dreimal wiederholt.

Rollenspiel

- *Sich in andere hineinversetzen*
- *Lösungen finden und ausprobieren*

1. Stellt zunächst einen Spielplan auf. Notiert euere Spielideen. Legt fest:
   - die Spielszene,
   - wer beteiligt ist und eine Rolle spielt,
   - wie sich die Personen verhalten sollen,
   - welche Beobachtungsaufgaben die Zuschauer erhalten.
2. Verteilt die Rollen.
3. Die Szene wird gespielt.
4. Wertet die Darstellung aus: Wie verhielten sich die Personen? Wie verlief das Spiel? Ist die Lösung durchsetzbar? Können alle Beteiligten zustimmen?
5. Macht mehrere Spielversuche und berücksichtigt die Auswertung.

Sachtexte in Gruppen erschließen

- *Den Inhalt von Sachtexten kennenlernen*

Ihr könnt Sachtexte auch in Vierergruppen gemeinsam erarbeiten. Geht dabei so vor:
1. Alle Schüler lesen den ersten Abschnitt still durch.
2. Jetzt erhält jeder eine spezielle Rolle:
   - Schüler/in 1 stellt Fragen zum ersten Abschnitt. Die anderen antworten.
   - Schüler/in 2 konzentriert sich auf schwierige Wörter und Textstellen und fragt nach, wie die anderen sie verstanden haben.
   - Schüler/in 3 fasst den Textabschnitt mündlich mit eigenen Worten zusammen.
   - Schüler/in 4 äußert Erwartungen, was im folgenden Abschnitt stehen könnte.
3. Bei den nächsten Abschnitten wechseln die Rollen im Uhrzeigersinn.

Ein Rechtschreibgespräch führen

- *Rechtschreibregelungen finden*
- *Rechtschreibwissen anwenden*

Über Wörter und Ausdrücke, die schwierig zu schreiben sind, könnt ihr in der Klasse, zu zweit oder in kleinen Gruppen nachdenken und ein Gespräch führen:
1. Schreibt das Wort, das besprochen wird, an die Tafel oder auf einen Zettel.
2. Jeder, der zur Rechtschreibung etwas sagen kann, meldet sich zu Wort.
3. Legt fest, welche Aufgabe die Lehrerin oder der Lehrer während des Gesprächs übernehmen soll.

Autoren- und Quellenverzeichnis

Allens, Susann
Heul doch! S. 124
Originalbeitrag.

Auer, Martin
Kim erzählt eine Geschichte S. 221
Aus: M. Auer. Was niemand wissen kann. Weinheim/Basel: Beltz & Gelberg 1991.

Baer-Krause, Christiane
Die Geschichte des Cheerleadings S. 278
www.tip-top.de

Bittner, Wolfgang
Der Überfall S. 98
Aus: Reiner Engelmann (Hrsg.). Stand up! Zivilcourage ist angesagt. Würzburg: Arena 1996. S. 15 ff.

Bremer, Claus
wir S. 196
Aus: C. Bremer. Anlässe. Neuwied/Berlin: Luchterhand 1970. S. 89.

Bröger, Achim
Michael S. 114
Aus: A. Bröger. Ich mag dich. Würzburg: Arena, 3. Aufl., 1994. S. 18 ff. (gekürzt)

Bürger, Gottfried August
Die Schatzgräber S. 191
Aus: Bürgers sämtliche Werke in vier Teilen. Leipzig 1902.

Chidolue, Dagmar
Flora und Alex S. 128
Aus: D. Chidolue. Floraliebling. Weinheim/Basel: Beltz & Gelberg, 2. Aufl., 1993. S. 8 f., S. 182 f.

de Vries, Anke
Es war wieder so weit S. 144
Aus: A. de Vries. Eine Brücke für Judith. Übersetzt von Rolf Erdorf, Hamburg. Braunschweig: Bildungshaus Schulbuchverlage 2007. S. 7 ff.

Ende, Michael
Die unendliche Geschichte S. 148
Aus: M. Ende. Die unendliche Geschichte. Stuttgart: Thienemann 1979.

Ernst, Otto
Nis Randers S. 183
Aus: O. Ernst. Siebzig Gedichte. Leipzig: Staackmann 1907. S. 118 f.

Fontane, Theodor
Die Brück' am Tay S. 186
Aus: T. Fontane. Sämtliche Werke. Bd. 20: Balladen und Gedichte. München: Nymphenburger 1962.

Gavalda, Anna
Der Teufelskreis S. 26
Aus: A. Gavalda. 35 Kilo Hoffnung. Übersetzt von Ursula Schregel. Berlin: Berlin Verlag 2004. S. 36 f.

George, Jean Craighead
Amaroq, der Wolf S. 38
Aus: J.C. George. Julie von den Wölfen. München: Deutscher Taschenbuch Verlag 1972.

Goethe, Johann Wolfgang von
Der Zauberlehrling S. 177
Aus: Goethes Werk. Bd. 1: Gedichte und Epen. Hrsg. von Erich Trunz. München: Beck 1981.

Hacks, Peter
Der Bär auf dem Försterball S. 62
Aus: P. Hacks. Der Bär auf dem Försterball. München: Middelhauve 1998.

Havel, Václav
Worte S. 192
Aus: V. Havel. Das Gartenfest. Übersetzt von August Scholtis, Eva Berkmann und Franz Peter Künzel. Reinbek bei Hamburg: Rowohlt 1967.

Hintz, Ingrid
Die dritte Stunde S. 14
Originalbeitrag.

Hohenesther, Walter
Plastiktütengedicht S. 74
Aus: Landeshauptstadt Hannover. Projekt „Erfolgreich abfallarm". 3. Aufl. Hannover 2005.

Hohler, Franz
Die Reinigung S. 53
Aus: F. Hohler. Ein eigenartiger Tag. Frankfurt a.M.: Luchterhand 1989.
Die Kleider des Herrn Zogg S. 70
Aus: F. Hohler. Der Granitblock im Kino. Darmstadt/Neuwied: Luchterhand 1981.

Holz, Arno
Eine Düne S. 202
Aus: Moderner Musen-Almanach auf das Jahr 1893. Hrsg. von Otto Julius Bierbaum. München. S. 74.

Jacobsson, Anders/Olsson, Sören
Berts gesammelte Katastrophen S. 135
Aus: A. Jacobsson/S. Olsson. Berts gesammelte Katastrophen. Ins Deutsche übertragen von Anna Liese Kormitzky. Hamburg: Oetinger 1990. S. 7 f.

Jandl, Ernst
der kuss S. 197
familienfoto S. 198
Aus: E. Jandl. Der künstliche Baum, Neuwied: Luchterhand 1970. S. 25, 60.

Kästner, Erich
Der Kampf mit den Windmühlen S. 67
Aus: Don Quichotte. Nacherzählt von E. Kästner. Zürich: Atrium 1956.
Wir können lachen und weinen ... S. 113
Aus: E. Kästner. Als ich ein kleiner Junge war. In: Erich Kästners Schriften. Bd. 6: Romane für Kinder. Zürich: Atrium 1956. S. 107.

Krausnick, Michail
Der Hauptgewinn oder Bären für die Ketchupboys S. 166
Aus: M. Krausnick. Der Hauptgewinn oder Bären für die Ketchupboys. München: BUCH & media Die Schatzkiste 2006.

Kranz, Gisbert
Breughels Blinde S. 201
Aus: G. Kranz. Niederwald und andere Gedichte. Lüdenscheid: Claren 1984.

Kreft, Marianne
Sabine S. 120
Aus: Hans-Joachim Gelberg. Menschengeschichten. Weinheim/Basel: Beltz & Gelberg 1975. S. 194.

Lloyd, Saci
Euer schönes Leben kotzt mich an! S. 88
Aus: S. Lloyd. Euer schönes Leben kotzt mich an! Ein Umweltroman aus dem Jahr 2015. Übersetzt von Barbara Abedi. Würzburg: Arena 2009.

Löschke, Sina
Wer streift da durch die Eiswüste? S. 37
Aus: Geolino 1/2007. S. 14 ff.

Maar, Paul
Eine gemütliche Wohnung S. 54
Aus: P. Maar. Eine gemütliche Wohnung. Weinheim/Basel: Beltz & Gelberg 1994.

Mai, Manfred
Große Pause S. 17
Aus: M. Mai. Große Pause – Schulgeschichten. Würzburg: Arena, 2. Aufl., 1996.

Manz, Hans
Lustprinzip S. 105
Aus: Was für ein Glück. 9. Jahrbuch der Kinderliteratur. Weinheim/Basel: Beltz & Gelberg 1993. S. 315.
Der Stuhl S. 194
Aus: Großer Ozean. Gedichte für alle. Hrsg. von Hans Joachim Gelberg. Weinheim/Basel: Beltz & Gelberg 2000. S. 153.
Fürs Familienalbum S. 198
Aus: Wolfgang Rudelius (Hrsg.). Lieber heute als morgen. Weinheim/Basel: Beltz & Gelberg 1988.

Müller, Sandra
Streetgolf: Über Stock und Stein S. 283
http://www.helles-koepfchen.de/artikel/133.html

Petri, Walther
Prüfungsfrage S. 73
Aus: Was für ein Glück. 9. Jahrbuch der Kinderliteratur. Hrsg. von Hans-Joachim Gelberg. Weinheim/Basel: Beltz & Gelberg 1993. S. 82.

Platt, Richard
Wettlauf zum Südpol   S. 34
Aus: R. Platt. Die großen Abenteurer. Wahre Geschichten spannend erzählt. Starnberg: Dorling Kindersley 2000. S. 74f.

Pressler, Mirjam
Eva   S. 115
Aus: M. Pressler. Bitterschokolade. Weinheim/Basel: Beltz & Gelberg, 3. Aufl., 1983. S. 45.

Schmon, Herbert
Mossa: Ich lebe in der Wüste   S. 240
Aus: Spick Nr. 9/1992. Tagesanzeiger Media Zürich.

Schubiger, Jürg
Ausnahmsweise   S. 60
Aus: Franz Hohler/J. Schubiger. Hin- und Hergeschichten. Frankfurt a.M.: Fischer 1989.
Das weiße Tier   S. 61
Aus: J. Schubiger. Als die Welt noch jung war. Weinheim/Basel: Beltz & Gelberg 2000.

Senjor, Katja
Leben zwischen den Zeiten   S. 43
Aus: Geolino Extra Nr. 17: Arktis und Antarktis. S. 48ff.

Steinhöfel, Andreas
Paul Vier und die Schröders   S. 138
Aus: A. Steinhöfel. Paul Vier und die Schröders. Hamburg: Carlsen 1992.

Thenior, Ralf
Der Fall   S. 58
Aus: Literaturmagazin 3. Reinbek bei Hamburg: Rowohlt 1975.

Thor, Annika
„Duschst du eigentlich nie?"   S. 108
Aus: Annika Thor. Ich hätte Nein sagen können. Weinheim/Basel: Beltz & Gelberg, 4. Aufl. 2002.

Tuckermann, Anja
Dorita   S. 121, 131
Aus: A. Tuckermann. Weggemobbt. Würzburg: Arena 2005. S. 5ff.

Waldner, Oswald
Der Zauberspiegel   S. 210
Aus: Zeitenwende. Südtiroler Autoren/-innen schreiben zur Zeitenwende 1999/2000. Bruneck: Eigenverlag 1999. S. 84f.

Welsh, Renate
Sonst bist du dran!   S. 94
Aus: R. Welsh. Sonst bist du dran! Eine Erzählung zum Thema „Gewalt in der Schule". Würzburg: Arena 1994.

Williams, Carlos William
Nur damit du Bescheid weißt   S. 193
Aus: W. C. Williams. Die Worte, die Worte, die Worte. Frankfurt a. M.: Suhrkamp 1962.

Wietig, Annemarie
Zornig   S. 203
Aus: Am Montag fängt die Woche an. 2. Jahrbuch der Kinderliteratur. Hrsg. v. Hans-Joachim Gelberg. Weinheim/Basel: Beltz & Gelberg 1973.

Zotter, Gerri/Lobe, Mira
Widerstand   S. 197
Aus: G. Zotter/M. Lobe. Das Sprachbastelbuch. Ravensburg/Wien/München: Otto Maier 1977. S. 44.

Texte ohne Verfasserangabe und Texte unbekannter Verfasser

Abenteuer im Warenhaus   S. 206
Ein unfertiges Stück zum Weiterspielen, basierend auf einer Idee aus dem Italienischen. Bearbeitung: Ruth Schneider. Aus: Theaterwerkstatt für Jugendliche und Kinder. Hrsg. v. Ruth Schneider und Paul Schorno. Basel: Lenos 1985. S.161ff.
„Alles so schön bunt hier"   S. 159
http://kinderseite.kinderkampagne.de
Angst vor der Schule   S. 229
www.geo.de/GEOlino/mensch/1441.html
Badminton   S. 276
Aus: Sehen, Staunen, Wissen: Sport. Hildesheim: Gerstenberg 2007. S. 34 f.
Das Wort „Eskimo" …   S. 228
Aus: Geolino Extra Nr. 56/2009.
Der beste Lügner   S. 216
Aus: Von Schelmen und närrischen Leuten. Schwänke und Schnurren aus vielen Ländern. Hrsg. von Max Stebich. Wien: Julius Breitschopf 1961.
Der Johannisbrotbaum   S. 75
Aus: Else Schubert-Christaller. In deinen Toren Jerusalem. Jüdische Legenden. Heilbronn: Eugen Salzer 1984. S. 9.
Die Arktis   S. 32
Aus: Werwiewas. Lexikon für Kinder. Wien: Verlag Jugend und Volk 1987. (Text leicht verändert)
Die Antarktis   S. 32
Aus: Werwiewas. Lexikon für Kinder. Wien: Verlag Jugend und Volk 1987. (Text leicht verändert)
Die ganze Story fing damit an …   S. 227
Aus: Uta Claus/Rolf Kutschera. Total tote Hose. Frankfurt a. M.: Eichborn 1984.
Pferde des Meeres   S. 236
Text von Stefan Greschik. In: Geolino 6/2007. S. 15ff. (stark gekürzt und verändert)
Die Warmduscher kommen!   S. 47
Aus: Geolino Extra Nr. 13/2007: Das Wetter. S. 91.

Firth of Tay (Schottland)   S. 189
http://de.wikipedia.org/wiki/Katastrophen_im_Schienenverkehr
Gefangen!   S. 243
Aus: Geolino 11/2009. S. 49.
Geld für gute Noten?   S. 238
Aus: Dein Spiegel 1/2009. S. 21. (leicht verändert)
Große Reise ins Ungewisse   S. 235
Aus: Jens Uehlecke. Einmal der Zeit voraus. In: Geolino Extra 11. S. 88ff.
Meine Reise in die Arktis   S. 50
Aus: Dein Spiegel 1/2010. S. 16.
Nahrungskilometer   S. 90
Aus: Rich Hough. Rettet die Erde. Kleine Taten – große Wirkung. Stuttgart: Franckh-Kosmos 2008. S. 108.
Noch vor der Schule aufs Feld   S. 244
Aus: Geolino 6/2007. S. 11.
Nur keine Panik!   S. 243
Aus: Geolino 5/2009. S. 63.
Parcour: Trendsport aus Frankreich   S. 284
www.teenager-ratgeber.de
Rüsseldusche   S. 233
Aus: Dein Spiegel 1/2009. S. 8.
Sabinchen   S. 175
www.volksliederarchiv.de (gekürzt)
Schrauben für den Führerschein   S. 232
Aus: Geolino 1/2010. S. 11.
Schülerwettbewerb: Bio find ich kuh-l   S. 225
www.geo.de/GEOlino/nachrichten/4341.html
Squash   S. 276
Aus: Sehen, Staunen, Wissen: Sport. Hildesheim: Gerstenberg 2007. S. 36.
Stellt euch mal vor …   S. 224
www.seesener-beobachter.de
Tennis   S. 275
Aus: Sehen, Staunen, Wissen: Sport. Hildesheim: Gerstenberg 2007. S. 30 f.
Unterricht über Funk   S. 245
Aus: Geolino 1/2005. S. 8f. (Text verändert)
Wert- und Schadstoffe   S. 224
www.seesener-beobachter.de
Wie ist das mit der Umwelt?   S. 77
Aus: Christian Neuhaus/Sandra Reckers. Wie ist das mit … der Umwelt. Stuttgart/Wien: Gabriel 2008. S. 9ff. (gekürzt)
Wozu haben Elefanten einen Rüssel?   S. 234
http://www.barmenia-mediline.de/ratgeber/1013.asp

Bildquellenverzeichnis

action press, Hamburg: 285 (Don Emmert/ddp);
akg-images, Berlin: 34 O.r.;
alamy images, UK-Oxfordshire: 237 o. (Arco Images GmbH), 237 u. (Juniors Bildarchiv);
Alfred-Wegener-Institut für Polar- und Meeresforschung in der Helmholtz-Gemeinschaft, Bremerhaven: 30 O.r. (Ude Cieluch), 230 (Ude Cieluch), 231 l. (Hans-Christian Wüste), 231 2.v.l. (Ude Cieluch), 231 M. (Astrid Richter), 231 2.v.r. (Ude Cieluch), 231 r. (Hans Oerter);
alimdi.net, Deisenhofen: 240 u. (Stefan Auth);
animal.press, München: 233 (Caters News Agency Ltd);
Arena Verlag GmbH, Würzburg: 88;
Bildagentur Huber, Garmisch-Partenkirchen: 222 u. (Eckebrecht);
Bildagentur Schapowalow, Hamburg: 73 u. (Weisser);
Bildarchiv Preußischer Kulturbesitz, Berlin: 172 o.l., 178, 200 (Hermann Buresch), 275 l. (F. Seidenstücker);
Bilderberg, Hamburg: 31 u. (Popperfoto);
blickwinkel, Witten: 284 (S. Rocker);
Bofinger, Manfred, Berlin: 198 u., 216;
Bundesministerium für Familie, Senioren, Frauen, Jugend, Berlin: 13 (Kompetenzzentrum Technik-Diversity-Chancengleichheit e.V., Bielefeld);
BV Berlin Verlag GmbH, Berlin: 26 o., 28 u.;
CARLSEN Verlag GmbH, Hamburg: 137 M.o., 138, 148;
CCC/www.c5.net, Pfaffenhofen: 97 (Dithard von Rabenau);
Christ, Jürgen, Köln: 281 l.;
Cinetext Bildarchiv, Frankfurt: 49 u. (Kinowelt);
Corbis, Düsseldorf: 35 u. (Hulton-Deutsch Collection), 276 o.r. (Underwood & Underwood), 279 (Underwood & Underwood);
ddp images, Hamburg: 150 (Constantin Film/dfd-images.com);
Delius Klasing Verlag GmbH, Bielefeld: 49 o.;
Deutscher Taschenbuch Verlag GmbH & Co.KG, München: 38 o., 137 u., 190 o.;
DFC Deutsche Fundraising Company, Berlin: 28 o.;
Dickinson, Nigel: 245;
die bildstelle, Hamburg: 30 o.l. (REX FEATURES LTD.);
Eckert, Thorsten, Dresden: 281 r.;
Entsorgungsbetrieb der Stadt Mainz, Mainz: 224 o.l.;
EUROPARC Deutschland e.V., Berlin: 220 u.;
Fabian, Michael, Hannover: 3, 6, 7, 10, 11 u.l. (Schäfer Catering, Hannover), 14, 15, 24 unten, 72 o.r., 72 u.l., 73 o. (Billy Hausgeräte, Hannover), 79 (enercity, Hannover), 81, 84 u., 86 u., 112 alle, 113 beide (Glaserei Boße, Hannover), 117, 118, 119, 154 alle, 159, 169, 204, 209, 211, 214, 229, 269;
Flieger, Nils, Hamburg: 238 (Foto l.: privat; Foto r.: Pirmin Rösli);
Fotex Medien Agentur, Hamburg: 72 o.l. (Popuczinski);
fotolia.com: 48 (nstanev), 72 u.l. (Alain Lavanchy), 77 u. (viappy), 274 l. (karaboux), 274 o.r. (Michael Pettigrew), 275 r. (Michael Flippo);
FotoNatur.de, Brekendorf: 47 l.;
Gerstenberg Verlag, Hildesheim: 31 o.r.;

getty images, München: 236 u. (David Tipling), 278 (NBAE/Layne Murdoch);
Gruner + Jahr AG & Co KG, Hamburg: 243 o. (Hansi Helle), 243 u. (Hansi Helle);
Hintz, Ingrid, Bad Salzdetfurth: 143 alle;
Höfler, Monika, München: 43 l., 44 u.;
Hoppe, Sebastian, Marlow 184 u.;
Imageszoo/getty images, München: alle Illustrationen in den Kopfzeilen;
ING DiBa AG, Frankfurt: 171;
Jean Craighead George: 39 u.;
Joker, Bonn: 82 r. (Peter Albaum);
Kipka Comic SLU, La Massana: 111;
Köcher, Ulrike, Hannover: 82 o. – u.M., 153 alle, 155, 156, 157 u.;
laif, Köln: 30 u.r. (Arcticphoto), 228 u. (Arcticphoto);
LOOK-foto, München: 242 u. (Forget-Gautier/SagaPhoto);
m&p: public relations gmbh, Bonn: 225;
marixverlag GmbH, Wiesbaden: 49 M. (beide);
MISEREOR e. V., Aachen: 152 l., 164 u.;
Nagel, Nicole, US-Los Angeles: 50, 51 alle;
NORDMILCH AG, Bremen: 90 o., 90 u.;
Picture-Alliance, Frankfurt: 23 (Achim Scheidemann/dpaweb), 30 l. (DB Awi), 34 u.r. (dpa), 37 (Lynn m. Stone/OKAPIA), 90 M. (Nestor Bachmann/dpa-Report/ZB), 152 r. (Matthias Hiekel/dpa-Sportreport), 157 o. (firo Sportphoto), 162 u. (Matthias Hiekel/dpa-Sportreport), 224 u. (dpa-ZB/B. Settnik), 234 u. (Hrusa epa), 244 r. (Philippe Lissac / GODONG), 244 l. (Andrew Ackerley/ NHPA/ photoshot), 283 (DB Oliver Soulas/dpa-Sportreport);
Piper Verlag GmbH, München: 31 o.M.;
Polizeiinspektion Prüm/Polizeipräsidium Trier, Prüm: 219;
Poth, Chlodwig, Frankfurt: 226 u. (aus: Rittendorf, Schäfer, Weiss: angesagt: scene-deutsch. Ein Wörterbuch, Extrabuch-Verlag, Frankfurt, 1983);
Presse und Bilderdienst Thomas Wieck, Völklingen: 274 u.r.;
Schimmelpfennig, Hans-Fabian, Eddinghausen: 176 u.;
Staatliche Museen zu Berlin / Stiftung Preußischer Kulturbesitz:176 o. (Claudia Obricki);
The Keith Haring Foundation, New York: 92, 93, 105;
Thienemann Verlag, Stuttgart: 173 u.;
Tooren-Wolff, Magdalena, Hannover: 120;
ullstein bild, Berlin: 31 o.l., 34 o.l. (AKG Pressebild), 172 o.r. (NMSI/Science Museum), 186 (NMSI/Science Museum), 189 o. (NSNI/Science Museum), 189 u. (heritage);
vario images, Bonn: 271 (Joern Wolter), 276 o.l., 276 u.l.;
Verlag Friedrich Oetinger GmbH, Hamburg: 134 alle, 135;
Verlagsgruppe Beltz, Weinheim: 108, 179;
VG BILD-KUNST e.V., Bonn: 67;
Vittecoq, Vincent, Hamburg: 232 u.;
Visum Foto GmbH, Hamburg: 77 o. (Joerg Mueller);
WaterFrame, München: 47 r. (Andre Seale);
Jupp Wolter (Künstler), Haus der Geschichte der Bundesrepublik Deutschland, Bonn: 4, 74;

Trotz intensiver Nachforschungen ist es uns in manchen Fällen nicht gelungen, die Rechteinhaber zu ermitteln. Wir bitten diese, sich mit dem Verlag in Verbindung zu setzen

Textsortenverzeichnis

Appellative Texte (Plakate, Werbetexte, Aufrufe ...)
- 77 Wie ist das mit der Umwelt?
- 82 Licht ausschalten – Umwelt erhalten
- 82 Der Letzte macht das Licht aus!
- 162 Werde Goal-Getter-Star!
- 164 Misereor-Anzeige
- 171 Schwarz, Rot ...
- 220 Für forscher, abenteurer und entdecker
- 224 Stellt euch mal vor ...
- 224 Wert- und Schadstoffe
- 225 Schülerwettbewerb: Bio find ich kuh-l

Balladen und Moritaten
- 175 Sabinchen
- 177 J.W.v. Goethe, Der Zauberlehrling
- 183 O. Ernst, Nis Randers
- 186 T. Fontane, Die Brück' am Tay
- 191 G.A. Bürger, Die Schatzgräber

Bildergeschichten, Comics, Karikaturen
- 11 Gefällt dir eigentlich dein Zeugnis?
- 11 Na Julia, wie gefällt 's dir in der Schule?
- 74 Energie sparen!
- 97 Hast du was gesagt?
- 107 Fahrraddieb
- 111 Die Peanuts
- 133 Warum funktioniert das bloß nicht?
- 173 Sabinchen
- 226 Na was sagst du, isses nicht'n irre cooler Typ?

Dialogische Texte
- 158 Hey, Hanno ...
- 206 Abenteuer im Warenhaus
- 212 Der kreative Handwerker

Erzählungen, (kurze) Geschichten
- 53 F. Hohler, Die Reinigung
- 54 P. Maar, Eine gemütliche Wohnung
- 58 R. Thenior, Der Fall
- 60 J. Schubiger, Ausnahmsweise
- 61 J. Schubiger, Das weiße Tier
- 62 P. Hacks, Der Bär auf dem Försterball
- 70 F. Hohler, Die Kleider des Herrn Zogg
- 94 R. Welsh, Sonst bist du dran!
- 98 W. Bittner, Der Überfall
- 210 O. Waldner, Der Zauberspiegel
- 216 Der beste Lügner

Gedichte
- 17 M. Mai, Große Pause
- 73 W. Petri, Prüfungsfrage
- 74 W. Hohenesther, Plastiktütengedicht
- 105 H. Manz, Lustprinzip
- 120 M. Kreft, Sabine
- 193 W.C. Williams, Nur damit du Bescheid weißt
- 194 H. Manz, Der Stuhl
- 198 H. Manz, Fürs Familienalbum
- 198 E. Jandl, familienfoto
- 202 A. Holz, Eine Düne

Gleichnisse, Parabeln
- 75 Der Johannisbrotbaum

Informationstexte/Sachtexte
- 32 Die Arktis, Die Antarktis
- 90 Nahrungskilometer
- 159 „Alles so schön bunt hier"
- 176 Bänkelsang und Moritat
- 180 Balladen
- 222 Klimaerwärmung bedroht Kaiserpinguine
- 226 Jugendsprache
- 228 Das Wort „Eskimo"
- 229 Angst vor der Schule
- 230 Forschung in der Arktis
- 234 Wozu haben Elefanten einen Rüssel?
- 235 Große Reise ins Ungewisse
- 275 Tennis
- 276 Badminton
- 276 Squash
- 278 Die Geschichte des Cheerleadings
- 283 S. Müller, Streetgolf
- 284 Parcour

Jugendbuchausschnitte
- 26 A. Gavalda, Der Teufelskreis
- 38 J.C. George, Amaroq, der Wolf
- 67 E. Kästner, Der Kampf mit den Windmühlen
- 88 S. Lloyd, Euer schönes Leben kotzt mich an!
- 108 A. Thor, Duschst du eigentlich nie?
- 114 A. Bröger, Michael
- 115 M. Pressler, Eva
- 121 A. Tuckermann, Dorita
- 128 D. Chidolue, Flora und Alex
- 135 A. Jacobsson/S. Olsson, Berts gesammelte Katastrophen
- 138 A. Steinhöfel, Paul Vier und die Schröders
- 144 A. de Vries, Es war wieder so weit
- 148 M. Ende, Die unendliche Geschichte
- 166 M. Krausnick, Der Hauptgewinn

Visuelle Texte
- 75 NaturNaturNatur ...
- 192 V. Havel, Worte
- 196 C. Bremer, wir
- 197 G. Zotter/M. Lobe, Widerstand
- 197 E. Jandl, der kuss
- 201 G. Kranz, Breughels Blinde
- 203 A. Wietig, Zornig

Zeitungs- und Zeitschriftentexte, Reportagen
- 34 R. Platt, Wettlauf zum Südpol
- 37 S. Löschke, Wer streift da durch die Eiswüste?
- 43 K. Senjor, Leben zwischen den Zeiten
- 47 Die Warmduscher kommen!
- 50 Meine Reise in die Arktis
- 232 Schrauben für den Führerschein
- 236 „Pferde des Meeres"
- 240 H. Schmon, Mossa
- 244 Noch vor der Schule aufs Feld
- 245 Unterricht über Funk

Stichwortverzeichnis

ä/äu 252
Adjektiv 221, 229, 261, 263, 267, 294
Adverb 221, 235, 265, 294
adverbiale Bestimmung 232, 233, 295
Aktiv 230/231, 294
Antonym (Gegensatzwort) 293
Artikel 221, 261/262
Attribut 295
auffordern/appellieren 23, 48, 49, 73, 75, 82/83, 89, 110
auswendig lernen 180

b, d, g am Wortende 253
begründen 69, 71, 75, 102, 133, 136, 138, 176, 180, 188, 191, 193
berichten 36, 51, 96, 103/104, 106/107, 110/111, 174, 230, 233, 245, 287
beschreiben 89, 116, 117, 122, 129/130, 141, 229, 244, 287
Brief/E-Mail 22, 24/25, 27, 36, 46, 51, 73, 117, 150, 239, 268/269, 287
Buchvorstellung 49, 135, 136, 150, 286

c, ch oder k 248
Cluster 271/272, 285

dass 238/239, 258/259
Demonstrativpronomen 262
diskutieren 21, 81, 84-87, 89, 91, 160, 163, 238/239, 286
doppelter Konsonant 156, 254

erklären 29, 91
Ersatzprobe 219, 259, 293
Erweiterungsprobe 219, 292
erzählen 11, 53, 60, 69, 73, 113, 116/117, 129, 141, 157, 287
erzählen, perspektivisch 16, 36, 95/96, 122-127, 131, 168, 240
Erzählpantomime 56, 210/211
Erzählperspektive 116, 131
Expertenbefragung 79/80

Fall, Fälle 294
Film vorstellen 49
Fishbowl 66
Fotostory/-roman 150, 152-157, 170
Fragen stellen und beantworten 31, 69, 76-78, 91, 116, 138/139, 160
freies Lesen 134, 137, 150
Fremdwörter 160, 225, 260
Futur 230, 235, 294

Galeriegang 277
Gedankenrede 116
Gedichte untersuchen 192-203, 289
Gedicht verfassen 73, 118, 193, 196, 187
Geschichte schreiben 287
getrennt oder zusammen? 266/267, 297
Groß- und Kleinschreibung 36, 60, 104, 248, 261-265, 297

Hauptsatz 59, 240-242, 295
Hochwertwörter 161
Hörspiel/Hörszene 150

Inhalt wiedergeben 71, 144-147, 150, 151
Infinitivsatz 83, 234
informieren 28, 49, 73, 78, 89, 93, 162, 201, 270-285, 287

innerer Monolog 122, 131
Internet 78, 82
Interview 69, 71, 285

Jugendsprache 226/227

Karussellgespräch 299
Klangprobe 102
Komma 237, 238, 240-242, 243, 295
Konjunktion 221, 234, 240/241, 294, 295
Konjunktiv 154
Kurztext über Sachverhalte 287
Kurzvortrag 33, 286

Lesekiste 142/143
Lesetagebuch 140/141
literarische Texte lesen 38-40, 54-71, 177-180, 182-189, 191, 289/290
lyrisches Ich 202

Meinungen in Texten erkennen 45/46, 48
Meinungs-Haus 22
Mindmap 12, 50, 73, 160, 273, 285
Modewörter 161

Namen 136
Nebensatz 59, 83, 234, 237, 238, 240-242, 295
Nomen 221-224, 245, 261/262, 265, 294
Nominalisierung 83, 222, 234, 263/264
Notizen anfertigen 54, 98, 102, 117, 185

Ober- und Unterbegriff 273, 293
Objekt 232, 295

Paralleltexte 17, 74, 105, 194, 199, 202
Partnerdiktat 268/269
Partnerpuzzle 281/282
Partnervortrag 298
Passiv 230/231, 294
Perfekt 141, 230, 294
Personifizierung 290
Placemat 42
Plakat 82/83, 91, 161
Plusquamperfekt 141, 230, 294
Possessivpronomen 262
Prädikat 232, 295
Präposition 221, 294
Präsens 141, 230, 294
Präteritum 141, 230, 294
Pronomen 221, 245, 261/262

recherchieren 76, 78
Rechtschreibfehler 246, 251, 254, 256
Rechtschreibgespräch 123, 246, 254, 256/257, 299
Rechtschreiblesen 256
Rechtschreibprogramm 246/247
Rechtschreibstrategien 123, 251-253, 296
Redensart 293
Relativpronomen 237, 240/241
Relativsatz 236/237, 245, 295
Rollendiskussion 81, 84-87, 91
Rollenspiel 96, 110, 156, 234, 299

Sachtexte untersuchen 37, 42-51, 90/91, 159, 189, 291/292, 299
Satzgefüge 59

Satzglied 232/233, 295
Satzreihe 59
Satzzeichen 243, 295
Schimpfwort 228
Schreibgespräch 163
Silbentrennung 297
Spielstücke ausgestalten 206-217
Sprachbild (Metapher) 48, 290
s-Schreibung 252, 255, 296
Standbild 169
Stellung nehmen 11, 20-25, 29, 51, 89, 136, 157, 163, 168, 171, 196, 239
Stichwörter 36, 45, 73, 103, 117, 287
Streitgespräch 81, 163
Stühletausch 298
Subjekt 232, 295
Synonym 245, 293
szenisch spielen 150, 204-217

Tabelle 33, 36, 45, 274-277
Tagebuch 95/96
Textbild 192, 196, 197, 201
Texte schreiben 288
Textvergleich 40/41, 116, 189
Textverweis 244/245

überarbeiten 24/25, 107, 126/127, 151, 218/219, 233, 245, 288
Übungsschwerpunkt 249/250, 296
Umformungsprobe 293
Umgangssprache 226
umschreiben 66, 120, 195, 230
Umstellprobe 219, 232, 292

Verb 221-223, 230/231, 235, 238, 240/241, 263, 266/267, 294
vergleichen 33, 40/41, 53, 129, 160, 201
verlängern 253
vermuten, Vermutung 235
Verweiswort 245
vorlesen/vortragen 59, 61, 98, 150, 158, 174, 181, 188, 191, 195, 197, 199, 202, 286

weiterschreiben 40, 53, 57, 150, 158, 208, 212
wenn-Sätze 17, 119
Werbung 159-165, 170, 171
Wortableitung 294
Wortarten 220/221, 294
Wortbaustein 252, 294
Wortbedeutung 174, 225, 228, 245, 293
Wortbildung 102, 224, 290, 294
Wörterbuch 225-228, 248, 293
Wortfeld 235, 238, 293
wörtliche Rede 116, 295
Wortschatz 225, 226/227, 293
Wortverbindungen 57
Wortverwandte 252
Wortzusammensetzungen 224, 294

Zeichensetzung 240-243
Zeitangaben 265
Zeitformen 141, 294
Zeitleiste 36, 278-280
Ziele/Zwecke angeben 83, 234
zusammenfassen 71, 185
zusammengesetzte Nomen 224